KAZACHS

WOORDENSCHAT

THEMATISCHE WOORDENLIJST

NEDERLANDS
KAZACHS

De meest bruikbare woorden
Om uw woordenschat uit te breiden en
uw taalvaardigheid aan te scherpen

9000 woorden

Thematische woordenschat Nederlands-Kazachs - 9000 woorden

Door Andrey Taranov

Woordenlijsten van T&P Books zijn bedoeld om u woorden van een vreemde taal te helpen leren, onthouden, en bestudering. Dit woordenboek is ingedeeld in thema's en behandelt alle belangrijk terreinen van het dagelijkse leven, bedrijven, wetenschap, cultuur, etc.

Het proces van het leren van woorden met behulp van de op thema's gebaseerde aanpak van T&P Books biedt u de volgende voordelen:

- Correct gegroepeerde informatie is bepalend voor succes bij opeenvolgende stadia van het leren van woorden
- De beschikbaarheid van woorden die van dezelfde stam zijn maakt het mogelijk om woordgroepen te onthouden (in plaats van losse woorden)
- Kleine groepen van woorden faciliteren het proces van het aanmaken van associatieve verbindingen, die nodig zijn bij het consolideren van de woordenschat
- Het niveau van talenkennis kan worden ingeschat door het aantal geleerde woorden

T&P Books Publishing
www.tpbooks.com

ISBN: 978-1-78492-275-7

Dit boek is ook beschikbaar in e-boek formaat.
Gelieve www.tpbooks.com te bezoeken of de belangrijkste online boekwinkels.

KAZACHSE WOORDENSCHAT
nieuwe woorden leren

T&P Books woordenlijsten zijn bedoeld om u te helpen vreemde woorden te leren, te onthouden, en te bestuderen. De woordenschat bevat meer dan 3000 veel gebruikte woorden die thematisch geordend zijn.

* De woordenlijst bevat de meest gebruikte woorden
* Aanbevolen als aanvulling bij welke taalcursus dan ook
* Voldoet aan de behoeften van de beginnende en gevorderde student in vreemde talen
* Geschikt voor dagelijks gebruik, bestudering en zelftestactiviteiten
* Maakt het mogelijk om uw woordenschat te evalueren

Bijzondere kenmerken van de woordenschat

* De woorden zijn gerangschikt naar hun betekenis, niet volgens alfabet
* De woorden worden weergegeven in drie kolommen om bestudering en zelftesten te vergemakkelijken
* Woorden in groepen worden verdeeld in kleine blokken om het leerproces te vergemakkelijken
* De woordenschat biedt een handige en eenvoudige beschrijving van elk buitenlands woord

De woordenschat bevat 101 onderwerpen zoals:

Basisconcepten, getallen, kleuren, maanden, seizoenen, meeteenheden, kleding en accessoires, eten & voeding, restaurant, familieleden, verwanten, karakter, gevoelens, emoties, ziekten, stad, dorp, bezienswaardigheden, winkelen, geld, huis, thuis, kantoor, werken op kantoor, import & export, marketing, werk zoeken, sport, onderwijs, computer, internet, gereedschap, natuur, landen, nationaliteiten en meer ...

INHOUDSOPGAVE

UITSPRAAKGIDS

T&P fonetisch alfabet	Kazachs voorbeeld	Nederlands voorbeeld
[a]	танауы [tanawi]	acht
[e]	лейтенант [lejtenant]	delen, spreken
[ɛ]	экран [ɛkran]	elf, zwembad
[i]	сөндіру [søndiru]	bidden, tint
[ɪ]	принцип [prɪntsɪp]	iemand, die
[i]	айқындық [ajqindiq]	iemand, die
[o]	жолбарыс [ʒolbaris]	overeenkomst
[u]	қуыру [quiru]	hoed, doe
[ʉ]	жүгері [ʒʉgerɪ]	jullie, aquarium
[ʊ]	қаламұш [qalamʊʃ]	hoed, doe
[ø]	актер [aktør]	neus, beu
[æ]	әзірлеу [æzirleu]	Nederlands Nedersaksisch - dät, Engels - cat
[ju]	сарғаю [sarɣaju]	jullie, aquarium
[ja]	саяхат [sajahat]	signaal, Spanjaard
[b]	баяндау [bajandau]	hebben
[d]	құндыз [qʊndiz]	Dank u, honderd
[dʒ]	джинсы [dʒɪnsi]	jeans, jungle
[f]	ферма [ferma]	feestdag, informeren
[g]	үлгіші [ʉlgiʃi]	goal, tango
[ɣ]	жағдай [ʒaɣdaj]	liegen, gaan
[ʒ]	қажетті [qaʒetti]	journalist, rouge
[j]	өгей ана [øgej ana]	New York, januari
[h]	халық [haliq]	het, herhalen
[k]	кілегей [kilegej]	kennen, kleur
[l]	либерал [liberal]	delen, luchter
[m]	көмектесу [kømektesu]	morgen, etmaal
[n]	неміс [nemis]	nemen, zonder
[ŋ]	қаңтар [qaŋtar]	optelling
[p]	пайдалы [pajdali]	parallel, koper
[q]	қақпақ [qaqpaq]	kennen, kleur
[r]	реттелім [rettelim]	roepen, breken
[s]	саңырау [saŋirau]	spreken, kosten
[ʃ]	сиқыршы [siqirʃi]	shampoo, machine
[ɕ]	тұщы [tʊɕi]	Chicago, jasje
[t]	тақтайша [taqtajʃa]	tomaat, taart
[ts]	инфляция [ɪnfljatsija]	niets, plaats
[tʃ]	чемпион [tʃempion]	Tsjechië, cello
[v]	вольт [volʲt]	beloven, schrijven
[z]	заңгер [zaŋger]	zeven, zesde

T&P fonetisch alfabet	Kazachs voorbeeld	Nederlands voorbeeld
[u], [ʊ]	бауыр [bawir]	hoed, rood
[ʰ]	компьютер [kɔmpʲuter]	zachte teken - duidt aan dat de voorafgaande medeklinker zacht wordt uitgesproken

AFKORTINGEN
gebruikt in de woordenschat

Nederlandse afkortingen

abn	-	als bijvoeglijk naamwoord
bijv.	-	bijvoorbeeld
bn	-	bijvoeglijk naamwoord
bw	-	bijwoord
enk.	-	enkelvoud
enz.	-	enzovoort
form.	-	formele taal
inform.	-	informele taal
mann.	-	mannelijk
mil.	-	militair
mv.	-	meervoud
on.ww.	-	onovergankelijk werkwoord
ontelb.	-	ontelbaar
ov.	-	over
ov.ww.	-	overgankelijk werkwoord
telb.	-	telbaar
vn	-	voornaamwoord
vrouw.	-	vrouwelijk
vw	-	voegwoord
vz	-	voorzetsel
wisk.	-	wiskunde
ww	-	werkwoord

Nederlandse artikelen

de	-	gemeenschappelijk geslacht
de/het	-	gemeenschappelijk geslacht, onzijdig
het	-	onzijdig

BASISBEGRIPPEN

Basisbegrippen Deel 1

1. Voornaamwoorden

ik	мен	[men]
jij, je	сен	[sen]
hij, zij, het	ол	[ol]
wij, we	біз	[biz]
jullie	сендер	[sender]
zij, ze	олар	[olar]

2. Begroetingen. Begroetingen. Afscheid

Hallo! Dag!	Сәлем!	[sælem]
Hallo!	Сәлеметсіз бе?	[sælemetsiz be]
Goedemorgen!	Қайырлы таң!	[qajïrlï taŋ]
Goedemiddag!	Қайырлы күн!	[qajïrlï kʉn]
Goedenavond!	Қайырлы кеш!	[qajïrlï keʃ]
gedag zeggen (groeten)	сәлемдесу	[sælemdesu]
Hoi!	Сәлем!	[sælem]
groeten (het)	сәлем	[sælem]
verwelkomen (ww)	амандасу	[amandasu]
Hoe gaat het met u?	Қалыңыз қалай?	[qalïŋïz qalaj]
Hoe is het?	Қалың қалай?	[qalïŋ qalaj]
Is er nog nieuws?	Не жаңалық бар?	[ne ʒaŋalïq bar]
Tot ziens! (form.)	Сау болыңыз!	[sau bolïŋïz]
Doei!	Сау бол!	[sau bol]
Tot snel! Tot ziens!	Келесі кездескенше!	[kelesi kezdeskenʃæ]
Vaarwel! (inform.)	Қош!	[qoʃ]
Vaarwel! (form.)	Сау болыңыз!	[sau bolïŋïz]
afscheid nemen (ww)	қоштасу	[qoʃtasu]
Tot kijk!	Әзір!	[æzir]
Dank u!	Рахмет!	[rahmet]
Dank u wel!	Үлкен рахмет!	[ʉlken rahmet]
Graag gedaan	Мархабат	[marhabat]
Geen dank!	Мархабат түк емес	[marhabat tʉk emes]
Geen moeite.	Түк емес	[tʉk emes]
Excuseer me, ... (inform.)	Кешір!	[keʃir]
Excuseer me, ... (form.)	Кешіріңіз!	[keʃiriŋiz]
excuseren (verontschuldigen)	кешіру	[keʃiru]

zich verontschuldigen	кешірім сұрау	[keʃirim surau]
Mijn excuses.	Кешірім сұраймын	[keʃirim surajmin]
Het spijt me!	Кешіріңіз!	[keʃiriŋiz]
vergeven (ww)	кешіру	[keʃiru]
Maakt niet uit!	Оқасы жоқ	[oqasi ʒoq]
alsjeblieft	өтінемін	[øtinemin]

Vergeet het niet!	Ұмытпаңызшы!	[umitpaŋizʃi]
Natuurlijk!	Әрине!	[ærine]
Natuurlijk niet!	Әрине жоқ!	[ærine ʒoq]
Akkoord!	Келісемін!	[kelisemin]
Zo is het genoeg!	Болды!	[boldi]

3. Hoe aan te spreken

meneer	Мырза	[mirza]
mevrouw	Ханым	[hanim]
juffrouw	Қыз	[qiz]
jongeman	Жігіт	[ʒigit]
jongen	Ұл	[ul]
meisje	Қыз	[qiz]

4. Kardinale getallen. Deel 1

nul	нөл	[nøl]
een	бір	[bir]
twee	екі	[eki]
drie	үш	[uʃ]
vier	төрт	[tørt]

vijf	бес	[bes]
zes	алты	[alti]
zeven	жеті	[ʒeti]
acht	сегіз	[segiz]
negen	тоғыз	[toɣiz]

tien	он	[on]
elf	он бір	[on bir]
twaalf	он екі	[on eki]
dertien	он үш	[on uʃ]
veertien	он төрт	[on tørt]

vijftien	он бес	[on bes]
zestien	он алты	[on alti]
zeventien	он жеті	[on ʒeti]
achttien	он сегіз	[on segiz]
negentien	он тоғыз	[on toɣiz]

twintig	жиырма	[ʒiirma]
eenentwintig	жиырма бір	[ʒiirma bir]
tweeëntwintig	жиырма екі	[ʒiirma eki]
drieëntwintig	жиырма үш	[ʒiirma uʃ]

dertig	отыз	[otiz]
eenendertig	отыз бір	[otiz bir]
tweeëndertig	отыз екі	[otiz eki]
drieëndertig	отыз үш	[otiz uʃ]

veertig	қырық	[qiriq]
eenenveertig	қырық бір	[qiriq bir]
tweeënveertig	қырық екі	[qiriq eki]
drieënveertig	қырық үш	[qiriq uʃ]

vijftig	елу	[elu]
eenenvijftig	елу бір	[elu bir]
tweeënvijftig	елу екі	[elu eki]
drieënvijftig	елу үш	[elu uʃ]

zestig	алпыс	[alpis]
eenenzestig	алпыс бір	[alpis bir]
tweeënzestig	алпыс екі	[alpis eki]
drieënzestig	алпыс үш	[alpis uʃ]

zeventig	жетпіс	[ʒetpis]
eenenzeventig	жетпіс бір	[ʒetpis bir]
tweeënzeventig	жетпіс екі	[ʒetpis eki]
drieënzeventig	жетпіс үш	[ʒetpis uʃ]

tachtig	сексен	[seksen]
eenentachtig	сексен бір	[seksen bir]
tweeëntachtig	сексен екі	[seksen eki]
drieëntachtig	сексен үш	[seksen uʃ]

negentig	тоқсан	[toqsan]
eenennegentig	тоқсан бір	[toqsan bir]
tweeënnegentig	тоқсан екі	[toqsan eki]
drieënnegentig	тоқсан үш	[toqsan uʃ]

5. Kardinale getallen. Deel 2

honderd	жүз	[ʒuz]
tweehonderd	екі жүз	[eki ʒuz]
driehonderd	үш жүз	[uʃ ʒuz]
vierhonderd	төрт жүз	[tørt ʒuz]
vijfhonderd	бес жүз	[bes ʒuz]
zeshonderd	алты жүз	[alti ʒuz]
zevenhonderd	жеті жүз	[ʒeti ʒuz]
achthonderd	сегіз жүз	[segiz ʒuz]
negenhonderd	тоғыз жүз	[toɣiz ʒuz]

duizend	мың	[miŋ]
tweeduizend	екі мың	[eki miŋ]
drieduizend	үш мың	[uʃ miŋ]
tienduizend	он мың	[on miŋ]
honderdduizend	жүз мың	[ʒuz miŋ]
miljoen (het)	миллион	[mıllıon]
miljard (het)	миллиард	[mıllıard]

6. Ordinale getallen

eerste (bn)	бірінші	[birinʃi]
tweede (bn)	екінші	[ekinʃi]
derde (bn)	үшінші	[ʉʃinʃi]
vierde (bn)	төртінші	[tørtinʃi]
vijfde (bn)	бесінші	[besinʃi]
zesde (bn)	алтыншы	[altinʃi]
zevende (bn)	жетінші	[ʒetinʃi]
achtste (bn)	сегізінші	[segizinʃi]
negende (bn)	тоғызыншы	[toɣizinʃi]
tiende (bn)	оныншы	[oninʃi]

7. Getallen. Breuken

breukgetal (het)	бөлшек	[bølʃæk]
half	екіден бір	[ekiden bir]
een derde	үштен бір	[ʉʃten bir]
kwart	төрттен бір	[tørtten bir]
een achtste	сегізден бір	[segizden bir]
een tiende	оннан бір	[onan bir]
twee derde	үштен екі	[ʉʃten eki]
driekwart	төрттен үш	[tørtten ʉʃ]

8. Getallen. Eenvoudige berekeningen

aftrekking (de)	азайту	[azajtu]
aftrekken (ww)	алу	[alu]
deling (de)	бөлу	[bølʉ]
delen (ww)	бөлу	[bølʉ]
optelling (de)	қосу	[qosu]
erbij optellen (bij elkaar voegen)	қосу	[qosu]
optellen (ww)	қосу	[qosu]
vermenigvuldiging (de)	көбейту	[købejtu]
vermenigvuldigen (ww)	көбейту	[købejtu]

9. Getallen. Diversen

cijfer (het)	сан	[san]
nummer (het)	сан	[san]
telwoord (het)	сан есім	[san esim]
minteken (het)	алу белгісі	[alu belgisi]
plusteken (het)	қосу белгісі	[qosu belgisi]
formule (de)	формула	[formula]
berekening (de)	есептеп шығару	[eseptep ʃɨɣaru]

tellen (ww)	санау	[sanau]
bijrekenen (ww)	есептеу	[esepteu]
vergelijken (ww)	салыстыру	[salistiru]

| Hoeveel? (ontelb.) | Неше? | [neʃæ] |
| Hoeveel? (telb.) | Қанша? | [qanʃa] |

som (de), totaal (het)	қосынды	[qosindi]
uitkomst (de)	қорытынды	[qoritindi]
rest (de)	қалдық	[qaldiq]

enkele (bijv. ~ minuten)	бірнеше	[birneʃæ]
weinig (bw)	көп емес ...	[køp emes]
restant (het)	қалғаны	[qalɣani]
anderhalf	бір жарым	[bir ʒarim]
dozijn (het)	дожна	[doʒna]

middendoor (bw)	қақ бөліп	[qaq bølip]
even (bw)	бірдей бөлу	[birdej bølʉ]
helft (de)	жарты	[ʒarti]
keer (de)	рет	[ret]

10. De belangrijkste werkwoorden. Deel 1

aanbevelen (ww)	кеңес беру	[keŋes beru]
aandringen (ww)	кеуделеу	[keudeleu]
aankomen (per auto, enz.)	келу	[kelu]
aanraken (ww)	қозғау	[qozɣau]
adviseren (ww)	кеңес беру	[keŋes beru]

afdalen (on.ww.)	түсу	[tʉsu]
afslaan (naar rechts ~)	бұру	[buru]
antwoorden (ww)	жауап беру	[ʒawap beru]
bang zijn (ww)	қорқу	[qorqu]
bedreigen	қорқыту	[qorqitu]
(bijv. met een pistool)		

bedriegen (ww)	алдау	[aldau]
beëindigen (ww)	бітіру	[bitiru]
beginnen (ww)	бастау	[bastau]
begrijpen (ww)	түсіну	[tʉsinu]
beheren (managen)	басқару	[basqaru]

| beledigen | қорлау | [qorlau] |
| (met scheldwoorden) | | |

beloven (ww)	уәде беру	[wæde beru]
bereiden (koken)	әзірлеу	[æzirleu]
bespreken (spreken over)	талқылау	[talqilau]

bestellen (eten ~)	жасату	[ʒasatu]
bestraffen (een stout kind ~)	жазалау	[ʒazalau]
betalen (ww)	төлеу	[tøleu]
betekenen (beduiden)	білдіру	[bilʲdiru]
betreuren (ww)	өкіну	[økinu]

bevallen (prettig vinden)	ұнау	[ʊnau]
bevelen (mil.)	бұйыру	[bujiru]
bevrijden (stad, enz.)	босату	[bosatu]
bewaren (ww)	сақтау	[saqtau]
bezitten (ww)	ие болу	[ɪe bolu]
bidden (praten met God)	сиыну	[sɪɪnu]
binnengaan (een kamer ~)	кіру	[kiru]
breken (ww)	сындыру	[sindiru]
controleren (ww)	бақылау	[baqɨlau]
creëren (ww)	құру	[qʊru]
deelnemen (ww)	қатысу	[qatisu]
denken (ww)	ойлану	[ojlanu]
doden (ww)	өлтіру	[øltiru]
doen (ww)	жасау	[ʒasau]
dorst hebben (ww)	шөлдеу	[ʃøldeu]

11. De belangrijkste werkwoorden. Deel 2

een hint geven	тұспалдау	[tʊspaldau]
eisen (met klem vragen)	талап ету	[talap etu]
excuseren (vergeven)	кешіру	[keʃiru]
existeren (bestaan)	тіршілік ету	[tirʃilik etu]
gaan (te voet)	жүру	[ʒʉru]
gaan zitten (ww)	отыру	[otiru]
gaan zwemmen	шомылу	[ʃomɨlu]
geven (ww)	беру	[beru]
glimlachen (ww)	күлімдеу	[kʉlimdeu]
goed raden (ww)	шешу	[ʃeʃu]
grappen maken (ww)	әзілдеу	[æzildeu]
graven (ww)	қазу	[qazu]
hebben (ww)	өзінде бар болу	[øzinde bar bolu]
helpen (ww)	көмектесу	[kømektesu]
herhalen (opnieuw zeggen)	қайталау	[qajtalau]
honger hebben (ww)	жегісі келу	[ʒegisi kelu]
hopen (ww)	үміттену	[ʉmittenu]
horen	есту	[estu]
(waarnemen met het oor)		
huilen (wenen)	жылау	[ʒɨlau]
huren (huis, kamer)	жалға алу	[ʒalɣa alu]
informeren (informatie geven)	мәлімдеу	[mælimdeu]
instemmen (akkoord gaan)	көну	[kønu]
jagen (ww)	аулау	[aulau]
kennen (kennis hebben	білу	[bilu]
van iemand)		
kiezen (ww)	таңдау	[taŋdau]
klagen (ww)	арыздану	[arizdanu]
kosten (ww)	тұру	[tʊru]

kunnen (ww)	істей алу	[istej alu]
lachen (ww)	күлу	[kүlu]
laten vallen (ww)	түсіру	[tүsiru]
lezen (ww)	оқу	[oqu]

liefhebben (ww)	жақсы көру	[ʒaqsɨ køru]
lunchen (ww)	түскі тамақ жеу	[tүski tamaq ʒeu]
nemen (ww)	алу	[alu]
nodig zijn (ww)	керек болу	[kerek bolu]

12. De belangrijkste werkwoorden. Deel 3

onderschatten (ww)	бағаламау	[baɣalamau]
ondertekenen (ww)	қол қою	[qol qoju]
ontbijten (ww)	ертеңгі тамақты ішу	[erteŋgi tamaqtɨ iʃu]
openen (ww)	ашу	[aʃu]
ophouden (ww)	доғару	[doɣaru]
opmerken (zien)	байқап қалу	[bajqap qalu]

opscheppen (ww)	мақтану	[maqtanu]
opschrijven (ww)	жазу	[ʒazu]
plannen (ww)	жоспарлау	[ʒosparlau]
prefereren (verkiezen)	артық көру	[artiq køru]
proberen (trachten)	байқап көру	[bajqap køru]
redden (ww)	құтқару	[qұtqaru]

rekenen op ...	үміт арту ...	[үmit artu]
rennen (ww)	жүгіру	[ʒүgiru]
reserveren (een hotelkamer ~)	кейінге сақтау	[kejinge saqtau]
roepen (om hulp)	жәрдемге шақыру	[ʒærdemge ʃaqiru]
schieten (ww)	ату	[atu]
schreeuwen (ww)	айғайлау	[ajɣajlau]

schrijven (ww)	жазу	[ʒazu]
souperen (ww)	кешкі тамақ ішу	[keʃki tamaq iʃu]
spelen (kinderen)	ойнау	[ojnau]
spreken (ww)	сөйлесу	[søjlesu]
stelen (ww)	ұрлау	[ұrlau]
stoppen (pauzeren)	тоқтау	[toqtau]

studeren (Nederlands ~)	зерттеу	[zertteu]
sturen (zenden)	жөнелту	[ʒøneltu]
tellen (optellen)	санау	[sanau]
toebehoren aan ...	меншігі болу	[menʃigi bolu]

toestaan (ww)	рұқсат ету	[rұqsat etu]
tonen (ww)	көрсету	[kørsetu]

twijfelen (onzeker zijn)	шүбәлану	[ʃүbælanu]
uitgaan (ww)	шығу	[ʃɨɣu]
uitnodigen (ww)	шақыру	[ʃaqiru]
uitspreken (ww)	айту	[ajtu]
uitvaren tegen (ww)	ұрсу	[ұrsu]

13. De belangrijkste werkwoorden. Deel 4

vallen (ww)	құлау	[qʊlau]
vangen (ww)	ұстау	[ʊstau]
veranderen (anders maken)	өзгерту	[øzgertu]
verbaasd zijn (ww)	таңдану	[taŋdanu]
verbergen (ww)	жасыру	[ʒasïru]
verdedigen (je land ~)	қорғау	[qorɣau]
verenigen (ww)	біріктіру	[biriktirʉ]
vergelijken (ww)	салыстыру	[salïstiru]
vergeten (ww)	ұмыту	[ʊmïtu]
vergeven (ww)	кешіру	[keʃiru]
verklaren (uitleggen)	түсіндіру	[tʉsindiru]
verkopen (per stuk ~)	сату	[satu]
vermelden (praten over)	атау	[atau]
versieren (decoreren)	әсемдеу	[æsemdeu]
vertalen (ww)	аудару	[audaru]
vertrouwen (ww)	сену	[senu]
vervolgen (ww)	жалғастыру	[ʒalɣastiru]
verwarren (met elkaar ~)	қателесу	[qatelesu]
verzoeken (ww)	сұрау	[sʊrau]
verzuimen (school, enz.)	өткізу	[øtkizu]
vinden (ww)	табу	[tabu]
vliegen (ww)	ұшу	[ʊʃu]
volgen (ww)	артынан еру	[artïnan eru]
voorstellen (ww)	ұсыну	[ʊsïnu]
voorzien (verwachten)	алдағыны болжап білу	[aldaɣïnï bolʒap bilu]
vragen (ww)	сұрау	[sʊrau]
waarnemen (ww)	бақылау	[baqïlau]
waarschuwen (ww)	ескерту	[eskertu]
wachten (ww)	тосу	[tosu]
weerspreken (ww)	қарсы айту	[qarsï ajtu]
weigeren (ww)	бас тарту	[bas tartu]
werken (ww)	жұмыс істеу	[ʒumïs isteu]
weten (ww)	білу	[bilu]
willen (verlangen)	тілеу	[tileu]
zeggen (ww)	айту	[ajtu]
zich haasten (ww)	асығу	[asïɣu]
zich interesseren voor ...	көңіл қою	[køŋil qoju]
zich vergissen (ww)	қателесу	[qatelesu]
zich verontschuldigen	кешірім сұрау	[keʃirim surau]
zien (ww)	көру	[køru]
zijn (ww)	болу	[bolu]
zoeken (ww)	іздеу	[izdeu]
zwemmen (ww)	жүзу	[ʒʉzu]
zwijgen (ww)	үндемеу	[ʉndemeu]

14. Kleuren

kleur (de)	түс	[tʉs]
tint (de)	түс	[tʉs]
kleurnuance (de)	түс	[tʉs]
regenboog (de)	кемпір қосақ	[kempir qosaq]

wit (bn)	ақ	[aq]
zwart (bn)	қара	[qara]
grijs (bn)	сұр	[sʊr]

groen (bn)	жасыл	[ʒasil]
geel (bn)	сары	[sari]
rood (bn)	қызыл	[qizil]

blauw (bn)	көк	[køk]
lichtblauw (bn)	көгілдір	[køgildir]
roze (bn)	қызғылт	[qizɣilt]
oranje (bn)	сарғылт	[sarɣilt]
violet (bn)	күлгін	[kʉlgin]
bruin (bn)	қоңыр	[qoŋir]

goud (bn)	алтын	[altin]
zilverkleurig (bn)	күміс түсті	[kʉmis tʉsti]

beige (bn)	ақшыл сары	[aqʃil sari]
roomkleurig (bn)	ақшыл сары	[aqʃil sari]
turkoois (bn)	көк	[køk]
kersrood (bn)	шие түсті	[ʃie tʉsti]
lila (bn)	ақшыл көк	[aqʃil køk]
karmijnrood (bn)	қызыл күрең	[qizil kʉreŋ]

licht (bn)	ашық	[aʃiq]
donker (bn)	қоңыр	[qonir]
fel (bn)	айқын	[ajqin]

kleur-, kleurig (bn)	түрлі-түсті	[tʉrli tʉsti]
kleuren- (abn)	түрлі-түсті	[tʉrli tʉsti]
zwart-wit (bn)	қара-ала	[qara ala]
eenkleurig (bn)	бір түсті	[bir tʉsti]
veelkleurig (bn)	алабажақ	[alabaʒaq]

15. Vragen

Wie?	Кім?	[kim]
Wat?	Не?	[ne]
Waar?	Қайда?	[qajda]
Waarheen?	Қайда?	[qajda]
Waarvandaan?	Қайдан?	[qajdan]
Wanneer?	Қашан?	[qaʃan]
Waarom?	Неге?	[nege]
Waarom?	Неге?	[nege]
Waarvoor dan ook?	Не үшін?	[ne ʉʃin]

Hoe?	Қалай?	[qalaj]
Wat voor …?	Қандай?	[qandaj]
Welk?	Нешінші?	[neʃinʃi]

Aan wie?	Кімге?	[kimge]
Over wie?	Кім туралы?	[kim turalɪ]
Waarover?	Не жөнінде?	[ne ʒøninde]
Met wie?	Кіммен?	[kimmen]

| Hoeveel? (telb.) | Қанша? | [qanʃa] |
| Van wie? (mann.) | Кімнің? | [kimniŋ] |

16. Voorzetsels

met (bijv. ~ beleg)	бірге	[birge]
zonder (~ accent)	онсыз	[onsiz]
naar (in de richting van)	-да, -де, -та, -те	[da], [de], [ta], [te]
over (praten ~)	туралы	[turalɪ]
voor (in tijd)	алдында	[aldinda]
voor (aan de voorkant)	алдында	[aldinda]

onder (lager dan)	астында	[astinda]
boven (hoger dan)	үстінде	[ʉstinde]
op (bovenop)	үстінде	[ʉstinde]
van (uit, afkomstig van)	-дан, -ден, -тан, -тен	[dan], [den], [tan], [ten]
van (gemaakt van)	-дан, -ден, -тан, -тен	[dan], [den], [tan], [ten]

| over (bijv. ~ een uur) | кейін, соң | [kejin], [soŋ] |
| over (over de bovenkant) | кейін, соң | [kejin], [soŋ] |

17. Functiewoorden. Bijwoorden. Deel 1

Waar?	Қайда?	[qajda]
hier (bw)	осында	[osinda]
daar (bw)	онда	[onda]

| ergens (bw) | әлдеқайда | [ældeqajda] |
| nergens (bw) | еш жерде | [eʃ ʒerde] |

| bij … (in de buurt) | қасында | [qasinda] |
| bij het raam | терезенің қасында | [terezeniŋ qasinda] |

Waarheen?	Қайда?	[qajda]
hierheen (bw)	мұнда	[mʊnda]
daarheen (bw)	онда	[onda]
hiervandaan (bw)	осы жерден	[osi ʒerden]
daarvandaan (bw)	ол жақтан	[ol ʒaqtan]

dichtbij (bw)	жақын	[ʒaqin]
ver (bw)	алыс	[alis]
in de buurt (van …)	қасында	[qasinda]
dichtbij (bw)	жақын	[ʒaqin]

niet ver (bw)	алыс емес	[alis emes]
linker (bn)	сол	[sol]
links (bw)	сол жақтан	[sol ʒaqtan]
linksaf, naar links (bw)	солға	[solɣa]
rechter (bn)	оң	[oŋ]
rechts (bw)	оң жақтан	[oŋ ʒaqtan]
rechtsaf, naar rechts (bw)	оңға	[oŋɣa]
vooraan (bw)	алдынан	[aldinan]
voorste (bn)	алдыңғы	[aldiŋɣi]
vooruit (bw)	алға	[alɣa]
achter (bw)	артынан	[artinan]
van achteren (bw)	артынан	[artinan]
achteruit (naar achteren)	кейін	[kejin]
midden (het)	орта	[orta]
in het midden (bw)	ортасында	[ortasinda]
opzij (bw)	бір бүйірден	[bir bʉjirden]
overal (bw)	барлық жерде	[barliq ʒerde]
omheen (bw)	айнала	[ajnala]
binnenuit (bw)	іштен	[iʃten]
naar ergens (bw)	әлдеқайда	[ældeqajda]
rechtdoor (bw)	тура	[tura]
terug (bijv. ~ komen)	кері	[keri]
ergens vandaan (bw)	қайдан болсада	[qajdan bolsada]
ergens vandaan (en dit geld moet ~ komen)	қайдан болсада	[qajdan bolsada]
ten eerste (bw)	біріншіден	[birinʃiden]
ten tweede (bw)	екіншіден	[ekinʃiden]
ten derde (bw)	үшіншіден	[ʉʃinʃiden]
plotseling (bw)	кенет	[kenet]
in het begin (bw)	басында	[basinda]
voor de eerste keer (bw)	алғаш	[alɣaʃ]
lang voor ... (bw)	көп бұрын ...	[køp burin]
opnieuw (bw)	жаңадан	[ʒaŋadan]
voor eeuwig (bw)	мәңгі-бақи	[mæŋgi baqı]
nooit (bw)	еш уақытта	[eʃ waqitta]
weer (bw)	тағы	[taɣi]
nu (bw)	енді	[endi]
vaak (bw)	жиі	[ʒıi]
toen (bw)	сол кезде	[sol kezde]
urgent (bw)	жедел	[ʒedel]
meestal (bw)	әдетте	[ædette]
trouwens, ... (tussen haakjes)	айтпақшы	[ajtpaqʃi]
mogelijk (bw)	мүмкін	[mʉmkin]
waarschijnlijk (bw)	мүмкін	[mʉmkin]

misschien (bw)	мүмкін	[mumkin]
trouwens (bw)	одан басқа ...	[odan basqa]
daarom ...	сондықтан	[sondiqtan]
in weerwil van ...	қарамастан ...	[qaramastan]
dankzij ...	арқасында ...	[arqasinda]
wat (vn)	не	[ne]
dat (vw)	не	[ne]
iets (vn)	осы	[osi]
iets	бір нәрсе	[bir nærse]
niets (vn)	ештеңе	[eʃteŋe]
wie (~ is daar?)	кім	[kim]
iemand (een onbekende)	кейбіреу	[kejbireu]
iemand	біреу	[bireu]
(een bepaald persoon)		
niemand (vn)	ешкім	[eʃkim]
nergens (bw)	ешқайда	[eʃqajda]
niemands (bn)	ешкімнің	[eʃkimniŋ]
iemands (bn)	біреудің	[bireudiŋ]
zo (Ik ben ~ blij)	солай	[solaj]
ook (evenals)	дәл осындай	[dæl osindaj]
alsook (eveneens)	да, де	[da], [de]

18. Functiewoorden. Bijwoorden. Deel 2

Waarom?	Неге?	[nege]
om een bepaalde reden	неге екені белгісіз	[nege ekeni belgisiz]
omdat ...	өйткені ...	[øjtkeni]
voor een bepaald doel	бірдеңеге	[birdeŋege]
en (vw)	және	[ʒæne]
of (vw)	немесе	[nemese]
maar (vw)	бірақ	[biraq]
voor (vz)	үшін	[uʃin]
te (~ veel mensen)	тым	[tim]
alleen (bw)	тек қана	[tek qana]
precies (bw)	дәл	[dæl]
ongeveer (~ 10 kg)	жуық	[ʒuiq]
omstreeks (bw)	шамамен	[ʃamamen]
bij benadering (bn)	шамасында	[ʃamasinda]
bijna (bw)	дерлік	[derlik]
rest (de)	қалғаны	[qalɣani]
elk (bn)	әр	[ær]
om het even welk	әрбіреу	[ærbireu]
veel (grote hoeveelheid)	көп	[køp]
veel mensen	көптеген	[køptegen]
iedereen (alle personen)	бүкіл	[bukil]
in ruil voor ...	айырбастау ...	[ajirbastau]

in ruil (bw)	орнына	[ornina]
met de hand (bw)	қолмен	[qolmen]
onwaarschijnlijk (bw)	күдікті	[kɵdikti]

waarschijnlijk (bw)	сірə	[siræ]
met opzet (bw)	əдейі	[ædeji]
toevallig (bw)	кездейсоқ	[kezdejsoq]

zeer (bw)	өте	[øte]
bijvoorbeeld (bw)	мысалы	[misali]
tussen (~ twee steden)	арасында	[arasinda]
tussen (te midden van)	арасында	[arasinda]
zoveel (bw)	мұнша	[munʃa]
vooral (bw)	əсіресе	[æsirese]

Basisbegrippen Deel 2

19. Tegenovergestelden

rijk (bn)	бай	[baj]
arm (bn)	кедей	[kedej]
ziek (bn)	ауру	[auru]
gezond (bn)	дені сау	[deni sau]
groot (bn)	үлкен	[ʉlken]
klein (bn)	кішкентай	[kiʃkentaj]
snel (bw)	тез	[tez]
langzaam (bw)	ақырын	[aqirin]
snel (bn)	шапшаң	[ʃapʃaŋ]
langzaam (bn)	баяу	[bajau]
vrolijk (bn)	жайдары	[ʒajdari]
treurig (bn)	қайғылы	[qajɣɨlɨ]
samen (bw)	бірге	[birge]
apart (bw)	жеке	[ʒeke]
hardop (~ lezen)	дауыстап	[dawistap]
stil (~ lezen)	іштен	[iʃten]
hoog (bn)	биік	[bɨik]
laag (bn)	төмен	[tømen]
diep (bn)	терең	[tereŋ]
ondiep (bn)	таяз	[tajaz]
ja	иә	[ɪæ]
nee	жоқ	[ʒoq]
ver (bn)	алыс	[alis]
dicht (bn)	жақын	[ʒaqin]
ver (bw)	алысқа	[alisqa]
dichtbij (bw)	катар	[katar]
lang (bn)	ұзын	[ʉzin]
kort (bn)	қысқа	[qisqa]
vriendelijk (goedhartig)	мейірімді	[mejirimdi]
kwaad (bn)	қатал	[qatal]
gehuwd (mann.)	үйленген	[ʉjlengen]

ongehuwd (mann.)	бойдақ	[bojdaq]
verbieden (ww)	тыйым салу	[tijim salu]
toestaan (ww)	рұқсат беру	[ruqsat beru]
einde (het)	соңы	[soŋi]
begin (het)	басы	[basi]
linker (bn)	сол	[sol]
rechter (bn)	оң	[oŋ]
eerste (bn)	бірінші	[birinʃi]
laatste (bn)	ақырғы	[aqirɣi]
misdaad (de)	қылмыс	[qilmis]
bestraffing (de)	жаза	[ʒaza]
bevelen (ww)	бұйыру	[bujiru]
gehoorzamen (ww)	илігу	[ɪligu]
recht (bn)	тік	[tik]
krom (bn)	қисық	[qisiq]
paradijs (het)	жұмақ	[ʒumaq]
hel (de)	тозақ	[tozaq]
geboren worden (ww)	туу	[tuu]
sterven (ww)	қайтыс болу	[qajtis bolu]
sterk (bn)	күшті	[kuʃti]
zwak (bn)	әлсіз	[ælsiz]
oud (bn)	кәрі	[kæri]
jong (bn)	жас	[ʒas]
oud (bn)	ескі	[eski]
nieuw (bn)	жаңа	[ʒaŋa]
hard (bn)	қатты	[qatti]
zacht (bn)	жұмсақ	[ʒumsaq]
warm (bn)	жылы	[ʒɨli]
koud (bn)	суық	[suiq]
dik (bn)	семіз	[semiz]
dun (bn)	арық	[ariq]
smal (bn)	тар	[tar]
breed (bn)	кең	[keŋ]
goed (bn)	жақсы	[ʒaqsi]
slecht (bn)	жаман	[ʒaman]
moedig (bn)	қайсар	[qɑjʒɑr]
laf (bn)	қорқақ	[qorqaq]

20. Dagen van de week

maandag (de)	дүйсенбі	[dɥjsenbi]
dinsdag (de)	сейсенбі	[sejsenbi]
woensdag (de)	сәрсенбі	[særsenbi]
donderdag (de)	бейсенбі	[bejsenbi]
vrijdag (de)	жұма	[ʒʊma]
zaterdag (de)	сенбі	[senbi]
zondag (de)	жексенбі	[ʒeksenbi]

vandaag (bw)	бүгін	[bɥgin]
morgen (bw)	ертең	[erteŋ]
overmorgen (bw)	бүрсігүні	[bɥrsiguni]
gisteren (bw)	кеше	[keʃæ]
eergisteren (bw)	алдыңғы күні	[aldiŋɣi kʊni]

dag (de)	күн	[kʊn]
werkdag (de)	жұмыс күні	[ʒʊmis kʊni]
feestdag (de)	мерекелік күн	[merekelik kʊn]
verlofdag (de)	демалыс күні	[demalis kʊni]
weekend (het)	демалыс	[demalis]

de hele dag (bw)	күні бойы	[kʊni boji]
de volgende dag (bw)	ертесіне	[ertesine]
twee dagen geleden	екі күн кері	[eki kʊn keri]
aan de vooravond (bw)	қарсаңында	[qarsaŋinda]
dag-, dagelijks (bn)	күнделікті	[kʊndelikti]
elke dag (bw)	күнбе-күн	[kʊnbe kun]

week (de)	апта	[apta]
vorige week (bw)	өткен жұмада	[øtken ʒʊmada]
volgende week (bw)	келесі жұмада	[kelesi ʒʊmada]
wekelijks (bn)	апталық	[aptaliq]
elke week (bw)	апта сайын	[apta sajin]
twee keer per week	жұмада екі рет	[ʒʊmada eki ret]
elke dinsdag	сейсенбі сайын	[sejsenbi sajin]

21. Uren. Dag en nacht

morgen (de)	таң	[taŋ]
's morgens (bw)	таңертеңгілік	[taŋerteŋgilik]
middag (de)	тал түс	[tal tʊs]
's middags (bw)	түстен кейін	[tʊsten kejin]

avond (de)	кеш	[keʃ]
's avonds (bw)	кешке	[keʃke]
nacht (de)	түн	[tʊn]
's nachts (bw)	түнде	[tʊnde]
middernacht (de)	түн жарымы	[tʊn ʒarimi]

seconde (de)	секунд	[sekund]
minuut (de)	минут	[mɪnut]
uur (het)	сағат	[saɣat]

halfuur (het)	жарты сағат	[ʒarti saɣat]
kwartier (het)	он бес минут	[on bes mɪnut]
vijftien minuten	он бес минут	[on bes mɪnut]
etmaal (het)	тәулік	[tæulik]

zonsopgang (de)	күннің шығуы	[kʉniŋ ʃiɣui]
dageraad (de)	таң ату	[taŋ atu]
vroege morgen (de)	азан	[azan]
zonsondergang (de)	күннің батуы	[kʉniŋ batui]

's morgens vroeg (bw)	таңертең	[taŋerteŋ]
vanmorgen (bw)	бүгін ертеңмен	[bʉgin erteŋmen]
morgenochtend (bw)	ертең ертеңгісін	[erteŋ erteŋgisin]

vanmiddag (bw)	бүгін күндіз	[bʉgin kʉndiz]
's middags (bw)	түстен кейін	[tusten kejin]
morgenmiddag (bw)	ертең түстен кейін	[erteŋ tusten kejin]

| vanavond (bw) | бүгін кешке | [bʉgin keʃke] |
| morgenavond (bw) | ертең кешке | [erteŋ keʃke] |

klokslag drie uur	сағат дәл үште	[saɣat dæl ʉʃte]
ongeveer vier uur	сағат төртке қарай	[saɣat tørtke qaraj]
tegen twaalf uur	сағат он екіге қарай	[saɣat on ekige qaraj]

over twintig minuten	жиырма минуттан соң	[ʒiirma mɪnuttan soŋ]
over een uur	бір сағаттан соң	[bir saɣattan soŋ]
op tijd (bw)	дәл кезінде	[dæl kezinde]

kwart voor ...	он бес минутсыз	[on bes mɪnutsiz]
binnen een uur	сағат бойында	[saɣat bojinda]
elk kwartier	әр он бес минут сайын	[ær on bes mɪnut sajin]
de klok rond	тәулік бойы	[tæulik boji]

22. Maanden. Seizoenen

januari (de)	қаңтар	[qaŋtar]
februari (de)	ақпан	[aqpan]
maart (de)	наурыз	[nauriz]
april (de)	сәуір	[sæwir]
mei (de)	мамыр	[mamir]
juni (de)	маусым	[mausim]

juli (de)	шілде	[ʃilde]
augustus (de)	тамыз	[tamiz]
september (de)	қыркүйек	[qirkʉjek]
oktober (de)	қазан	[qazan]
november (de)	қараша	[qaraʃa]
december (de)	желтоқсан	[ʒeltoqsan]

lente (de)	көктем	[køktem]
in de lente (bw)	көктемде	[køktemde]
lente- (abn)	көктемгі	[køktemgɪ]
zomer (de)	жаз	[ʒaz]

in de zomer (bw)	жазда	[ʒazda]
zomer-, zomers (bn)	жазғы	[ʒazɣi]

herfst (de)	күз	[kuz]
in de herfst (bw)	күзде	[kuzde]
herfst- (abn)	күздік	[kuzdik]

winter (de)	қыс	[qis]
in de winter (bw)	қыста	[qista]
winter- (abn)	қысқы	[qisqi]
maand (de)	ай	[aj]
deze maand (bw)	осы айда	[osi ajda]
volgende maand (bw)	келесі айда	[kelesi ajda]
vorige maand (bw)	өткен айда	[ötken ajda]

een maand geleden (bw)	бір ай кері	[bir aj keri]
over een maand (bw)	бір айдан кейін	[bir ajdan kejin]
over twee maanden (bw)	екі айдан кейін	[eki ajdan kejin]
de hele maand (bw)	ай бойы	[aj boji]
een volle maand (bw)	ай бойы	[aj boji]

maand-, maandelijks (bn)	ай сайынғы	[aj sajinɣi]
maandelijks (bw)	ай сайын	[aj sajin]
elke maand (bw)	әр айда	[ær ajda]
twee keer per maand	айда екі рет	[ajda eki ret]

jaar (het)	жыл	[ʒil]
dit jaar (bw)	биылғы	[biilɣi]
volgend jaar (bw)	келесі жылы	[kelesi ʒili]
vorig jaar (bw)	өткен жылы	[ötken ʒili]
een jaar geleden (bw)	алдынғы жылы	[aldinɣi ʒili]
over een jaar	бір жылдан кейін	[bir ʒildan kejin]
over twee jaar	екі жылдан кейін	[eki ʒildan kejin]
het hele jaar	жыл бойы	[ʒil boji]
een vol jaar	жыл бойы	[ʒil boji]

elk jaar	әр жыл сайын	[ær ʒil sajin]
jaar-, jaarlijks (bn)	жыл сайынғы	[ʒil sajinɣi]
jaarlijks (bw)	жыл сайын	[ʒil sajin]
4 keer per jaar	жылына төрт рет	[ʒilina tört ret]

datum (de)	сан	[san]
datum (de)	дата	[data]
kalender (de)	күнтізбе	[kuntizbe]

een half jaar	жарты жыл	[ʒarti ʒil]
zes maanden	жарты жылдық	[ʒarti ʒildiq]
seizoen (bijv. lente, zomer)	маусым	[mausim]
eeuw (de)	ғасыр	[ɣasir]

23. Tijd. Diversen

tijd (de)	уақыт	[waqit]
ogenblik (het)	сәт	[sæt]

moment (het)	кірпік қағыс	[kirpik qayis]
ogenblikkelijk (bn)	көз ілеспейтін	[køz ilespejtin]
tijdsbestek (het)	уақыт бөлігі	[waqit bøligi]
leven (het)	өмір	[ømir]
eeuwigheid (de)	мәңгілік	[mæŋgilik]

epoche (de), tijdperk (het)	дәуір	[dæwir]
era (de), tijdperk (het)	кезең	[kezeŋ]
cyclus (de)	цикл	[tsıkl]
periode (de)	уақыт кезеңінде	[waqit kezeŋinde]
termijn (vastgestelde periode)	мерзім	[merzim]

toekomst (de)	келешек	[keleʃæk]
toekomstig (bn)	келешек	[keleʃæk]
de volgende keer	келесі жолы	[kelesi ʒoli]
verleden (het)	өткен	[øtken]
vorig (bn)	болған	[bolɣan]
de vorige keer	өткен жолы	[øtken ʒoli]
later (bw)	кейін	[kejin]
na (~ het diner)	кейін	[kejin]
tegenwoordig (bw)	қазір	[qazir]
nu (bw)	қазір	[qazir]
onmiddellijk (bw)	дереу	[dereu]
snel (bw)	жуық арада	[ʒuiq arada]
bij voorbaat (bw)	ертерек	[erterek]

lang geleden (bw)	бұрын	[burin]
kort geleden (bw)	жақында	[ʒaqinda]
noodlot (het)	тағдыр	[taɣdir]
herinneringen (mv.)	ес	[es]
archief (het)	мұрағат	[muraɣat]
tijdens ... (ten tijde van)	... уақытында	[waqitinda]
lang (bw)	ұзақ	[uzaq]
niet lang (bw)	ұзақ емес	[uzaq emes]
vroeg (bijv. ~ in de ochtend)	ерте	[erte]
laat (bw)	кеш	[keʃ]

voor altijd (bw)	мәңгі бақи	[mæŋgi baqı]
beginnen (ww)	бастау	[bastau]
uitstellen (ww)	көшіру	[køʃiru]

tegelijkertijd (bw)	біржолы	[birʒoli]
voortdurend (bw)	үнемі	[unemi]
voortdurend	тұрақты	[turaqti]
tijdelijk (bn)	уақытша	[waqitʃa]

soms (bw)	кейде	[kejde]
zelden (bw)	сирек	[sırek]
vaak (bw)	жиі	[ʒıi]

24. Lijnen en vormen

| vierkant (het) | квадрат | [kvadrat] |
| vierkant (bn) | квадрат | [kvadrat] |

cirkel (de)	дөңгелек	[døŋgelek]
rond (bn)	дөңгелек	[døŋgelek]
driehoek (de)	үшбұрыш	[uʃburiʃ]
driehoekig (bn)	үш бұрышты	[uʃ buriʃti]
ovaal (het)	сопақ	[sopaq]
ovaal (bn)	сопақ	[sopaq]
rechthoek (de)	тікбұрыш	[tikburiʃ]
rechthoekig (bn)	тікбұрышты	[tikburiʃti]
piramide (de)	пирамида	[pıramıda]
ruit (de)	қиық	[qıiq]
trapezium (het)	трапеция	[trapetsıja]
kubus (de)	текше	[tekʃæ]
prisma (het)	призма	[prızma]
omtrek (de)	дөңгелек	[døŋgelek]
bol, sfeer (de)	сфера	[sfera]
bal (de)	шар	[ʃar]
diameter (de)	диаметр	[dıametr]
straal (de)	радиус	[radıus]
omtrek (~ van een cirkel)	периметр	[perımetr]
middelpunt (het)	орта	[orta]
horizontaal (bn)	көлденең	[køldeneŋ]
verticaal (bn)	тік	[tik]
parallel (de)	параллель	[paralleli]
parallel (bn)	параллель	[paralleli]
lijn (de)	сызық	[siziq]
streep (de)	сызық	[siziq]
rechte lijn (de)	түзу	[tuzu]
kromme (de)	қисық сызық	[qısiq siziq]
dun (bn)	жіңішке	[ʒiɳiʃke]
omlijning (de)	контур	[kontur]
snijpunt (het)	қиылысу	[qıilisu]
rechte hoek (de)	тік бұрыш	[tik buriʃ]
segment (het)	бунақ	[bunaq]
sector (de)	сектор	[sektor]
zijde (de)	жақ	[ʒaq]
hoek (de)	бұрыш	[buriʃ]

25. Meeteenheden

gewicht (het)	салмақ	[salmaq]
lengte (de)	ұзындық	[uzindiq]
breedte (de)	ен	[en]
hoogte (de)	биіктік	[bıiktik]
diepte (de)	тереңдік	[tereɳdik]
volume (het)	көлем	[kølem]
oppervlakte (de)	аумақ	[aumaq]
gram (het)	грамм	[gramm]
milligram (het)	миллиграм	[mıllıgram]

33

kilogram (het)	килограмм	[kɪlogramm]
ton (duizend kilo)	тонна	[tona]
pond (het)	қадақ	[qadaq]
ons (het)	унция	[unʦɪja]

meter (de)	метр	[metr]
millimeter (de)	миллиметр	[mɪllɪmetr]
centimeter (de)	сантиметр	[santɪmetr]
kilometer (de)	километр	[kɪlometr]
mijl (de)	миля	[mɪlja]

duim (de)	дюйм	[djujm]
voet (de)	фут	[fut]
yard (de)	ярд	[jard]

| vierkante meter (de) | шаршы метр | [ʃarʃɪ metr] |
| hectare (de) | гектар | [gektar] |

liter (de)	литр	[lɪtr]
graad (de)	градус	[gradus]
volt (de)	вольт	[volʲt]
ampère (de)	ампер	[amper]
paardenkracht (de)	ат күші	[at kuʃi]

hoeveelheid (de)	мөлшері	[mølʃæri]
een beetje ...	аздап ...	[azdap]
helft (de)	жарты	[ʒartɪ]
dozijn (het)	дожна	[doʒna]
stuk (het)	дана	[dana]

| afmeting (de) | көлем | [kølem] |
| schaal (bijv. ~ van 1 op 50) | масштаб | [masʃtab] |

minimaal (bn)	ең азы	[eŋ azɪ]
minste (bn)	ең кіші	[eŋ kiʃi]
medium (bn)	орташа	[ortaʃa]
maximaal (bn)	барынша көп	[barinʃa køp]
grootste (bn)	ең үлкен	[eŋ ʉlken]

26. Containers

glazen pot (de)	банкі	[banki]
blik (conserven~)	банкі	[banki]
emmer (de)	шелек	[ʃælek]
ton (bijv. regenton)	бөшке	[bøʃke]

ronde waterbak (de)	леген	[legen]
tank (bijv. watertank-70-ltr)	бак	[bak]
heupfles (de)	құты	[quti]
jerrycan (de)	канистр	[kanɪstr]
tank (bijv. ketelwagen)	цистерна	[ʦɪsterna]

| beker (de) | сапты аяқ | [sapti ajaq] |
| kopje (het) | шыны аяқ | [ʃini ajaq] |

schoteltje (het)	табақша	[tabaqʃa]
glas (het)	стақан	[staqan]
wijnglas (het)	бокал	[bokal]
pan (de)	кастрөл	[kastrøl]

fles (de)	шөлмек	[ʃølmek]
flessenhals (de)	ауыз	[awiz]

karaf (de)	графин	[grafın]
kruik (de)	көзе	[køze]
vat (het)	ыдыс	[idis]
pot (de)	құмыра	[qʊmira]
vaas (de)	ваза	[vaza]

flacon (de)	шиша	[ʃıʃa]
flesje (het)	құты	[qʊti]
tube (bijv. ~ tandpasta)	сықпалы сауыт	[siqpali sawit]

zak (bijv. ~ aardappelen)	қап	[qap]
tasje (het)	пакет	[paket]
pakje (~ sigaretten, enz.)	десте	[deste]

doos (de)	қорап	[qorap]
kist (de)	жәшік	[ʒæʃik]
mand (de)	кәрзеңке	[kærziŋke]

27. Materialen

materiaal (het)	материал	[materıal]
hout (het)	ағаш	[aɣaʃ]
houten (bn)	ағаш	[aɣaʃ]

glas (het)	шыны	[ʃini]
glazen (bn)	шыны	[ʃini]

steen (de)	тас	[tas]
stenen (bn)	тас	[tas]

plastic (het)	пластмасса	[plastmassa]
plastic (bn)	пластмасса	[plastmassa]

rubber (het)	резеңке	[rezeŋke]
rubber-, rubberen (bn)	резеңке	[rezeŋke]

stof (de)	мата	[mata]
van stof (bn)	матадан	[matadan]

papier (het)	қағаз	[qaɣaz]
papieren (bn)	қағаз	[qaɣaz]

karton (het)	картон	[karton]
kartonnen (bn)	картон	[karton]
polyethyleen (het)	полиэтилен	[polıɛtılen]
cellofaan (het)	целлофан	[tsellofan]

multiplex (het)	жұқа тақтай	[ʒuqa taqtaj]
porselein (het)	кәрлен	[kærlen]
porseleinen (bn)	кәрлен	[kærlen]
klei (de)	балшық	[balʃiq]
klei-, van klei (bn)	балшықты	[balʃiqti]
keramiek (de)	керамика	[keramɪka]
keramieken (bn)	керамика	[keramɪka]

28. Metalen

metaal (het)	металл	[metal]
metalen (bn)	металл	[metal]
legering (de)	қорытпа	[qoritpa]

goud (het)	алтын	[altin]
gouden (bn)	алтын	[altin]
zilver (het)	күміс	[kumis]
zilveren (bn)	күміс	[kumis]

ijzer (het)	темір	[temir]
ijzeren	темір	[temir]
staal (het)	болат	[bolat]
stalen (bn)	болат	[bolat]
koper (het)	мыс	[mis]
koperen (bn)	мыс	[mis]

aluminium (het)	алюминий	[aljumɪnɪj]
aluminium (bn)	алюминді	[aljumɪndi]
brons (het)	қола	[qola]
bronzen (bn)	қола	[qola]

messing (het)	жез	[ʒez]
nikkel (het)	никель	[nɪkelʲ]
platina (het)	платина	[platɪna]
kwik (het)	сынап	[sinap]
tin (het)	қалайы	[qalajɪ]
lood (het)	қорғасын	[qorɣasin]
zink (het)	мырыш	[miriʃ]

MENS

Mens. Het lichaam

29. Mensen. Basisbegrippen

mens (de)	адам	[adam]
man (de)	еркек	[erkek]
vrouw (de)	әйел	[æjel]
kind (het)	бала	[bala]
meisje (het)	қыз бала	[qiz bala]
jongen (de)	ұл бала	[ʋl bala]
tiener, adolescent (de)	жас өспірім	[ʒas øspirim]
oude man (de)	қарт	[qart]
oude vrouw (de)	кемпір	[kempir]

30. Menselijke anatomie

organisme (het)	ағза	[ayza]
hart (het)	жүрек	[ʒʋrek]
bloed (het)	қан	[qan]
slagader (de)	артерия	[arterıja]
ader (de)	күретамыр	[kʋretamir]
hersenen (mv.)	ми	[mɪ]
zenuw (de)	жүйке	[ʒʋjke]
zenuwen (mv.)	жүйкелер	[ʒʋjkeler]
wervel (de)	омыртқа	[omirtqa]
ruggengraat (de)	омыртқа	[omirtqa]
maag (de)	асқазан	[asqazan]
darmen (mv.)	ішектер	[iʃækter]
darm (de)	ішек	[iʃæk]
lever (de)	бауыр	[bawir]
nier (de)	бүйрек	[bʋjrek]
been (deel van het skelet)	сүйек	[sʋjek]
skelet (het)	сүлде	[sʋlde]
rib (de)	қабырға	[qabirɣa]
schedel (de)	бас сүйек	[bas sʋjek]
spier (de)	бұлшық ет	[bʋlʃiq et]
biceps (de)	бицепс	[bɪtseps]
triceps (de)	трицепс	[trɪtseps]
pees (de)	тарамыс	[taramis]
gewricht (het)	жілік	[ʒilik]

longen (mv.)	өкпе	[økpe]
geslachtsorganen (mv.)	жыныс мүшелері	[ʒinis muʃæleri]
huid (de)	тері	[teri]

31. Hoofd

hoofd (het)	бас	[bas]
gezicht (het)	бет	[bet]
neus (de)	мұрын	[murin]
mond (de)	ауыз	[awiz]

oog (het)	көз	[køz]
ogen (mv.)	көз	[køz]
pupil (de)	қарашық	[qaraʃiq]
wenkbrauw (de)	қас	[qas]
wimper (de)	кірпік	[kirpik]
ooglid (het)	қабақ	[qabaq]

tong (de)	тіл	[til]
tand (de)	тіс	[tis]
lippen (mv.)	ерін	[erin]
jukbeenderen (mv.)	бет сүегі	[bet suegi]
tandvlees (het)	қызыл иек	[qizil ıek]
gehemelte (het)	таңдай	[taŋdaj]

neusgaten (mv.)	танауы	[tanawi]
kin (de)	иек	[ıek]
kaak (de)	жақ	[ʒaq]
wang (de)	ұрт	[urt]

voorhoofd (het)	маңдай	[maŋdaj]
slaap (de)	самай	[samaj]
oor (het)	құлақ	[qulaq]
achterhoofd (het)	желке	[ʒelke]
hals (de)	мойын	[mojin]
keel (de)	тамақ	[tamaq]

haren (mv.)	шаш	[ʃaʃ]
kapsel (het)	сәнденген шаш	[sændengen ʃaʃ]
haarsnit (de)	сәндеп қиылған шаш	[sændep qiilɣan ʃaʃ]
pruik (de)	жасанды шаш	[ʒasandi ʃaʃ]

snor (de)	мұрт	[murt]
baard (de)	сақал	[saqal]
dragen (een baard, enz.)	өсіру	[øsiru]
vlecht (de)	бұрым	[burim]
bakkebaarden (mv.)	жақ сақал	[ʒaq saqal]

ros (roodachtig, rossig)	жирен	[ʒiren]
grijs (~ haar)	ақ шашты	[aq ʃaʃti]
kaal (bn)	тақыр	[taqir]
kale plek (de)	бастың қасқасы	[bastiŋ qasqasi]
paardenstaart (de)	құйыршық	[qujirʃiq]
pony (de)	кекіл	[kekil]

32. Menselijk lichaam

hand (de)	шашақ	[ʃaʃaq]
arm (de)	қол	[qol]
vinger (de)	саусақ	[sausaq]
duim (de)	бас бармақ	[bas barmaq]
pink (de)	шынашақ	[ʃinaʃaq]
nagel (de)	тырнақ	[tirnaq]
vuist (de)	жұдырық	[ʒʊdiriq]
handpalm (de)	алақан	[alaqan]
pols (de)	білезік сүйектері	[bilezik sʉjekteri]
voorarm (de)	білек сүйектері	[bilek sʉjekteri]
elleboog (de)	шынтақ	[ʃintaq]
schouder (de)	иық	[ɪiq]
been (rechter ~)	аяқ	[ajaq]
voet (de)	табан	[taban]
knie (de)	тізе	[tize]
kuit (de)	балтыр	[baltir]
heup (de)	жая	[ʒaja]
hiel (de)	тақа	[taqa]
lichaam (het)	дене	[dene]
buik (de)	қарын	[qarin]
borst (de)	кеуде	[keude]
borst (de)	емшек	[emʃæk]
zijde (de)	бүйір	[bʉjir]
rug (de)	арқа	[arqa]
lage rug (de)	белдеме	[beldeme]
taille (de)	бел	[bel]
navel (de)	кіндік	[kindik]
billen (mv.)	бөксе	[bøkse]
achterwerk (het)	бөксе	[bøkse]
huidvlek (de)	қал	[qal]
tatoeage (de)	татуировка	[tatuɪrovka]
litteken (het)	тыртық	[tirtiq]

Kleding en accessoires

33. Bovenkleding. Jassen

kleren (mv.)	киім	[kıim]
bovenkleding (de)	сыртқы киім	[sirtqi kıim]
winterkleding (de)	қысқы киім	[qisqi kıim]
jas (de)	шапан	[ʃapan]
bontjas (de)	тон	[ton]
bontjasje (het)	қысқа тон	[qisqa ton]
donzen jas (de)	тұлып тон	[tulip ton]
jasje (bijv. een leren ~)	куртка	[kurtka]
regenjas (de)	жадағай	[ʒadaɣaj]
waterdicht (bn)	су өтпейтін	[su øtpejtin]

34. Heren & dames kleding

overhemd (het)	көйлек	[køjlek]
broek (de)	шалбар	[ʃalbar]
jeans (de)	джинсы	[dʒınsi]
colbert (de)	пиджак	[pıdʒak]
kostuum (het)	костюм	[kostjum]
jurk (de)	көйлек	[køjlek]
rok (de)	белдемше	[beldemʃæ]
blouse (de)	блузка	[bluzka]
wollen vest (de)	кеудеше	[keudeʃæ]
T-shirt (het)	футболка	[futbolka]
shorts (mv.)	дамбал	[dambal]
trainingspak (het)	спорттық костюм	[sporttiq kostjum]
badjas (de)	шапан	[ʃapan]
pyjama (de)	түнгі жейде	[tungi ʒejde]
sweater (de)	свитер	[svıter]
pullover (de)	пуловер	[pulover]
gilet (het)	желетке	[ʒeletke]
rokkostuum (het)	фрак	[frak]
smoking (de)	смокинг	[smokıng]
uniform (het)	бірыңғай формалы киімдер	[biriŋɣaj formali kiimder]
werkkleding (de)	жұмыс киімі	[ʒumis kıimi]
overall (de)	комбинезон	[kombınezon]
doktersjas (de)	шапан	[ʃapan]

35. Kleding. Ondergoed

ondergoed (het)	iш киím	[iʃ kıim]
onderhemd (het)	iшкөйлек	[iʃkøjlek]
sokken (mv.)	шұлық	[ʃʊliq]
nachthemd (het)	түнгі көйлек	[tʉngi køjlek]
beha (de)	кеудеше	[keudeʃæ]
kniekousen (mv.)	гольф	[golʲf]
panty (de)	шұлықдамбал	[ʃʊliqdambal]
nylonkousen (mv.)	шұлық	[ʃʊliq]
badpak (het)	шомылу костюмі	[ʃomilu kostjumi]

36. Hoofddeksels

hoed (de)	телпек	[telpek]
deukhoed (de)	қалпақ	[qalpaq]
honkbalpet (de)	бейсболка	[bejsbolka]
kleppet (de)	кепеш	[kepeʃ]
baret (de)	берет	[beret]
kap (de)	капюшон	[kapjuʃon]
panamahoed (de)	панама	[panama]
gebreide muts (de)	тоқыма телпек	[toqima telpek]
hoofddoek (de)	орамал	[oramal]
dameshoed (de)	қалпақша	[qalpaqʃa]
veiligheidshelm (de)	каска	[kaska]
veldmuts (de)	пилотка	[pilotka]
helm, valhelm (de)	дулыға	[duliɣa]
bolhoed (de)	котелок	[kotelok]
hoge hoed (de)	цилиндр	[tsilindr]

37. Schoeisel

schoeisel (het)	аяқ киім	[ajaq kıim]
schoenen (mv.)	бәтеңке	[bæteŋke]
vrouwenschoenen (mv.)	туфли	[tuflı]
laarzen (mv.)	етік	[etik]
pantoffels (mv.)	тәпішке	[tæpiʃke]
sportschoenen (mv.)	кроссовкалар	[krossovkalar]
sneakers (mv.)	кеды	[kedi]
sandalen (mv.)	сандал	[sandal]
schoenlapper (de)	аяқ киім жамаушы	[ajaq kıim ʒamauʃi]
hiel (de)	тақа	[taqa]
paar (een ~ schoenen)	қос	[qos]
veter (de)	бау	[bau]

rijgen (schoenen ~)	байлау	[bajlau]
schoenlepel (de)	аяқ киімге қасық	[ajaq kıimɣe qasiq]
schoensmeer (de/het)	аяқ киімге жағатын	[ajaq kıimɣe ʒaɣatin
	кірем	kirem]

38. Textiel. Weefsel

katoen (de/het)	мақта	[maqta]
katoenen (bn)	мақтадан	[maqtadan]
vlas (het)	зығыр	[ziɣir]
vlas-, van vlas (bn)	зығырдан	[ziɣirdan]

zijde (de)	жібек	[ʒibek]
zijden (bn)	жібектен	[ʒibekten]
wol (de)	жүн	[ʒʉn]
wollen (bn)	жүнді	[ʒʉndi]

fluweel (het)	барқыт	[barqit]
suède (de)	күдері	[kʉderi]
ribfluweel (het)	ши барқыт	[ʃı barqit]

nylon (de/het)	нейлон	[nejlon]
nylon-, van nylon (bn)	нейлоннан	[nejlonan]
polyester (het)	полиэстер	[polıɛster]
polyester- (abn)	полиэстерден	[polıɛsterden]

leer (het)	тері	[teri]
leren (van leer gemaak)	теріден	[teriden]
bont (het)	аң терісі	[aŋ terisi]
bont- (abn)	аң терісі	[aŋ terisi]

39. Persoonlijke accessoires

handschoenen (mv.)	биялай	[bıjalaj]
wanten (mv.)	қолғап	[qolɣap]
sjaal (fleece ~)	шарф	[ʃarf]

bril (de)	көзілдірік	[køzildirik]
brilmontuur (het)	жиектеме	[ʒıekteme]
paraplu (de)	қол шатыр	[qol ʃatir]
wandelstok (de)	таяқ	[tajaq]
haarborstel (de)	тарақ	[taraq]
waaier (de)	желпігіш	[ʒelpigiʃ]

das (de)	галстук	[galstuk]
strikje (het)	галстук-көбелек	[galstuk købelek]
bretels (mv.)	аспа	[aspa]
zakdoek (de)	қол орамал	[qol oramal]

kam (de)	тарақ	[taraq]
haarspeldje (het)	шаш қыстырғыш	[ʃaʃ qistirɣiʃ]
schuifspeldje (het)	шаш түйрегіш	[ʃaʃ tʉjregiʃ]

gesp (de)	айылбас	[ajilbas]
broekriem (de)	белдік	[beldik]
draagriem (de)	белдік	[beldik]

handtas (de)	сөмке	[sømke]
damestas (de)	әйел сөмкесі	[æjel sømkesi]
rugzak (de)	жолдорба	[ӡoldorba]

40. Kleding. Diversen

mode (de)	сән	[sæn]
de mode (bn)	сәнді	[sændi]
kledingstilist (de)	үлгіші	[ʉlgiʃi]

kraag (de)	жаға	[ӡaɣa]
zak (de)	қалта	[qalta]
zak- (abn)	қалта	[qalta]
mouw (de)	жең	[ӡeŋ]
lusje (het)	ілгіш	[ilgiʃ]
gulp (de)	ілгек	[ilgek]

rits (de)	ілгек	[ilgek]
sluiting (de)	ілгек	[ilgek]
knoop (de)	түйме	[tʉjme]
knoopsgat (het)	желкелік	[ӡelkelik]
losraken (bijv. knopen)	түймені үзіп алу	[tʉjmeni ʉzip alu]

naaien (kleren, enz.)	тігу	[tigu]
borduren (ww)	кесте тігу	[keste tigu]
borduursel (het)	кесте	[keste]
naald (de)	ине	[ɪne]
draad (de)	жіп	[ӡip]
naad (de)	тігіс	[tigis]

vies worden (ww)	былғану	[bɪlɣanu]
vlek (de)	дақ	[daq]
gekreukt raken (ov. kleren)	қырыстанып қалу	[qiristanip qalu]
scheuren (ov.ww.)	жырту	[ӡirtu]
mot (de)	күйе	[kʉje]

41. Persoonlijke verzorging. Schoonheidsmiddelen

tandpasta (de)	тіс пастасы	[tis pastasi]
tandenborstel (de)	мәсуек	[mæsuek]
tanden poetsen (ww)	тіс тазалау	[tis tazalau]

scheermes (het)	ұстара	[ustara]
scheerschuim (het)	қырынуға арналған крем	[qirinuɣa arnalɣan krem]
zich scheren (ww)	қырыну	[qirinu]

| zeep (de) | сабын | [sabin] |
| shampoo (de) | сусабын | [susabin] |

schaar (de)	қайшы	[qajʃi]
nagelvijl (de)	тырнақ егеуіш	[tirnaq egewiʃ]
nagelknipper (de)	тістеуік	[tistewik]
pincet (het)	іскек	[iskek]

cosmetica (mv.)	косметика	[kosmetika]
masker (het)	маска	[maska]
manicure (de)	маникюр	[manikjur]
manicure doen	маникюр жасау	[manikjur ʒasau]
pedicure (de)	педикюр	[pedikjur]

cosmetica tasje (het)	бояулар салатын сомке	[bojaular salatin somke]
poeder (de/het)	опа	[opa]
poederdoos (de)	опа сауыт	[opa sawit]
rouge (de)	еңлік	[eŋlik]

parfum (de/het)	иіс су	[iis su]
eau de toilet (de)	иіссу	[iissu]
lotion (de)	лосьон	[losion]
eau de cologne (de)	әтір	[ætir]

oogschaduw (de)	қабақ бояуы	[qabaq bojawi]
oogpotlood (het)	көзге арналған қарындаш	[køzge arnalʏan qarindaʃ]
mascara (de)	кірпік сүрмесі	[kirpik surmesi]

lippenstift (de)	ерін далабы	[erin dalabi]
nagellak (de)	тырнақ арналған лак	[tirnaq arnalʏan lak]
haarlak (de)	шашқа арналған лак	[ʃaʃqa arnalʏan lak]
deodorant (de)	дезодорант	[dezodorant]

crème (de)	иісмай	[iismaj]
gezichtscrème (de)	бетке арналған крем	[betke arnalʏan krem]
handcrème (de)	қолға арналған крем	[qolʏa arnalʏan krem]
antirimpelcrème (de)	әжімге қарсы кремі	[æʒimge qarsi kremi]
dag- (abn)	күндізгі иісмай	[kundizgi iismaj]
nacht- (abn)	түнгі иісмай	[tungi iismaj]

tampon (de)	тықпа	[tiqpa]
toiletpapier (het)	дәрет қағазы	[dæret qaʏazi]
föhn (de)	шаш кептіргіш	[ʃaʃ keptirgiʃ]

42. Juwelen

sieraden (mv.)	асылдар	[asildar]
edel (bijv. ~ stenen)	асыл	[asil]
keurmerk (het)	белгі	[belgi]

ring (de)	сақина	[saqina]
trouwring (de)	неке жүзігі	[neke ʒuzigi]
armband (de)	білезік	[bilezik]

oorringen (mv.)	сырға	[sirʏa]
halssnoer (het)	алқа	[alqa]
kroon (de)	таж	[taʒ]

kralen snoer (het)	моншақ	[monʃaq]
diamant (de)	rayhap	[gauhar]
smaragd (de)	зүмірет	[zʉmiret]
robijn (de)	лағыл	[laɣɨl]
saffier (de)	жақұт	[ʒaqʊt]
parel (de)	меруерт	[meruert]
barnsteen (de)	кәріптас	[kæriptas]

43. Horloges. Klokken

polshorloge (het)	сағат	[saɣat]
wijzerplaat (de)	циферблат	[tsɪferblat]
wijzer (de)	тіл	[til]
metalen horlogeband (de)	білезік	[bilezik]
horlogebandje (het)	таспа	[taspa]

batterij (de)	батарейка	[batarejka]
leeg zijn (ww)	батарейка отырып қалды	[batarejka otɨrip qaldɨ]
batterij vervangen	батарейканы ауыстыру	[batarejkanɨ awɨstiru]
voorlopen (ww)	асығу	[asɨɣu]
achterlopen (ww)	кейіндеу	[kejindeu]

wandklok (de)	қабырға сағат	[qabɨrɣa saɣat]
zandloper (de)	құм сағат	[qʊm saɣat]
zonnewijzer (de)	күн сағаты	[kʉn saɣatɨ]
wekker (de)	оятар	[ojatar]
horlogemaker (de)	сағатшы	[saɣatʃɨ]
repareren (ww)	жөндеу	[ʒøndeu]

Voedsel. Voeding

44. Voedsel

vlees (het)	ет	[et]
kip (de)	тауық	[tawiq]
kuiken (het)	балапан	[balapan]
eend (de)	үйрек	[ujrek]
gans (de)	қаз	[qaz]
wild (het)	құс	[qus]
kalkoen (de)	түйетауық	[tujetawiq]
varkensvlees (het)	шошқа еті	[ʃoʃqa eti]
kalfsvlees (het)	бұзау еті	[buzau eti]
schapenvlees (het)	қой еті	[qoj eti]
rundvlees (het)	сиыр еті	[siir eti]
konijnenvlees (het)	қоян еті	[qojan eti]
worst (de)	шұжық	[ʃuʒiq]
saucijs (de)	сосиска	[sosiska]
spek (het)	бекон	[bekon]
ham (de)	ветчина	[vetʃina]
gerookte achterham (de)	сан ет	[san et]
paté (de)	бұқтырлған ет	[buqtirlɣan et]
lever (de)	бауыр	[bawir]
gehakt (het)	турама	[turama]
tong (de)	тіл	[til]
ei (het)	жұмыртқа	[ʒumirtqa]
eieren (mv.)	жұмыртқалар	[ʒumirtqalar]
eiwit (het)	ақуыз	[aquiz]
eigeel (het)	сарыуыз	[sariwiz]
vis (de)	балық	[baliq]
zeevruchten (mv.)	теңіз азығы	[teŋiz aziɣi]
schaaldieren (mv.)	шаян тәрізділер	[ʃajan tærizdiler]
kaviaar (de)	уылдырық	[wildiriq]
krab (de)	таңқышаян	[taŋqiʃajan]
garnaal (de)	асшаян	[asʃajan]
oester (de)	устрица	[ustritsa]
langoest (de)	лангуст	[langust]
octopus (de)	сегізаяқ	[segizajaq]
inktvis (de)	кальмар	[kalʲmar]
steur (de)	бекіре еті	[bekire eti]
zalm (de)	арқан балық	[arqan baliq]
heilbot (de)	палтус	[paltus]
kabeljauw (de)	нәлім	[nælim]

makreel (de)	скумбрия	[skumbrıja]
tonijn (de)	тунец	[tunets]
paling (de)	жыланбалық	[ʒilanbaliq]

forel (de)	бахтах	[bahtah]
sardine (de)	сардина	[sardına]
snoek (de)	шортан	[ʃortan]
haring (de)	майшабақ	[majʃabaq]

brood (het)	нан	[nan]
kaas (de)	ірімшік	[irimʃik]
suiker (de)	қант	[qant]
zout (het)	тұз	[tuz]

rijst (de)	күріш	[kʉriʃ]
pasta (de)	түтік кеспе	[tʉtik kespe]
noedels (mv.)	кеспе	[kespe]

boter (de)	сарымай	[sarimaj]
plantaardige olie (de)	өсімдік майы	[øsimdik maji]
zonnebloemolie (de)	күнбағыс майы	[kʉnbaɣis maji]
margarine (de)	маргарин	[margarın]

| olijven (mv.) | зәйтүн | [zæjtʉn] |
| olijfolie (de) | зәйтүн майы | [zæjtʉn maji] |

melk (de)	сүт	[sʉt]
gecondenseerde melk (de)	қоюлатқан сүт	[qojulatqan sʉt]
yoghurt (de)	йогурт	[jogurt]
zure room (de)	қаймақ	[qajmaq]
room (de)	кілегей	[kilegej]

| mayonaise (de) | майонез | [majonez] |
| crème (de) | крем | [krem] |

graan (het)	жарма	[ʒarma]
meel (het), bloem (de)	ұн	[ʊn]
conserven (mv.)	консервілер	[konserviler]

maïsvlokken (mv.)	жүгері жапалақтары	[ʒʉgeri ʒapalaqtari]
honing (de)	бал	[bal]
jam (de)	джем	[dʒem]
kauwgom (de)	сағыз	[saɣiz]

45. Drankjes

water (het)	су	[su]
drinkwater (het)	ішетін су	[iʃætin su]
mineraalwater (het)	минералды су	[mıneraldi su]

zonder gas	газсыз	[gazsiz]
koolzuurhoudend (bn)	газдалған	[gazdalɣan]
bruisend (bn)	газдалған	[gazdalɣan]
ijs (het)	мұз	[mʊz]

met ijs	мұзбен	[mʊzben]
alcohol vrij (bn)	алкогольсыз	[alkogolʲsiz]
alcohol vrije drank (de)	алкогольсыз сусын	[alkogolʲsiz susin]
frisdrank (de)	салқындататын сусын	[salqindatatin susin]
limonade (de)	лимонад	[lɪmonad]

alcoholische dranken (mv.)	алкогольды ішімдіктер	[alkogolʲdɪ iʃimdikter]
wijn (de)	шарап	[ʃarap]
witte wijn (de)	ақшарап	[aqʃarap]
rode wijn (de)	қызыл шарап	[qizil ʃarap]

likeur (de)	ликер	[lɪker]
champagne (de)	аққайнар	[aqqajnar]
vermout (de)	вермут	[vermut]

whisky (de)	виски	[vɪskɪ]
wodka (de)	арақ	[araq]
gin (de)	жын	[ʒin]
cognac (de)	коньяк	[konʲak]
rum (de)	ром	[rom]

koffie (de)	кофе	[kofe]
zwarte koffie (de)	қара кофе	[qara kofe]
koffie (de) met melk	кофе сүтпен	[kofe sʊtpen]
cappuccino (de)	кофе кілегеймен	[kofe kilegejmen]
oploskoffie (de)	ерігіш кофе	[erigiʃ kofe]

melk (de)	сүт	[sʊt]
cocktail (de)	коктейль	[koktejlʲ]
milkshake (de)	сүт коктейлі	[sʊt koktejli]

sap (het)	шырын	[ʃirin]
tomatensap (het)	қызанақ шырыны	[qizanaq ʃirini]
sinaasappelsap (het)	апельсин шырыны	[apelʲsɪn ʃirini]
vers geperst sap (het)	жаңа сығылған шырын	[ʒaŋa siɣilɣan ʃirin]

bier (het)	сыра	[sira]
licht bier (het)	ақшыл сыра	[aqʃil sira]
donker bier (het)	қараңғы сырасы	[qaraŋɣi sirasi]

thee (de)	шай	[ʃaj]
zwarte thee (de)	қара шай	[qara ʃaj]
groene thee (de)	көк шай	[køk ʃaj]

46. Groenten

| groenten (mv.) | көкөністер | [køkønister] |
| verse kruiden (mv.) | көкөніс | [køkønis] |

tomaat (de)	қызанақ	[qizanaq]
augurk (de)	қияр	[qɪjar]
wortel (de)	сәбіз	[sæbiz]
aardappel (de)	картоп	[kartop]
ui (de)	пияз	[pɪjaz]

knoflook (de)	сарымсақ	[sarimsaq]
kool (de)	қырыққабат	[qiriqqabat]
bloemkool (de)	түсті орамжапырақ	[tusti oramʒapiraq]
spruitkool (de)	брюсель орамжапырағы	[brjuselʲ oramʒapiraɣi]
broccoli (de)	брокколи орамжапырағы	[brokkolɪ oramʒapiraɣi]

rode biet (de)	қызылша	[qizilʃa]
aubergine (de)	кәді	[kædi]
courgette (de)	кәдіш	[kædiʃ]
pompoen (de)	асқабақ	[asqabaq]
raap (de)	шалқан	[ʃalqan]

peterselie (de)	ақжелкен	[aqʒelken]
dille (de)	аскөк	[askøk]
sla (de)	салат	[salat]
selderij (de)	балдыркөк	[baldirkøk]
asperge (de)	ақтық	[aqtiq]
spinazie (de)	саумалдық	[saumaldiq]

erwt (de)	ноқат	[noqat]
bonen (mv.)	ірі бұршақтар	[iri burʃaqtar]
maïs (de)	жүгері	[ʒuɡeri]
nierboon (de)	үрме бұршақ	[urme burʃaq]

peper (de)	бұрыш	[buriʃ]
radijs (de)	шалғам	[ʃalɣam]
artisjok (de)	бөрікгүл	[børikɡul]

47. Vruchten. Noten

vrucht (de)	жеміс	[ʒemis]
appel (de)	алма	[alma]
peer (de)	алмұрт	[almurt]
citroen (de)	лимон	[lɪmon]
sinaasappel (de)	апельсин	[apelʲsın]
aardbei (de)	құлпынай	[qulpinaj]

mandarijn (de)	мандарин	[mandarın]
pruim (de)	алхоры	[alhori]
perzik (de)	шабдалы	[ʃabdalɪ]
abrikoos (de)	өрік	[ørik]
framboos (de)	таңқурай	[taŋquraj]
ananas (de)	ананас	[ananas]

banaan (de)	банан	[banan]
watermeloen (de)	қарбыз	[qarbiz]
druif (de)	жүзім	[ʒuzim]
zure kers (de)	кәдімгі шие	[kædımgı ʃie]
zoete kers (de)	қызыл шие	[qizil ʃie]
meloen (de)	қауын	[qawin]

grapefruit (de)	грейпфрут	[grejpfrut]
avocado (de)	авокадо	[avokado]
papaja (de)	папайя	[papaja]

mango (de)	манго	[mango]
granaatappel (de)	анар	[anar]

rode bes (de)	қызыл қарақат	[qizil qaraqat]
zwarte bes (de)	қара қарақат	[qara qaraqat]
kruisbes (de)	қарлыған	[qarliɣan]
blauwe bosbes (de)	қара жидек	[qara ʒɪdek]
braambes (de)	қожақат	[qoʒaqat]

rozijn (de)	мейіз	[mejiz]
vijg (de)	інжір	[inʒir]
dadel (de)	құрма	[qʊrma]

pinda (de)	жержаңғақ	[ʒerʒaŋɣaq]
amandel (de)	бадам	[badam]
walnoot (de)	жаңғақ	[ʒaŋɣaq]
hazelnoot (de)	ағаш жаңғағы	[aɣaʃ ʒaŋɣaɣi]
kokosnoot (de)	кокос жаңғақ	[kokos ʒaŋɣaq]
pistaches (mv.)	пісте	[piste]

48. Brood. Snoep

suikerbakkerij (de)	кондитер бұйымдары	[kondɪter bʊjimdari]
brood (het)	нан	[nan]
koekje (het)	печенье	[petʃenʲe]

chocolade (de)	шоколад	[ʃokolad]
chocolade- (abn)	шоколад	[ʃokolad]
snoepje (het)	кәмпит	[kæmpιt]
cakeje (het)	тәтті тоқаш	[tætti toqaʃ]
taart (bijv. verjaardags~)	торт	[tort]

pastei (de)	бәліш	[bæliʃ]
vulling (de)	салынды	[salindi]

confituur (de)	қайнатпа	[qajnatpa]
marmelade (de)	мармелад	[marmelad]
wafel (de)	вафли	[vaflι]
ijsje (het)	балмұздақ	[balmʊzdaq]
pudding (de)	пудинг	[pudɪng]

49. Bereide gerechten

gerecht (het)	тағам	[taɣam]
keuken (bijv. Franse ~)	ұлттық тағамдар	[ulttiq taɣamdar]
recept (het)	рецепт	[retsept]
portie (de)	мөлшер	[mølʃær]

salade (de)	салат	[salat]
soep (de)	көже	[køʒe]
bouillon (de)	сорпа	[sorpa]
boterham (de)	бутерброд	[buterbrod]

spiegelei (het)	қуырылған жұмыртқа	[quirilɣan ʒυmirtqa]
hamburger (de)	гамбургер	[gamburger]
biefstuk (de)	бифштекс	[bɪfʃteks]

garnering (de)	гарнир	[garnɪr]
spaghetti (de)	спагетти	[spagettɪ]
aardappelpuree (de)	картоп езбесі	[kartop ezbesi]
pizza (de)	пицца	[pɪʦa]
pap (de)	ботқа	[botqa]
omelet (de)	омлет	[omlet]

gekookt (in water)	пісірілген	[pisirilgen]
gerookt (bn)	ысталған	[istalɣan]
gebakken (bn)	қуырылған	[quiɾilɣan]
gedroogd (bn)	кептірілген	[keptirilgen]
diepvries (bn)	мұздатылған	[mʊzdatɨlɣan]
gemarineerd (bn)	маринадталған	[marɪnadtalɣan]

zoet (bn)	тәтті	[tætti]
gezouten (bn)	тұзды	[tʊzdɨ]
koud (bn)	суық	[suiq]
heet (bn)	ыстық	[istiq]
bitter (bn)	ащы	[aɕi]
lekker (bn)	дәмді	[dæmdi]

koken (in kokend water)	пісіру	[pisiru]
bereiden (avondmaaltijd ~)	әзірлеу	[æzirleu]
bakken (ww)	қуыру	[quiru]
opwarmen (ww)	ысыту	[isitu]

zouten (ww)	тұздау	[tʊzdau]
peperen (ww)	бұрыш салу	[buriʃ salu]
raspen (ww)	үйкеу	[ʉjkeu]
schil (de)	қабық	[qabiq]
schillen (ww)	аршу	[arʃu]

50. Kruiden

zout (het)	тұз	[tʊz]
gezouten (bn)	тұзды	[tʊzdɨ]
zouten (ww)	тұздау	[tʊzdau]

zwarte peper (de)	қара бұрыш	[qara burɪʃ]
rode peper (de)	қызыл бұрыш	[qizɨl burɪʃ]
mosterd (de)	қыша	[qiʃa]
mierikswortel (de)	түбіртамыр	[tʉbirtamir]

condiment (het)	дәмдеуіш	[dæmdewiʃ]
specerij, kruiderij (de)	дәмдеуіш	[dæmdewiʃ]
saus (de)	тұздық	[tʊzdiq]
azijn (de)	сірке суы	[sirke sui]

anijs (de)	анис	[anɪs]
basilicum (de)	насыбайгүл	[nasɨbajgʉl]

kruidnagel (de)	қалампыргүл	[qalampirgʉl]
gember (de)	имбирь	[ımbırʲ]
koriander (de)	кориандр	[korıandr]
kaneel (de/het)	даршын	[darʃin]

sesamzaad (het)	күнжіт	[kʉnʒit]
laurierblad (het)	лавр жапырағы	[lavr ʒapiraɣi]
paprika (de)	паприка	[paprıka]
komijn (de)	зире	[zıre]
saffraan (de)	бәйшешек	[bæjʃeʃek]

51. Maaltijden

| eten (het) | тамақ | [tamaq] |
| eten (ww) | жеу | [ʒeu] |

ontbijt (het)	ертеңгілік тамақ	[erteŋgilik tamaq]
ontbijten (ww)	ертеңгі тамақты ішу	[erteŋgi tamaqti iʃu]
lunch (de)	түскі тамақ	[tʉski tamaq]
lunchen (ww)	түскі тамақ жеу	[tʉski tamaq ʒeu]
avondeten (het)	кешкі тамақ	[keʃki tamaq]
souperen (ww)	кешкі тамақ ішу	[keʃki tamaq iʃu]

| eetlust (de) | тәбет | [tæbet] |
| Eet smakelijk! | Ас болсын! | [as bolsin] |

openen (een fles ~)	аш	[aʃ]
morsen (koffie, enz.)	төгу	[tøgu]
zijn gemorst	төгілу	[tøgilu]

koken (water kookt bij 100°C)	қайнау	[qajnau]
koken (Hoe om water te ~)	қайнату	[qajnatu]
gekookt (~ water)	қайнатылған	[qajnatilɣan]

| afkoelen (koeler maken) | салқындату | [salqindatu] |
| afkoelen (koeler worden) | салқындау | [salqindau] |

| smaak (de) | талғам | [talɣam] |
| nasmaak (de) | татым | [tatim] |

volgen een dieet	арықтау	[ariqtau]
dieet (het)	диета	[dıeta]
vitamine (de)	дәрумен	[dærumen]
calorie (de)	калория	[kalorıja]

| vegetariër (de) | вегетариан | [vegetarıan] |
| vegetarisch (bn) | вегетариандық | [vegetarıandiq] |

vetten (mv.)	майлар	[majlar]
eiwitten (mv.)	ақуыз	[aquiz]
koolhydraten (mv.)	көміртегі	[kømirtegi]
snede (de)	тілім	[tilim]
stuk (bijv. een ~ taart)	кесек	[kesek]
krulmel (de)	үзім	[ʉzim]

52. Tafelschikking

lepel (de)	қасық	[qasiq]
mes (het)	пышақ	[piʃaq]
vork (de)	шанышқы	[ʃaniʃqi]

kopje (het)	шыныаяқ	[ʃiniajaq]
bord (het)	тәрелке	[tærelke]
schoteltje (het)	табақша	[tabaqʃa]
servet (het)	майлық	[majliq]
tandenstoker (de)	тіс тазартқыш	[tis tazartqiʃ]

53. Restaurant

restaurant (het)	мейрамхана	[mejramhana]
koffiehuis (het)	кофехана	[kofehana]
bar (de)	бар	[bar]
tearoom (de)	шайхана	[ʃajhana]

kelner, ober (de)	даяшы	[dajaʃi]
serveerster (de)	даяшы	[dajaʃi]
barman (de)	бармен	[barmen]

menu (het)	мәзір	[mæzir]
wijnkaart (de)	шарап картасы	[ʃarap kartasi]
een tafel reserveren	бронды үстел	[brondi üstel]

gerecht (het)	тамақ	[tamaq]
bestellen (eten ~)	тапсырыс беру	[tapsiris beru]
een bestelling maken	тапсырыс жасау	[tapsiris ʒasau]

aperitief (de/het)	аперитив	[aperitiv]
voorgerecht (het)	дәмтатым	[dæmtatim]
dessert (het)	десерт	[desert]

rekening (de)	есеп	[esep]
de rekening betalen	есеп бойынша төлеу	[esep bojinʃa töleu]
wisselgeld teruggeven	төленгеннің артығын беру	[tölengeniŋ artiɣin beru]
fooi (de)	шайлық	[ʃajliq]

Familie, verwanten en vrienden

54. Persoonlijke informatie. Formulieren

naam (de)	есім	[esim]
achternaam (de)	тек	[tek]
geboortedatum (de)	туған күні	[tuɣan kʉni]
geboorteplaats (de)	туған жері	[tuɣan ʒeri]

nationaliteit (de)	ұлт	[ʊlt]
woonplaats (de)	тұратын мекені	[tʊratin mekeni]
land (het)	ел	[el]
beroep (het)	мамандық	[mamandiq]

geslacht (ov. het vrouwelijk ~)	жыныс	[ʒinis]
lengte (de)	бой	[boj]
gewicht (het)	салмақ	[salmaq]

55. Familieleden. Verwanten

moeder (de)	ана	[ana]
vader (de)	әке	[æke]
zoon (de)	ұл	[ʊl]
dochter (de)	қыз	[qiz]

jongste dochter (de)	кіші қыз	[kiʃi qiz]
jongste zoon (de)	кіші ұл	[kiʃi ʊl]
oudste dochter (de)	үлкен қыз	[ʉlken qiz]
oudste zoon (de)	үлкен ұл	[ʉlken ʊl]

broer (de)	бауыр	[bawir]
oudere broer (de)	аға	[aɣa]
jongere broer (de)	іні	[ini]
zuster (de)	қарындас	[qarindas]
oudere zuster (de)	апа	[apa]
jongere zuster (de)	сіңлі	[siŋli]

neef (zoon van oom, tante)	немере аға	[nemere aɣa]
nicht (dochter van oom, tante)	немере әпке	[nemere æpke]
mama (de)	апа	[apa]
papa (de)	әке	[æke]
ouders (mv.)	әке-шеше	[ækeʃeʃe]
kind (het)	бала	[bala]
kinderen (mv.)	балалар	[balalar]
oma (de)	әже	[æʒe]
opa (de)	ата	[ata]

kleinzoon (de)	немере, жиен	[nemere], [ʒɪen]
kleindochter (de)	немере қыз, жиен қыз	[nemere qiz], [ʒɪen qiz]
kleinkinderen (mv.)	немерелер	[nemereler]

oom (de)	аға	[aɣa]
tante (de)	тәте	[tæte]
neef (zoon van broer, zus)	жиен, ини	[ʒɪen], [ɪnɪ]
nicht (dochter van broer, zus)	жиен	[ʒɪen]

schoonmoeder (de)	ене	[ene]
schoonvader (de)	қайын ата	[qajin ata]
schoonzoon (de)	жездей	[ʒezdej]
stiefmoeder (de)	өгей ана	[øgej ana]
stiefvader (de)	өгей әке	[øgej æke]

zuigeling (de)	емшек баласы	[emʃæk balasi]
wiegenkind (het)	бөбек	[bøbek]
kleuter (de)	бөбек	[bøbek]

vrouw (de)	әйел	[æjel]
man (de)	еркек	[erkek]
echtgenoot (de)	күйеу	[kʉjeu]
echtgenote (de)	әйел	[æjel]

gehuwd (mann.)	үйленген	[ʉjlengen]
gehuwd (vrouw.)	күйеуге шыққан	[kʉjeuge ʃiqqan]
ongehuwd (mann.)	бойдақ	[bojdaq]
vrijgezel (de)	бойдақ	[bojdaq]
gescheiden (bn)	ажырасқан	[aʒirasqan]
weduwe (de)	жесір әйел	[ʒesir æjel]
weduwnaar (de)	тұл ер адам	[tʉl er adam]

familielid (het)	туысқан	[tuisqan]
dichte familielid (het)	жақын туысқан	[ʒaqin tuisqan]
verre familielid (het)	алыс ағайын	[alis aɣajin]
familieleden (mv.)	туған-туысқандар	[tuɣan tuisqandar]

wees (de), weeskind (het)	жетім бала	[ʒetim bala]
voogd (de)	қамқоршы	[qamqorʃi]
adopteren (een jongen te ~)	бала қылып алу	[bala qilip alu]
adopteren (een meisje te ~)	қыз етіп асырап алу	[qiz etip asirap alu]

56. Vrienden. Collega's

vriend (de)	дос	[dos]
vriendin (de)	құрбы	[qʊrbi]
vriendschap (de)	достық	[dostiq]
bevriend zijn (ww)	достасу	[dostasu]

makker (de)	дос	[dos]
vriendin (de)	құрбы	[qʊrbi]
partner (de)	серіктес	[seriktes]
chef (de)	бастық	[bastiq]
baas (de)	бастық	[bastiq]

| ondergeschikte (de) | бағынышты адам | [bayiniʃti adam] |
| collega (de) | еңбектес | [eŋbektes] |

kennis (de)	таныс	[tanis]
medereiziger (de)	жолсерік	[ʒolserik]
klasgenoot (de)	сыныптас	[siniptas]

buurman (de)	көрші	[kørʃi]
buurvrouw (de)	көрші	[kørʃi]
buren (mv.)	көршілер	[kørʃi ler]

57. Man. Vrouw

vrouw (de)	әйел	[æjel]
meisje (het)	қыз	[qiz]
bruid (de)	айттырылған қыз	[ajttirilyan qiz]

mooi(e) (vrouw, meisje)	әдемі	[ædemi]
groot, grote (vrouw, meisje)	ұзын бойлы	[ʊzin bojli]
slank(e) (vrouw, meisje)	сымбатты	[simbatti]
korte, kleine (vrouw, meisje)	бойы биік емес	[boji biik emes]

| blondine (de) | ақ сары | [aq sari] |
| brunette (de) | қара қас | [qara qas] |

dames- (abn)	әйелдік	[æjeldik]
maagd (de)	қыздығын сақтаған	[qizdiyin saqtayan]
zwanger (bn)	жүкті әйел	[ʒʊkti æjel]

man (de)	ер адам	[er adam]
blonde man (de)	ақ сары	[aq sari]
bruinharige man (de)	қара қас	[qara qas]
groot (bn)	ұзын бойлы	[ʊzin bojli]
klein (bn)	бойы биік емес	[boji biik emes]

onbeleefd (bn)	дөрекі	[døreki]
gedrongen (bn)	дембелше	[dembelʃe]
robuust (bn)	берік	[berik]
sterk (bn)	күшті	[kʊʃti]
sterkte (de)	күш	[kʊʃ]

mollig (bn)	толық	[toliq]
getaand (bn)	қараторы	[qaratori]
slank (bn)	сымбатты	[simbatti]
elegant (bn)	сырбаз	[sirbaz]

58. Leeftijd

leeftijd (de)	жас шамасы	[ʒas ʃamasi]
jeugd (de)	жастық	[ʒastiq]
jong (bn)	жас	[ʒas]
jonger (bn)	кіші	[kiʃi]

ouder (bn)	үлкен	[ʉlken]
jongen (de)	жас жігіт	[ʒas ʒigit]
tiener, adolescent (de)	жас өспірім	[ʒas øspirim]
kerel (de)	жігіт	[ʒigit]

| oude man (de) | қарт | [qart] |
| oude vrouw (de) | кемпір | [kempir] |

volwassen (bn)	ересек	[eresek]
van middelbare leeftijd (bn)	орта жаста	[orta ʒasta]
bejaard (bn)	егде	[egde]
oud (bn)	кәрі	[kæri]

| met pensioen gaan | зейнетақыға кету | [zejnetaqiɣa ketu] |
| gepensioneerde (de) | зейнеткер | [zejnetker] |

59. Kinderen

kind (het)	бала	[bala]
kinderen (mv.)	балалар	[balalar]
tweeling (de)	егіздер	[egizder]

wieg (de)	бесік	[besik]
rammelaar (de)	сылдырақ	[sɨldiraq]
luier (de)	подгузник	[podguznɨk]

60. Gehuwde paren. Gezinsleven

kussen (een kus geven)	сүю	[sʉjʉ]
elkaar kussen (ww)	сүйісу	[sʉjisu]
gezin (het)	жанұя	[ʒanʊja]
gezins- (abn)	отбасылық	[otbasiliq]
paar (het)	жұп	[ʒʊp]
huwelijk (het)	неке	[neke]
thuis (het)	үй ішінде	[ʉj iʃinde]
dynastie (de)	әулет	[æulet]

| date (de) | жүздесу | [ʒʉzdesu] |
| zoen (de) | сүйіс | [sʉjis] |

liefde (de)	махаббат	[mahabbat]
liefhebben (ww)	жақсы көру	[ʒaqsi køru]
geliefde (bn)	аяулы	[ajauli]

tederheid (de)	мейірімділік	[mejrimdilik]
teder (bn)	мейірімді	[mejrimdi]
trouw (de)	берілгендік	[berilgendik]
trouw (bn)	берілген	[berilgen]
zorg (bijv. bejaarden~)	қам жеу	[qam ʒeu]
zorgzaam (bn)	қамқор	[qamqor]
jonggehuwden (mv.)	жас жұбайлар	[ʒas ʒubajlar]
wittebroodsweken (mv.)	жас жұбайлар айы	[ʒas ʒubajlar aji]

| trouwen (vrouw) | күйеуге шығу | [kujeuge ʃiɣu] |
| trouwen (man) | үйлену | [ujlenu] |

bruiloft (de)	үйлену тойы	[ujlenu toji]
gouden bruiloft (de)	алтын той	[altin toj]
verjaardag (de)	жылдық	[ʒildiq]

| minnaar (de) | ашына | [aʃina] |
| minnares (de) | ашына | [aʃina] |

overspel (het)	опасыздық	[opasizdiq]
overspel plegen (ww)	опасыздық ету	[opasizdiq etu]
jaloers (bn)	қызғанышты	[qizɣaniʃti]
jaloers zijn (echtgenoot, enz.)	қызғану	[qizɣanu]
echtscheiding (de)	ажырасу	[aʒirasu]
scheiden (ww)	ажырап кету	[aʒirap ketu]

ruzie hebben (ww)	араздасу	[arazdasu]
vrede sluiten (ww)	райласу	[rajlasu]
samen (bw)	бірге	[birge]
seks (de)	жыныстық қатынас	[ʒinistiq qatinas]

geluk (het)	бақыт	[baqit]
gelukkig (bn)	бақытты	[baqitti]
ongeluk (het)	бақытсыздық	[biqitsizdiq]
ongelukkig (bn)	бақытсыз	[biqitsiz]

Karakter. Gevoelens. Emoties

61. Gevoelens. Emoties

gevoel (het)	сезім	[sezim]
gevoelens (mv.)	сезімдер	[sezimder]
honger (de)	аштық	[aʃtiq]
honger hebben (ww)	жегісі келу	[ʒegisi kelu]
dorst (de)	шөл	[ʃøl]
dorst hebben	шөлдеу	[ʃøldeu]
slaperigheid (de)	ұйқышылдық	[ujqiʃildiq]
willen slapen	ұйқы келу	[ujqi kelu]
moeheid (de)	шаршағандық	[ʃarʃaɣandiq]
moe (bn)	шаршаған	[ʃarʃaɣan]
vermoeid raken (ww)	шаршау	[ʃarʃau]
stemming (de)	көңіл күй	[køŋil kʉj]
verveling (de)	зеріге	[zerigu]
zich vervelen (ww)	сағыну	[saɣinu]
afzondering (de)	жалғыздық	[ʒalɣizdiq]
zich afzonderen (ww)	жекелену	[ʒekelenu]
bezorgd maken	мазалау	[mazalau]
bezorgd zijn (ww)	алаң болу	[alaŋ bolu]
zorg (bijv. geld~en)	алаңдау	[alaŋdau]
ongerustheid (de)	қорқыныш	[qorqiniʃ]
ongerust (bn)	абыржыған	[abirʒiɣan]
zenuwachtig zijn (ww)	абыржу	[abirʒu]
in paniek raken	дүрлігу	[dʉrligu]
hoop (de)	үміт	[ʉmit]
hopen (ww)	үміттену	[ʉmittenu]
zekerheid (de)	сенімділік	[senimdilik]
zeker (bn)	көзі жеткен	[køzi ʒetken]
onzekerheid (de)	сенімділіксіз	[senimdiliksiz]
onzeker (bn)	өзіне сенбейтін	[øzine senbejtin]
dronken (bn)	мас	[mas]
nuchter (bn)	мас емес	[mas emes]
zwak (bn)	әлсіз	[ælsiz]
gelukkig (bn)	бақытты	[baqitti]
doen schrikken (ww)	шошыту	[ʃoʃitu]
toorn (de)	құтырушылық	[qutiruʃiliq]
woede (de)	кәр	[kær]
depressie (de)	депрессия	[depressija]
ongemak (het)	жайсыздық	[ʒajsizdiq]

gemak, comfort (het)	жайлылық	[ʒajlɨlɨq]
spijt hebben (ww)	өкіну	[økinu]
spijt (de)	өкініш	[økiniʃ]
pech (de)	қырсық	[qɨrsɨq]
bedroefdheid (de)	кейіс	[kejis]

schaamte (de)	ұят	[ʊjat]
pret (de), plezier (het)	ойын-күлкі	[ojɨn kʉlki]
enthousiasme (het)	ынта	[inta]
enthousiasteling (de)	энтузиаст	[ɛntuzɪast]
enthousiasme vertonen	ынта көрсету	[inta kørsetu]

62. Karakter. Persoonlijkheid

karakter (het)	мінез	[minez]
karakterfout (de)	кемшілік	[kemʃilik]
verstand (het)	ес	[es]
rede (de)	ақыл	[aqɨl]

geweten (het)	ұят	[ʊjat]
gewoonte (de)	әдет	[ædet]
bekwaamheid (de)	қабілеттілік	[qabilettilik]
kunnen (bijv., ~ zwemmen)	білу	[bilu]

geduldig (bn)	шыдамды	[ʃidamdɨ]
ongeduldig (bn)	шыдамсыз	[ʃidamsɨz]
nieuwsgierig (bn)	қызық құмар	[qɨzɨq kʊmar]
nieuwsgierigheid (de)	құмарлық	[qʊmarlɨq]

bescheidenheid (de)	сыпайлық	[sɨpajlɨq]
bescheiden (bn)	сыпайлы	[sɨpajlɨ]
onbescheiden (bn)	сыпайсыз	[sɨpajsɨz]

lui (bn)	еріншек	[erinʃæk]
luiwammes (de)	еріншек	[erinʃæk]

sluwheid (de)	қулық	[qulɨq]
sluw (bn)	қу	[qu]
wantrouwen (het)	сенбеушілік	[senbeuʃilik]
wantrouwig (bn)	секемшіл	[sekemʃil]

gulheid (de)	мырзалық	[mɨrzalɨq]
gul (bn)	алақаны ашық	[alaqanɨ aʃɨq]
talentrijk (bn)	дарынды	[darɨndɨ]
talent (het)	дарын	[darɨn]

moedig (bn)	батыл	[batɨl]
moed (de)	батылдық	[batɨldɨq]
eerlijk (bn)	адал	[adal]
eerlijkheid (de)	адалдық	[adaldɨq]

voorzichtig (bn)	құнты	[qʊntɨ]
manhaftig (bn)	ержүрек	[erʒʉrek]
ernstig (bn)	салмақты	[salmaqtɨ]

streng (bn)	қатал	[qatal]
resoluut (bn)	батыл	[batil]
onzeker, irresoluut (bn)	жасқаншақ	[ʒasqanʃaq]
schuchter (bn)	жасқаншақ	[ʒasqanʃaq]
schuchterheid (de)	жасқаншақтық	[ʒasqanʃaqtiq]

vertrouwen (het)	сенім	[senim]
vertrouwen (ww)	сену	[senu]
goedgelovig (bn)	сенгіш	[sengiʃ]

oprecht (bw)	бүкпесіз	[bʉkpesiz]
oprecht (bn)	адал	[adal]
oprechtheid (de)	ақжүректік	[aqʒʉrektik]
open (bn)	ашық	[aʃiq]

rustig (bn)	тыныш	[tiniʃ]
openhartig (bn)	ашық	[aʃiq]
naïef (bn)	аңқау	[aŋqau]
verstrooid (bn)	ұмытшақ	[ʊmitʃaq]
leuk, grappig (bn)	күлкілі	[kʉlkili]

gierigheid (de)	арамдылық	[aramdiliq]
gierig (bn)	арам	[aram]
inhalig (bn)	сараң	[saraŋ]
kwaad (bn)	өш	[øʃ]
koppig (bn)	қыңыр	[qiŋir]
onaangenaam (bn)	сүйкімсіз	[sʉjkimsiz]

egoïst (de)	өзімшіл	[øzimʃil]
egoïstisch (bn)	өзімшіл	[øzimʃil]
lafaard (de)	қорқақ	[qorqaq]
laf (bn)	қорқақ	[qorqaq]

63. Slaap. Dromen

slapen (ww)	ұйықтау	[ʊjiqtau]
slaap (in ~ vallen)	ұйқы	[ʊjqi]
droom (de)	түс	[tʉs]
dromen (in de slaap)	түстерді көру	[tʉsterdi køru]
slaperig (bn)	ұйқылы	[ʊjqili]

bed (het)	төсек	[tøsek]
matras (de)	матрас	[matras]
deken (de)	көрпе	[kørpe]
kussen (het)	жастық	[ʒastiq]
laken (het)	ақжайма	[aqʒajma]

slapeloosheid (de)	ұйқы көрмеу	[ʊjqi kørmeu]
slapeloos (bn)	ұйқысыз	[ʊjqisiz]
slaapmiddel (het)	ұйықтататын дәрі	[ʊjiqtatatin dæri]
slaapmiddel innemen	ұйықтататын дәріні ішу	[ʊjiqtatatin dærini iʃu]

| willen slapen | ұйқы келу | [ʊjqi kelu] |
| geeuwen (ww) | есінеу | [esineu] |

gaan slapen	ұйқыға бару	[ujqiɣa baru]
het bed opmaken	төсек салу	[tøsek salu]
inslapen (ww)	ұйықтау	[ujiqtau]

nachtmerrie (de)	сұмдық	[sumdiq]
gesnurk (het)	қорыл	[qoril]
snurken (ww)	қорылдау	[qorildau]

wekker (de)	оятар	[ojatar]
wekken (ww)	ояту	[ojatu]
wakker worden (ww)	ояну	[ojanu]
opstaan (ww)	төсектен тұру	[tøsekten turu]
zich wassen (ww)	жуыну	[ʒuinu]

64. Humor. Gelach. Blijdschap

humor (de)	мысқыл	[misqil]
gevoel (het) voor humor	мысқыл сезім	[misqil sezim]
plezier hebben (ww)	көңіл көтеру	[køŋil koteru]
vrolijk (bn)	көңілді	[køŋildi]
pret (de), plezier (het)	шаттық	[ʃattiq]

glimlach (de)	күлкі	[kulki]
glimlachen (ww)	күлімдеу	[kulimdeu]
beginnen te lachen (ww)	күле бастау	[kule bastau]
lachen (ww)	күлу	[kulu]
lach (de)	күлкі	[kulki]

mop (de)	анекдот	[anekdot]
grappig (een ~ verhaal)	күлкілі	[kulkili]
grappig (~e clown)	күлдіргі	[kuldirgi]

grappen maken (ww)	әзілдеу	[æzildeu]
grap (de)	әзіл	[æzil]
blijheid (de)	қуаныш	[quaniʃ]
blij zijn (ww)	қуану	[quanu]
blij (bn)	қуанышты	[quaniʃti]

65. Discussie, conversatie. Deel 1

communicatie (de)	байланыс	[bajlanis]
communiceren (ww)	араласу	[aralasu]

conversatie (de)	әңгіме	[æŋgime]
dialoog (de)	диалог	[dialog]
discussie (de)	дискуссия	[diskussija]
debat (het)	пікірталас	[pikirtalas]
debatteren, twisten (ww)	дауласу	[daulasu]

gesprekspartner (de)	әңгімелесуші	[æŋgimelesuʃi]
thema (het)	тақырып	[taqirip]
standpunt (het)	көзқарас	[køzqaras]

| mening (de) | пікір | [pikir] |
| toespraak (de) | сөйлеу | [søjleu] |

bespreking (de)	талқылау	[talqilau]
bespreken (spreken over)	талқылау	[talqilau]
gesprek (het)	сұқбат	[suqbat]
spreken (converseren)	сұқбаттасу	[suqbattasu]
ontmoeting (de)	кездесу	[kezdesu]
ontmoeten (ww)	кездесу	[kezdesu]

spreekwoord (het)	мақал	[maqal]
gezegde (het)	мәтел	[mætel]
raadsel (het)	жұмбақ	[ʒumbaq]
een raadsel opgeven	жұмбақ айту	[ʒumbaq ajtu]
wachtwoord (het)	пароль	[parolʲ]
geheim (het)	құпия	[qupija]

eed (de)	ант	[ant]
zweren (een eed doen)	ант беру	[ant beru]
belofte (de)	уәде	[wæde]
beloven (ww)	уәде беру	[wæde beru]

advies (het)	кеңес	[keŋes]
adviseren (ww)	кеңес беру	[keŋes beru]
luisteren (gehoorzamen)	тыңдау	[tiŋdau]

nieuws (het)	жаңалық	[ʒaŋaliq]
sensatie (de)	таң қаларлық оқиға	[taŋ qalarliq oqiiɣa]
informatie (de)	мәліметтер	[mælimetter]
conclusie (de)	қорытынды	[qoritindi]
stem (de)	дауыс	[dawis]
compliment (het)	комплимент	[kompliment]
vriendelijk (bn)	ақ пейілді	[aq pejildi]

woord (het)	сөз	[søz]
zin (de), zinsdeel (het)	фраза	[fraza]
antwoord (het)	жауап	[ʒawap]

| waarheid (de) | ақиқат | [aqiqat] |
| leugen (de) | өтірік | [øtirik] |

gedachte (de)	ой	[oj]
idee (de/het)	ой	[oj]
fantasie (de)	қиял	[qijal]

66. Discussie, conversatie. Deel 2

gerespecteerd (bn)	құрметті	[qurmetti]
respecteren (ww)	құрметтеу	[qurmetteu]
respect (het)	құрмет	[qurmet]
Geachte ... (brief)	Құрметті ...	[qurmetti]

| voorstellen (Mag ik jullie ~) | таныстыру | [tanistiru] |
| kennismaken (met ...) | танысу | [tanisu] |

intentie (de)	ниет	[nɪet]
intentie hebben (ww)	ниеттену	[nɪettenu]
wens (de)	талап-тілек	[talap tilek]
wensen (ww)	тілеу	[tileu]
verbazing (de)	таңдану	[taŋdanu]
verbazen (verwonderen)	таңдандыру	[taŋdandiru]
verbaasd zijn (ww)	таңдану	[taŋdanu]
geven (ww)	беру	[beru]
nemen (ww)	алу	[alu]
teruggeven (ww)	қайтару	[qajtaru]
retourneren (ww)	беру, қайтару	[beru], [qajtaru]
zich verontschuldigen	кешірім сұрау	[keʃirim surau]
verontschuldiging (de)	кешірім	[keʃirim]
vergeven (ww)	кешіру	[keʃiru]
spreken (ww)	сөйлесу	[søjlesu]
luisteren (ww)	тыңдау	[tiŋdau]
aanhoren (ww)	тыңдау	[tiŋdau]
begrijpen (ww)	түсіну	[tusinu]
tonen (ww)	көрсету	[kørsetu]
kijken naar ...	қарау	[qarau]
roepen (vragen te komen)	шақыру	[ʃaqiru]
storen (lastigvallen)	кедергі жасау	[kedergi ʒasau]
doorgeven (ww)	беру	[beru]
verzoek (het)	өтініш	[øtiniʃ]
verzoeken (ww)	өтініш ету	[øtiniʃ etu]
eis (de)	талап	[talap]
eisen (met klem vragen)	талап ету	[talap etu]
beledigen (beledigende namen geven)	мазақтау	[mazaqtau]
uitlachen (ww)	күлкі қылу	[kulki qilu]
spot (de)	мазақ	[mazaq]
bijnaam (de)	лақап ат	[laqap at]
zinspeling (de)	тұспал	[tuspal]
zinspelen (ww)	тұспалдау	[tuspaldau]
impliceren (duiden op)	жобалап түсіну	[ʒobalap tusinu]
beschrijving (de)	сипаттама	[sipattama]
beschrijven (ww)	сипаттау	[sipattau]
lof (de)	мақтан	[maqtan]
loven (ww)	мақтау	[maqtau]
teleurstelling (de)	көңілі қайту	[køŋili qajtu]
teleurstellen (ww)	түңілту	[tuŋiltu]
teleurgesteld zijn (ww)	көңіл қалу	[køŋil qalu]
veronderstelling (de)	ұсыныс	[usinis]
veronderstellen (ww)	шамалау	[ʃamalau]
waarschuwing (de)	алдын-ала ескерту	[aldin ala eskertu]
waarschuwen (ww)	алдын-ала ескерту	[aldin ala eskertu]

67. Discussie, conversatie. Deel 3

| aanpraten (ww) | көндіру | [køndiru] |
| kalmeren (kalm maken) | жұбату | [ʒubatu] |

stilte (de)	үндемеу	[ʉndemeu]
zwijgen (ww)	үндемеу	[ʉndemeu]
fluisteren (ww)	сыбырлау	[sibirlau]
gefluister (het)	сыбыр	[sibir]

| open, eerlijk (bw) | ашықтан-ашық | [aʃiqtan aʃiq] |
| volgens mij ... | менің пікірім бойынша ... | [meniŋ pikirim bojinʃa] |

detail (het)	толықтық	[toliqtiq]
gedetailleerd (bn)	толық	[toliq]
gedetailleerd (bw)	толық	[toliq]

| hint (de) | ойға салу | [ojɣa salu] |
| een hint geven | ойға түсіре айт | [ojɣa tʉsirɛ ajtu] |

blik (de)	көзқарас	[køzqaras]
een kijkje nemen	назар салу	[nazar salu]
strak (een ~ke blik)	қадалған	[qadalɣan]
knipperen (ww)	жыпылықтау	[ʒipiliqtau]
knipogen (ww)	жыпылықтау	[ʒipiliqtau]
knikken (ww)	бас изеу	[bas ızeu]

zucht (de)	дем	[dem]
zuchten (ww)	ішке дем тарту	[iʃke dem tartu]
huiveren (ww)	селк ету	[selk etu]
gebaar (het)	дене қимылы	[dene qımili]
aanraken (ww)	тию	[tıju]
grijpen (ww)	жармасу	[ʒarmasu]
een schouderklopje geven	соғу	[soɣu]

Kijk uit!	Абайла!	[abajla]
Echt?	Шынымен?	[ʃinimen]
Bent je er zeker van?	Сенімдісін бе?	[senimdisin be]
Succes!	Сәтті бол!	[sætti bol]
Juist, ja!	Түсінікті!	[tʉsinikti]
Wat jammer!	Әттең-ай!	[ætteŋ aj]

68. Overeenstemming. Weigering

instemming (het)	келісім	[kelisim]
instemmen (akkoord gaan)	келесу	[kelesu]
goedkeuring (de)	жақтыру	[ʒaqtiru]
goedkeuren (ww)	мақұлдау	[maquldau]
weigering (de)	бас тарту	[bas tartu]
weigeren (ww)	бас тарту	[bas tartu]
Geweldig!	Керемет!	[keremet]
Goed!	Жақсы!	[ʒaqsi]

Akkoord!	Жарайды!	[ʒarajdi]
verboden (bn)	рұқсат етілмеген	[ruqsat etilmegen]
het is verboden	болмайды	[bolmajdi]
het is onmogelijk	мүмкін емес	[mumkin emes]
onjuist (bn)	дұрыс емес	[duris emes]
afwijzen (ww)	қабылдамау	[qabildamau]
steunen	қолдау	[qoldau]
(een goed doel, enz.)		
aanvaarden (excuses ~)	қабылдап алу	[qabildap alu]
bevestigen (ww)	растау	[rastau]
bevestiging (de)	растау	[rastau]
toestemming (de)	рұқсат	[ruqsat]
toestaan (ww)	рұқсат ету	[ruqsat etu]
beslissing (de)	шешім	[ʃæʃim]
z'n mond houden (ww)	үндемеу	[undemeu]
voorwaarde (de)	шарт	[ʃart]
smoes (de)	сылтау	[siltau]
lof (de)	мақтау	[maqtau]
loven (ww)	мақтау	[maqtau]

69. Succes. Veel geluk. Mislukking

succes (het)	табыс	[tabis]
succesvol (bw)	табысты	[tabisti]
succesvol (bn)	табысты	[tabisti]
geluk (het)	сәттілік	[sættilik]
Succes!	Сәтті бол!	[sætti bol]
geluks- (bn)	сәтті	[sætti]
gelukkig (fortuinlijk)	сәтті	[sætti]
mislukking (de)	сәтсіздік	[sætsizdik]
tegenslag (de)	қырсықтық	[qirsiqtiq]
pech (de)	қырсықтық	[qirsiqtiq]
zonder succes (bn)	сәтсіз	[sætsiz]
catastrofe (de)	апат	[apat]
fierheid (de)	намыс	[namis]
fier (bn)	тәкаппар	[tækappar]
fier zijn (ww)	мақтан ету	[maqtan etu]
winnaar (de)	жеңімпаз	[ʒeŋimpaz]
winnen (ww)	жеңу	[ʒeŋu]
verliezen (ww)	жеңілу	[ʒeŋilu]
poging (de)	талап	[talap]
pogen, proberen (ww)	талпыну	[talpinu]
kans (de)	мүмкіндік	[mumkindik]

70. Ruzies. Negatieve emoties

schreeuw (de)	айқай	[ajqaj]
schreeuwen (ww)	айқайлау	[ajqajlau]
beginnen te schreeuwen	айқайлау	[ajqajlau]
ruzie (de)	ұрыс	[ʊris]
ruzie hebben (ww)	ұрысу	[ʊrisu]
schandaal (het)	сойқан	[sojqan]
schandaal maken (ww)	сойқандау	[sojqandau]
conflict (het)	дау-жанжал	[dau ʒanʒal]
misverstand (het)	түсінбестік	[tʊsinbestik]
belediging (de)	жәбірлеу	[ʒæbirleu]
beledigen	жәбірлеу	[ʒæbirleu]
(met scheldwoorden)		
beledigd (bn)	жәбірленген	[ʒæbirlengen]
krenking (de)	реніш	[reniʃ]
krenken (beledigen)	ренжіту	[renʒitu]
gekwetst worden (ww)	ренжу	[renʒu]
verontwaardiging (de)	қатты ашу	[qattɪ aʃu]
verontwaardigd zijn (ww)	ашыну	[aʃinu]
klacht (de)	арыз	[ariz]
klagen (ww)	наразылық білдіру	[narazɪlɪq bildiru]
verontschuldiging (de)	кешірім	[keʃirim]
zich verontschuldigen	кешірім сұрау	[keʃirim surau]
excuus vragen	кешірім сұрау	[keʃirim surau]
kritiek (de)	сын	[sin]
bekritiseren (ww)	сынау	[sinau]
beschuldiging (de)	айып	[ajip]
beschuldigen (ww)	айыптау	[ajiptau]
wraak (de)	кек	[kek]
wreken (ww)	кек алу	[kek alu]
wraak nemen (ww)	өш алу	[øʃ alu]
minachting (de)	сескенбеу	[seskenbeu]
minachten (ww)	сескенбеу	[seskenbeu]
haat (de)	өшпенділік	[øʃpendilik]
haten (ww)	жек көру	[ʒek køru]
zenuwachtig (bn)	күйгелек	[kʊjgelek]
zenuwachtig zijn (ww)	абыржу	[abirʒu]
boos (bn)	ашулы	[aʃulɪ]
boos maken (ww)	ашуландыру	[aʃulandiru]
vernedering (de)	қорлаушылық	[qorlauʃilɪq]
vernederen (ww)	қорлау	[qorlau]
zich vernederen (ww)	қорлану	[qorlanu]
schok (de)	сандырақ	[sandiraq]
schokken (ww)	сандырақтау	[sandiraqtau]

onaangenaamheid (de)	жағымсыздық	[ʒaɣɨmsɨzdiq]
onaangenaam (bn)	жағымсыз	[ʒaɣɨmsiz]
vrees (de)	қорқыныш	[qorqɨniʃ]
vreselijk (bijv. ~ onweer)	ғаламат	[ɣalamat]
eng (bn)	қорқынышты	[qorqɨniʃti]
gruwel (de)	қорқыныш	[qorqɨniʃ]
vreselijk (~ nieuws)	қорқынышты	[qorqɨniʃti]
beginnen te beven	дірілдеп кету	[dirildep ketu]
huilen (wenen)	жылау	[ʒɨlau]
beginnen te huilen (wenen)	жылай бастау	[ʒɨlaj bastau]
traan (de)	жас	[ʒas]
schuld (~ geven aan)	күнә, қате	[kɯnæ], [qate]
schuldgevoel (het)	күнә	[kɯnæ]
schande (de)	масқара	[masqara]
protest (het)	қарсылық	[qarsɨlɨq]
stress (de)	есеңгіреу	[eseŋgireu]
storen (lastigvallen)	мазалау	[mazalau]
kwaad zijn (ww)	ызалану	[izalanu]
kwaad (bn)	ашулы	[aʃulɨ]
beëindigen (een relatie ~)	доғару	[doɣaru]
vloeken (ww)	ұрысу	[urisu]
schrikken (schrik krijgen)	шошу	[ʃoʃu]
slaan (iemand ~)	қағып жіберу	[qaɣɨp ʒiberu]
vechten (ww)	төбелесу	[tøbelesu]
regelen (conflict)	реттеу	[retteu]
ontevreden (bn)	наразы	[narazi]
woedend (bn)	қанарлы	[qanarli]
Dat is niet goed!	Бұл жақсы емес!	[bul ʒaqsɨ emes]
Dat is slecht!	Бұл жаман!	[bul ʒaman]

Geneeskunde

71. Ziekten

ziekte (de)	науқас	[nauqas]
ziek zijn (ww)	науқастану	[nauqastanu]
gezondheid (de)	денсаулық	[densauliq]
snotneus (de)	тұмау	[tʊmau]
angina (de)	ангина	[angına]
verkoudheid (de)	суық тию	[suiq tıju]
verkouden raken (ww)	суық тигізіп алу	[suiq tıgizip alu]
bronchitis (de)	бронхит	[bronhıt]
longontsteking (de)	өкпенің талаурауы	[økpeniŋ talaurawi]
griep (de)	тұмау	[tʊmau]
bijziend (bn)	алыстан көрмейтін	[alistan kørmejtin]
verziend (bn)	алыс көргіш	[alis kørgiʃ]
scheelheid (de)	шапыраш	[ʃapiraʃ]
scheel (bn)	шапыраш	[ʃapiraʃ]
grauwe staar (de)	шел	[ʃæl]
glaucoom (het)	глаукома	[glaukoma]
beroerte (de)	инсульт	[ınsulʲt]
hartinfarct (het)	инфаркт	[ınfarkt]
myocardiaal infarct (het)	миокард инфарктісі	[mıokard ınfarktisi]
verlamming (de)	сал	[sal]
verlammen (ww)	сал болу	[sal bolu]
allergie (de)	аллергия	[allergıja]
astma (de/het)	демікпе	[demikpe]
diabetes (de)	диабет	[dıabet]
tandpijn (de)	тіс ауруы	[tis auruɪ]
tandbederf (het)	тістотық	[tistotiq]
diarree (de)	іш ауру	[iʃ auru]
constipatie (de)	іш қату	[iʃ qatu]
maagstoornis (de)	асқазанның бұзылуы	[asqazaniŋ buzilui]
voedselvergiftiging (de)	улану	[ulanu]
voedselvergiftiging oplopen	улану	[ulanu]
artritis (de)	шорбуын	[ʃorbuin]
rachitis (de)	итауру	[ıtauru]
reuma (het)	ревматизм	[revmatızm]
arteriosclerose (de)	умытшақтық	[umitʃaqtiq]
gastritis (de)	гастрит	[gastrıt]
blindedarmontsteking (de)	аппендицит	[appendıtsıt]

| galblaasontsteking (de) | өт қабының қабынуы | [øt qabiniŋ qabinui] |
| zweer (de) | ойық жара | [ojiq ʒara] |

mazelen (mv.)	қызылша	[qizilʃa]
rodehond (de)	қызамық	[qizamiq]
geelzucht (de)	сарылық	[sariliq]
leverontsteking (de)	бауыр қабынуы	[bawir qabinui]

schizofrenie (de)	шизофрения	[ʃizofrenija]
dolheid (de)	құтырғандық	[qutirɣandiq]
neurose (de)	невроз	[nevroz]
hersenschudding (de)	ми шақалауы	[mɪ ʃaqalawi]

kanker (de)	бейдауа	[bejdawa]
sclerose (de)	склероз	[skleroz]
multiple sclerose (de)	ұмытшақ склероз	[umitʃaq skleroz]

alcoholisme (het)	маскүнемдік	[maskunemdik]
alcoholicus (de)	маскүнем	[maskunem]
syfilis (de)	сифилис	[sɪfɪlɪs]
AIDS (de)	ЖИТС	[ʒɪts]

tumor (de)	ісік	[isik]
koorts (de)	безгек	[bezgek]
malaria (de)	ұшық	[uʃiq]
gangreen (het)	гангрена	[gangrena]
zeeziekte (de)	теңіз ауруы	[teniz aurui]
epilepsie (de)	қояншық	[qojanʃiq]

epidemie (de)	жаппай ауру	[ʒappaj auru]
tyfus (de)	кезік	[kezik]
tuberculose (de)	жегі	[ʒegi]
cholera (de)	тырысқақ	[tirisqaq]
pest (de)	мәлік	[mælik]

72. Symptomen. Behandelingen. Deel 1

symptoom (het)	белгі	[belgi]
temperatuur (de)	дене қызымы	[dene qizimi]
verhoogde temperatuur (de)	ыстығы котерілу	[istiɣi koterilu]
polsslag (de)	тамыр соғуы	[tamir soɣui]

duizeling (de)	бас айналу	[bas ajnalu]
heet (erg warm)	ыстық	[istiq]
koude rillingen (mv.)	қалтырау	[qaltirau]
bleek (bn)	өңсіз	[øŋsiz]

hoest (de)	жөтел	[ʒøtel]
hoesten (ww)	жөтелу	[ʒøtelu]
niezen (ww)	түшкіру	[tuʃkiru]
flauwte (de)	талу	[talu]
flauwvallen (ww)	талып қалу	[talip qalu]
blauwe plek (de)	көгелген ет	[kogelgen et]
buil (de)	томпақ	[tompaq]

zich stoten (ww)	ұрыну	[urinu]
kneuzing (de)	жарақат	[ʒaraqat]
kneuzen (gekneusd zijn)	зақымдану	[zaqïmdanu]

hinken (ww)	ақсаңдау	[aqsaŋdau]
verstuiking (de)	буынын шығару	[buinin ʃïɣaru]
verstuiken (enkel, enz.)	шығып кету	[ʃïɣïp ketu]
breuk (de)	сыну	[sïnu]
een breuk oplopen	сындырып алу	[sindïrïp alu]

snijwond (de)	жара	[ʒara]
zich snijden (ww)	кесу	[kesu]
bloeding (de)	қан кету	[qan ketu]

| brandwond (de) | күйген жер | [küjgen ʒer] |
| zich branden (ww) | күю | [küju] |

prikken (ww)	шаншу	[ʃanʃu]
zich prikken (ww)	шаншылу	[ʃanʃïlu]
blesseren (ww)	зақымдау	[zaqïmdau]
blessure (letsel)	зақым	[zaqïm]
wond (de)	жарақат	[ʒaraqat]
trauma (het)	жарақат	[ʒaraqat]

ijlen (ww)	еліру	[eliru]
stotteren (ww)	тұтығу	[tutïɣu]
zonnesteek (de)	басынан күн өту	[basinan kün øtu]

73. Symptomen. Behandelingen. Deel 2

| pijn (de) | ауру | [auru] |
| splinter (de) | тікен | [tiken] |

zweet (het)	тер	[ter]
zweten (ww)	терлеу	[terleu]
braking (de)	құсық	[qusïq]
stuiptrekkingen (mv.)	түйілу	[tüjilu]

zwanger (bn)	жүкті	[ʒükti]
geboren worden (ww)	туу	[tuu]
geboorte (de)	босану	[bosanu]
baren (ww)	босану	[bosanu]
abortus (de)	түсік	[tüsik]

ademhaling (de)	дем	[dem]
inademing (de)	дем тарту	[dem tartu]
uitademing (de)	дем шығару	[dem ʃïɣaru]
uitademen (ww)	дем шығару	[dem ʃïɣaru]
inademen (ww)	дем тарту	[dem tartu]

invalide (de)	мүгедек	[mügedek]
gehandicapte (de)	мүгедек	[mügedek]
drugsverslaafde (de)	нашақор	[naʃaqor]
doof (bn)	саңырау	[saŋïrau]

stom (bn)	мылқау	[mılqau]
doofstom (bn)	керең-мылқау	[kereŋ mılqau]
krankzinnig (bn)	есуас	[esuas]
krankzinnige (man)	жынды	[ʒindi]
krankzinnige (vrouw)	жынды	[ʒindi]
krankzinnig worden	ақылдан айрылу	[aqildan ajrilu]
gen (het)	ген	[gen]
immuniteit (de)	иммунитет	[ımmunıtet]
erfelijk (bn)	мұралық	[muraliq]
aangeboren (bn)	туа біткен ауру	[tua bitken auru]
virus (het)	вирус	[vırus]
microbe (de)	микроб	[mıkrob]
bacterie (de)	бактерия	[bakterıja]
infectie (de)	індет	[indet]

74. Symptomen. Behandelingen. Deel 3

ziekenhuis (het)	емхана	[emhana]
patiënt (de)	емделуші	[emdeluʃi]
diagnose (de)	диагноз	[dıagnoz]
genezing (de)	емдеу	[emdeu]
medische behandeling (de)	емдеу	[emdeu]
onder behandeling zijn	емделу	[emdelu]
behandelen (ww)	емдеу	[emdeu]
zorgen (zieken ~)	бағып-қағу	[baɣip qaɣu]
ziekenzorg (de)	бағып-қағу	[baɣip qaɣu]
operatie (de)	операция	[operatsıja]
verbinden (een arm ~)	матау	[matau]
verband (het)	таңу	[taŋu]
vaccin (het)	екпе	[ekpe]
inenten (vaccineren)	егу	[egu]
injectie (de)	шаншу	[ʃanʃu]
een injectie geven	шаншу	[ʃanʃu]
amputatie (de)	ампутация	[amputatsıja]
amputeren (ww)	ампутациялау	[amputatsıjalau]
coma (het)	кома	[koma]
in coma liggen	комада болу	[komada bolu]
intensieve zorg, ICU (de)	реанимация	[reanımatsıja]
zich herstellen (ww)	жазыла бастау	[ʒazila bastau]
toestand (de)	хал	[hal]
bewustzijn (het)	ақыл-ой	[aqil oj]
geheugen (het)	ес	[es]
trekken (een kies ~)	жұлу	[ʒulu]
vulling (de)	пломба	[plomba]
vullen (ww)	пломба салу	[plomba salu]

| hypnose (de) | гипноз | [gıpnoz] |
| hypnotiseren (ww) | гипноздау | [gıpnozdau] |

75. Artsen

dokter, arts (de)	дәрігер	[dæriger]
ziekenzuster (de)	медбике	[medbıke]
lijfarts (de)	жеке дәрігер	[ʒeke dæriger]

tandarts (de)	тіс дәрігері	[tis dærigeri]
oogarts (de)	көз дәрігері	[køz dærigeri]
therapeut (de)	терапевт	[terapevt]
chirurg (de)	хирург	[hırurg]

psychiater (de)	психиатр	[psıhıatr]
pediater (de)	педиатр	[pedıatr]
psycholoog (de)	психолог	[psıholog]
gynaecoloog (de)	гинеколог	[gınekolog]
cardioloog (de)	кардиолог	[kardıolog]

76. Geneeskunde. Medicijnen. Accessoires

geneesmiddel (het)	дәрі	[dæri]
middel (het)	дауа	[dawa]
voorschrijven (ww)	дәрі жазып беру	[dæri ʒazip beru]
recept (het)	рецепт	[retsept]

tablet (de/het)	дәрі	[dæri]
zalf (de)	май	[maj]
ampul (de)	ампула	[ampula]
drank (de)	микстура	[mıkstura]
siroop (de)	шәрбат	[ʃærbat]
pil (de)	домалақ дәрі	[domalaq dæri]
poeder (de/het)	ұнтақ	[untaq]

verband (het)	бинт	[bınt]
watten (mv.)	мақта	[maqta]
jodium (het)	йод	[jod]
pleister (de)	лейкопластырь	[lejkoplastirʲ]
pipet (de)	тамызғыш	[tamizɣıʃ]
thermometer (de)	градусник	[gradusnık]
spuit (de)	шприц	[ʃprıts]

| rolstoel (de) | мүгедек күймесі | [mugedek kujmesi] |
| krukken (mv.) | балдақтар | [baldaqtar] |

pijnstiller (de)	ауыруды сездірмейтін дәрі	[awirudi sezdirmejtin dæri]
laxeermiddel (het)	іш өткізгіш дәрі	[iʃ øtkizgiʃ dæri]
spiritus (de)	спирт	[spırt]
medicinale kruiden (mv.)	шөп	[ʃøp]
kruiden- (abn)	шөпті	[ʃøpti]

77. Roken. Tabaksproducten

tabak (de)	темекі	[temeki]
sigaret (de)	шылым	[ʃilim]
sigaar (de)	сигара	[sɪgara]
pijp (de)	трубка	[trubka]
pakje (~ sigaretten)	десте	[deste]

lucifers (mv.)	сіріңке	[siriŋke]
luciferdoosje (het)	сіріңке қорабы	[siriŋke qorabɪ]
aansteker (de)	оттық	[ottiq]
asbak (de)	күлдеуіш	[kʉldewiʃ]
sigarettendoosje (het)	портсигар	[portsɪgar]

| sigarettenpijpje (het) | мүштік | [mʉʃtik] |
| filter (de/het) | сүзгіш | [sʉzgiʃ] |

roken (ww)	шылым тарту	[ʃilim tartu]
een sigaret opsteken	шылым тарту	[ʃilim tartu]
roken (het)	темекі тарту	[temeki tartu]
roker (de)	шылымқұмар	[ʃilimqumar]

peuk (de)	тұқыл	[tuqil]
rook (de)	түтін	[tʉtin]
as (de)	күл	[kʉl]

HET MENSELIJKE LEEFGEBIED

Stad

78. Stad. Het leven in de stad

stad (de)	қала	[qala]
hoofdstad (de)	астана	[astana]
dorp (het)	ауыл	[awil]
plattegrond (de)	қаланың жоспары	[qalaniŋ ʒospari]
centrum (ov. een stad)	қаланың орталығы	[qalaniŋ ortaliɣi]
voorstad (de)	қала маңы	[qala maŋi]
voorstads- (abn)	қала маңайы	[qala maŋaji]
randgemeente (de)	түкпір	[tʉkpir]
omgeving (de)	айнала-төңірек	[ajnalatøŋirek]
blok (huizenblok)	квартал	[kvartal]
woonwijk (de)	тұрғын квартал	[turɣin kvartal]
verkeer (het)	жүріс	[ʒʉris]
verkeerslicht (het)	бағдаршам	[baɣdarʃam]
openbaar vervoer (het)	қала көлігі	[qala køligi]
kruispunt (het)	жол торабы	[ʒol torabi]
zebrapad (oversteekplaats)	өтпелі	[øtpeli]
onderdoorgang (de)	жерасты өтпе жолы	[ʒerasti øtpe ʒoli]
oversteken (de straat ~)	өту	[øtu]
voetganger (de)	жаяу	[ʒajau]
trottoir (het)	жаяулар жүретін жол	[ʒajaular ʒʉretin ʒol]
brug (de)	көпір	[køpir]
dijk (de)	жағалау	[ʒaɣalau]
allee (de)	саяжол	[sajaʒol]
park (het)	саябақ	[sajabaq]
boulevard (de)	бульвар	[bulʲvar]
plein (het)	алаң	[alaŋ]
laan (de)	даңғыл	[daŋɣil]
straat (de)	көше	[køʃæ]
zijstraat (de)	тұйық көше	[tujiq køʃæ]
doodlopende straat (de)	тұйық	[tujiq]
huis (het)	үй	[ʉj]
gebouw (het)	ғимарат	[ɣimarat]
wolkenkrabber (de)	зеңгір үй	[zeŋgir ʉj]
gevel (de)	фасад	[fasad]
dak (het)	шатыр	[ʃatir]

venster (het)	терезе	[tereze]
boog (de)	дарбаза	[darbaza]
pilaar (de)	колонна	[kolona]
hoek (ov. een gebouw)	бұрыш	[buriʃ]

vitrine (de)	көрме	[kørme]
gevelreclame (de)	маңдайша жазу	[maŋdajʃa ʒazu]
affiche (de/het)	жарқағаз	[ʒarqaɣaz]
reclameposter (de)	жарнамалық плакат	[ʒarnamaliq plakat]
aanplakbord (het)	жарнама қалқаны	[ʒarnama qalqani]

vuilnis (de/het)	қоқым-соқым	[qoqim soqim]
vuilnisbak (de)	қоқыс салатын урна	[qoqis salatin urna]
afval weggooien (ww)	қоқыту	[qoqitu]
stortplaats (de)	қоқыс тастайтын жер	[qoqis tastajtin ʒer]

telefooncel (de)	телефон будкасі	[telefon budkasi]
straatlicht (het)	фонарь бағанасы	[fonarⁱ baɣanasi]
bank (de)	орындық	[orindiq]

politieagent (de)	полицей	[polιtsej]
politie (de)	полиция	[polιtsιja]
zwerver (de)	қайыршы	[qajirʃi]
dakloze (de)	үйсіз	[ʉjsiz]

79. Stedelijke instellingen

winkel (de)	дүкен	[dʉken]
apotheek (de)	дәріхана	[dærihana]
optiek (de)	оптика	[optιka]
winkelcentrum (het)	сауда орталығы	[sauda ortaliɣi]
supermarkt (de)	супермаркет	[supermarket]

bakkerij (de)	тоқаш сататын дүкен	[toqaʃ satatin dʉken]
bakker (de)	наубайшы	[naubajʃi]
banketbakkerij (de)	кондитер	[kondιter]
kruidenier (de)	бакалея	[bakaleja]
slagerij (de)	ет дүкені	[et dʉkeni]

| groentewinkel (de) | көкөнісдүкені | [køkønisdʉkeni] |
| markt (de) | нарық | [nariq] |

koffiehuis (het)	кафе	[kafe]
restaurant (het)	мейрамхана	[mejramhana]
bar (de)	сырахана	[sirahana]
pizzeria (de)	пиццерия	[pιtserιja]

kapperssalon (de/het)	шаштараз	[ʃaʃtaraz]
postkantoor (het)	пошта	[poʃta]
stomerij (de)	химиялық тазалау	[hιmιjaliq tazalau]
fotostudio (de)	фотосурет шеберханасы	[fotosuret ʃæberhanasi]

| schoenwinkel (de) | аяқ киім дүкені | [ajaq kιim dʉkeni] |
| boekhandel (de) | кітап дүкені | [kitap dʉkeni] |

sportwinkel (de)	спорт дүкені	[sport dʉkeni]
kledingreparatie (de)	киім жөндеу	[kıım ʒøndeu]
kledingverhuur (de)	киімді жалға беру	[kıimdi ʒalɣa beru]
videotheek (de)	фильмді жалға беру	[fılʲmdi ʒalɣa beru]

circus (de/het)	цирк	[ʦırk]
dierentuin (de)	айуанаттар паркі	[ajuanattar parki]
bioscoop (de)	кинотеатр	[kınoteatr]
museum (het)	музей	[muzej]
bibliotheek (de)	кітапхана	[kitaphana]

theater (het)	театр	[teatr]
opera (de)	опера	[opera]
nachtclub (de)	түнгі клуб	[tʉngi klub]
casino (het)	казино	[kazıno]

moskee (de)	мешіт	[meʃit]
synagoge (de)	синагога	[sınagoga]
kathedraal (de)	кесене	[kesene]
tempel (de)	ғибадатхана	[ɣıbadathana]
kerk (de)	шіркеу	[ʃirkeu]

instituut (het)	институт	[ınstıtut]
universiteit (de)	университет	[unıversıtet]
school (de)	мектеп	[mektep]

gemeentehuis (het)	әкімшілік	[ækimʃilik]
stadhuis (het)	әкімдік	[ækimdik]
hotel (het)	қонақ үй	[qonaq ʉj]
bank (de)	банк	[bank]

ambassade (de)	елшілік	[elʃilik]
reisbureau (het)	туристік агенттік	[turıstik agenttik]
informatieloket (het)	анықтама бюросы	[anıqtama bjurosi]
wisselkantoor (het)	айырбас пункті	[ajirbas punkti]

| metro (de) | метро | [metro] |
| ziekenhuis (het) | емхана | [emhana] |

| benzinestation (het) | жанармай | [ʒanarmaj] |
| parking (de) | тұрақ | [tʉraq] |

80. Borden

gevelreclame (de)	маңдайша жазу	[maŋdajʃa ʒazu]
opschrift (het)	жазба	[ʒazba]
poster (de)	плакат	[plakat]
wegwijzer (de)	көрсеткіш	[kørsetkiʃ]
pijl (de)	тіл	[til]

waarschuwing (verwittiging)	алдын-ала ескерту	[aldin ala eskertu]
waarschuwingsbord (het)	ескерту	[eskertu]
waarschuwen (ww)	ескерту	[eskertu]
vrije dag (de)	демалыс күні	[demalis kʉni]

77

dienstregeling (de)	кесте	[keste]
openingsuren (mv.)	жұмыс сағаттары	[ʒumis saɣattari]

WELKOM!	ҚОШ КЕЛДІҢІЗДЕР!	[qoʃ keldiŋizder]
INGANG	КІРУ	[kiru]
UITGANG	ШЫҒУ	[ʃɨɣu]

DUWEN	ИТЕРУ	[ɪteru]
TREKKEN	ТАРТУ	[tartu]
OPEN	АШЫҚ	[aʃiq]
GESLOTEN	ЖАБЫҚ	[ʒabiq]

DAMES	ӘЙЕЛДЕР	[æjelder]
HEREN	ЕРКЕКТЕР	[ɛrkekter]

KORTING	ЖЕҢІЛДІКТЕР	[ʒeŋildikter]
UITVERKOOP	КӨТЕРЕ САТУ	[køtere satu]
NIEUW!	ЖАҢАЛЫҚ!	[ʒaŋaliq]
GRATIS	АҚЫСЫЗ	[aqisiz]

PAS OP!	НАЗАР АУДАРЫҢЫЗ!	[nazar audariŋiz]
VOLGEBOEKT	ОРЫН ЖОҚ	[orin ʒoq]
GERESERVEERD	БРОНЬДАЛҒАН	[bronʲdalɣan]

ADMINISTRATIE	ӘКІМШІЛІК	[ækimʃilik]
ALLEEN VOOR	ТЕК ҚЫЗМЕТКЕРЛЕР	[tek qizmetkerler
PERSONEEL	ҮШІН	uʃin]

GEVAARLIJKE HOND	ҚАБАҒАН ИТ	[qabaɣan ɪt]
VERBODEN TE ROKEN!	ТЕМЕКІ ШЕКПЕҢІЗ!	[temeki ʃækpeŋiz]
NIET AANRAKEN!	ҚОЛМЕН ҰСТАМАҢЫЗ!	[qolmen ustamaŋiz]

GEVAARLIJK	ҚАУІПТІ	[qawipti]
GEVAAR	ҚАУІП-ҚАТЕР	[qawip qater]
HOOGSPANNING	ЖОҒАРЫ КЕРНЕУ	[ʒoɣari kerneu]
VERBODEN TE ZWEMMEN	ШОМЫЛУҒА ТЫЙЫМ САЛЫНАДЫ	[ʃomiluɣa tijim salinadi]
BUITEN GEBRUIK	ІСТЕМЕЙДІ	[istemejdi]

ONTVLAMBAAR	ӨРТЕНГІШ	[ørtengiʃ]
VERBODEN	ТЫЙЫМ САЛЫНАДЫ	[tijim salinadi]
DOORGANG VERBODEN	ӨТУГЕ ТЫЙЫМ САЛЫНАДЫ	[øtuge tijim salinadi]
OPGELET PAS GEVERFD	БОЯУЛЫ	[bojauli]

81. Stedelijk vervoer

bus, autobus (de)	автобус	[avtobus]
tram (de)	трамвай	[tramvaj]
trolleybus (de)	троллейбус	[trollejbus]
route (de)	бағдар	[baɣdar]
nummer (busnummer, enz.)	нөмір	[nømir]
rijden met ...	... бару	[baru]
stappen (in de bus ~)	отыру	[otiru]

afstappen (ww)	шығу	[ʃiɣu]
halte (de)	аялдама	[ajaldama]
volgende halte (de)	келесі аялдама	[kelesi ajaldama]
eindpunt (het)	соңғы аялдама	[soŋɣɨ ajaldama]
dienstregeling (de)	кесте	[keste]
wachten (ww)	тосу	[tosu]

| kaartje (het) | билет | [bɪlet] |
| reiskosten (de) | билеттің құны | [bɪlettɪŋ qʊnɨ] |

kassier (de)	кассир	[kassɪr]
kaartcontrole (de)	бақылау	[baqɨlau]
controleur (de)	бақылаушы	[baqɨlauʃɪ]

te laat zijn (ww)	кешігу	[keʃigu]
missen (de bus ~)	кешігу	[keʃigu]
zich haasten (ww)	асығу	[asɨɣu]

taxi (de)	такси	[taksɪ]
taxichauffeur (de)	таксист	[taksɪst]
met de taxi (bw)	таксимен	[taksɪmen]
taxistandplaats (de)	такси тұрағы	[taksɪ tʊraɣi]
een taxi bestellen	такси жалдау	[taksɪ ʒaldau]
een taxi nemen	такси жалдау	[taksɪ ʒaldau]

verkeer (het)	көше қозғалысы	[køʃæ qozɣalisi]
file (de)	тығын	[tiɣɨn]
spitsuur (het)	қарбалас сағаттары	[qarbalas saɣattari]
parkeren (on.ww.)	көлікті қою	[kølikti qoju]
parkeren (ov.ww.)	көлікті қою	[kølikti qoju]
parking (de)	тұрақ	[tʊraq]

metro (de)	метро	[metro]
halte (bijv. kleine treinhalte)	бекет	[beket]
de metro nemen	метромен жүру	[metromen ʒʉru]
trein (de)	пойыз	[pojiz]
station (treinstation)	вокзал	[vokzal]

82. Bezienswaardigheden

monument (het)	ескерткіш	[eskertkiʃ]
vesting (de)	қамал	[qamal]
paleis (het)	сарай	[saraj]
kasteel (het)	сарай	[saraj]
toren (de)	мұнара	[mʊnara]
mausoleum (het)	мазар	[mazar]

architectuur (de)	сәулет	[sæulet]
middeleeuws (bn)	орта ғасырлы	[orta ɣasirli]
oud (bn)	ескі	[eski]
nationaal (bn)	ұлттық	[ʊlttiq]
bekend (bn)	атаулы	[atauli]
toerist (de)	турист	[turɪst]
gids (de)	гид	[gɪd]

rondleiding (de)	экскурсия	[ɛkskursɪja]
tonen (ww)	көрсету	[kørsetu]
vertellen (ww)	әңгімелеу	[æŋgimeleu]

vinden (ww)	табу	[tabu]
verdwalen (de weg kwijt zijn)	жоғалу	[ʒoɣalu]
plattegrond (~ van de metro)	схема	[shema]
plattegrond (~ van de stad)	жоспар	[ʒospar]

souvenir (het)	базарлық	[bazarlɪq]
souvenirwinkel (de)	базарлық дукені	[bazarlɪq dukeni]
foto's maken	суретке түсіру	[suretke tʉsiru]
zich laten fotograferen	суретке түсу	[suretke tʉsu]

83. Winkelen

kopen (ww)	сатып алу	[satɪp alu]
aankoop (de)	сатып алынған зат	[satɪp alɪnɣan zat]
winkelen (ww)	сауда жасау	[sauda ʒasau]
winkelen (het)	шоппинг	[ʃoppɪng]

| open zijn (ov. een winkel, enz.) | жұмыс істеу | [ʒumɪs isteu] |
| gesloten zijn (ww) | жабылу | [ʒabɪlu] |

schoeisel (het)	аяқ киім	[ajaq kɪim]
kleren (mv.)	киім	[kɪim]
cosmetica (mv.)	косметика	[kosmetɪka]
voedingswaren (mv.)	азық-түлік	[azɪq tʉlik]
geschenk (het)	сыйлық	[sɪjlɪq]

| verkoper (de) | сатушы | [satuʃɪ] |
| verkoopster (de) | сатушы | [satuʃɪ] |

kassa (de)	касса	[kassa]
spiegel (de)	айна	[ajna]
toonbank (de)	сатушы сөресі	[satuʃɪ søresi]
paskamer (de)	киіну бөлмесі	[kɪinu bølmesi]

aanpassen (ww)	шақтап көру	[ʃaqtap køru]
passen (ov. kleren)	жарасу	[ʒarasu]
bevallen (prettig vinden)	ұнау	[unau]

prijs (de)	баға	[baɣa]
prijskaartje (het)	бағалық	[baɣalɪq]
kosten (ww)	тұру	[turu]
Hoeveel?	Қанша?	[qanʃa]
korting (de)	шегерім	[ʃægerim]

niet duur (bn)	қымбат емес	[qɪmbat emes]
goedkoop (bn)	арзан	[arzan]
duur (bn)	қымбат	[qɪmbat]
Dat is duur.	бұл қымбат	[bul qɪmbat]
verhuur (de)	жалға беру	[ʒalɣa beru]

huren (smoking, enz.)	жалға алу	[ʒalɣa alu]
krediet (het)	несие	[nesɪe]
op krediet (bw)	несиеге	[nesɪege]

84. Geld

geld (het)	ақша	[aqʃa]
ruil (de)	айырбастау	[ajirbastau]
koers (de)	курс	[kurs]
geldautomaat (de)	банкомат	[bankomat]
muntstuk (de)	тиын	[tɪin]

| dollar (de) | доллар | [dollar] |
| euro (de) | еуро | [euro] |

lire (de)	лира	[lɪra]
Duitse mark (de)	марка	[marka]
frank (de)	франк	[frank]
pond sterling (het)	фунт-стерлинг	[funt sterlɪng]
yen (de)	йена	[jena]

schuld (geldbedrag)	қарыз	[qariz]
schuldenaar (de)	қарыздар	[qarizdar]
uitlenen (ww)	қарызға беру	[qarizɣa beru]
lenen (geld ~)	қарызға алу	[qarizɣa alu]

bank (de)	банкі	[banki]
bankrekening (de)	шот	[ʃot]
op rekening storten	шотқа салу	[ʃotqa salu]
opnemen (ww)	шоттан шығару	[ʃottan ʃiɣaru]

kredietkaart (de)	кредиттік карта	[kredɪttik karta]
baar geld (het)	қолма-қол ақша	[qolma qol aqʃa]
cheque (de)	чек	[ʧek]
een cheque uitschrijven	чек жазу	[ʧek ʒazu]
chequeboekje (het)	чек кітапшасы	[ʧek kitapʃasi]

portefeuille (de)	әмиян	[æmɪjan]
geldbeugel (de)	әмиян	[æmɪjan]
safe (de)	жағдан	[ʒaɣdan]

erfgenaam (de)	мұрагер	[mʊrager]
erfenis (de)	мұра	[mʊra]
fortuin (het)	дәулет	[dæulet]

huur (de)	жалгерлік	[ʒalgerlik]
huurprijs (de)	пәтер ақы	[pæter aqi]
huren (huis, kamer)	жалға алу	[ʒalɣa alu]

prijs (de)	баға	[baɣa]
kostprijs (de)	баға	[baɣa]
som (de)	сома	[soma]
uitgeven (geld besteden)	шығын қылу	[ʃiɣin qilu]
kosten (mv.)	шығындар	[ʃiɣindar]

bezuinigen (ww)	үнемдеу	[ʉnemdeu]
zuinig (bn)	үнемді	[ʉnemdi]

betalen (ww)	төлеу	[tøleu]
betaling (de)	төлем-ақы	[tølem aqi]
wisselgeld (het)	қайыру	[qajiru]

belasting (de)	салық	[saliq]
boete (de)	айыппұл	[ajippʉl]
beboeten (bekeuren)	айып салу	[ajip salu]

85. Post. Postkantoor

postkantoor (het)	пошта	[poʃta]
post (de)	пошта, хат және	[poʃta], [hat ʒæne]
postbode (de)	пошташы	[poʃtaʃi]
openingsuren (mv.)	жұмыс сағаттары	[ʒʉmis saɣattari]

brief (de)	хат	[hat]
aangetekende brief (de)	тапсырыс хат	[tapsiris hat]
briefkaart (de)	ашық хат	[aʃiq hat]
telegram (het)	жеделхат	[ʒedelhat]
postpakket (het)	сәлемдеме	[sælemdeme]
overschrijving (de)	ақша аударылымы	[aqʃa audarilimi]

ontvangen (ww)	алу	[alu]
sturen (zenden)	жіберу	[ʒiberu]
verzending (de)	жөнелту	[ʒøneltu]

adres (het)	мекен жай	[meken ʒaj]
postcode (de)	индекс	[ɪndeks]
verzender (de)	жөнелтуші	[ʒøneltuʃi]
ontvanger (de)	алушы	[aluʃi]

naam (de)	ат	[at]
achternaam (de)	фамилия	[famɪlɪja]

tarief (het)	тариф	[tarɪf]
standaard (bn)	кәдімгі	[kædimgi]
zuinig (bn)	үнемді	[ʉnemdi]

gewicht (het)	салмақ	[salmaq]
afwegen (op de weegschaal)	өлшеу	[ølʃæu]
envelop (de)	конверт	[konvert]
postzegel (de)	марка	[marka]

Woning. Huis. Thuis

86. Huis. Woning

huis (het)	үй	[ʉj]
thuis (bw)	үйде	[ʉjde]
cour (de)	аула	[aula]
omheining (de)	дуал	[dual]
baksteen (de)	кірпіш	[kirpiʃ]
van bakstenen	кірпіш	[kirpiʃ]
steen (de)	тас	[tas]
stenen (bn)	тас	[tas]
beton (het)	бетон	[beton]
van beton	бетон	[beton]
nieuw (bn)	жаңа	[ʒaŋa]
oud (bn)	ескі	[eski]
vervallen (bn)	тозған	[tozɤan]
modern (bn)	қазіргі	[qazirgi]
met veel verdiepingen	көп қабатты	[køp qabatti]
hoog (bn)	биік	[bɪik]
verdieping (de)	қабат	[qabat]
met een verdieping	бір қабатты	[bir qabatti]
laagste verdieping (de)	төменгі қабат	[tømengi qabat]
bovenverdieping (de)	жоғарғы қабат	[ʒoɣarɣi qabat]
dak (het)	шатыр	[ʃatir]
schoorsteen (de)	мұржа	[mʊrʒa]
dakpan (de)	жабынқыш	[ʒabinqiʃ]
pannen- (abn)	жабынқышты	[ʒabinqiʃti]
zolder (de)	шатырдың асты	[ʃatirdiŋ asti]
venster (het)	терезе	[tereze]
glas (het)	әйнек	[æjnek]
vensterbank (de)	терезенің алды	[terezeniŋ aldi]
luiken (mv.)	терезе жапқыш	[tereze ʒapqiʃ]
muur (de)	қабырға	[qabirɣa]
balkon (het)	балкон	[balkon]
regenpijp (de)	су ағатын құбыр	[su aɣatin qʊbir]
boven (bw)	жоғарыда	[ʒoɣarida]
naar boven gaan (ww)	көтерілу	[køterilu]
afdalen (on.ww.)	төмендеу	[tømendeu]
verhuizen (ww)	көшу	[køʃu]

87. Huis. Ingang. Lift

ingang (de)	подъезд	[pod'ezd]
trap (de)	саты	[sati]
treden (mv.)	баспалдақ	[baspaldaq]
trapleuning (de)	сүйеніш	[sɥjeniʃ]
hal (de)	холл	[holl]
postbus (de)	почта жәшігі	[potʃta ʒæʃigi]
vuilnisbak (de)	қоқыс бағы	[qoqis baɡi]
vuilniskoker (de)	қоқыс салғыш	[qoqis salɣiʃ]
lift (de)	жеделсаты	[ʒedelsati]
goederenlift (de)	жүк лифті	[ʒɥk lifti]
liftcabine (de)	кабина	[kabina]
de lift nemen	лифтпен жүру	[liftpen ʒɥru]
appartement (het)	пәтер	[pæter]
bewoners (mv.)	тұрғындар	[turɣindar]
buren (mv.)	көршілер	[kørʃi ler]

88. Huis. Elektriciteit

elektriciteit (de)	электр	[ɛlektr]
lamp (de)	шам	[ʃam]
schakelaar (de)	сөндіргіш	[søndirgiʃ]
zekering (de)	тығын	[tiɣin]
draad (de)	сым	[sim]
bedrading (de)	электр сымы	[ɛlektr simi]
elektriciteitsmeter (de)	есептегіш	[eseptegiʃ]
gegevens (mv.)	есептегіштің көрсетуі	[eseptegiʃtiŋ kørsetui]

89. Huis. Deuren. Sloten

deur (de)	есік	[esik]
toegangspoort (de)	қақпа	[qaqpa]
deurkruk (de)	тұтқа	[tutqa]
ontsluiten (ontgrendelen)	ашу	[aʃu]
openen (ww)	ашу	[aʃu]
sluiten (ww)	жабу	[ʒabu]
sleutel (de)	кілт	[kilt]
sleutelbos (de)	бір бау кілт	[bir bau kilt]
knarsen (bijv. scharnier)	сықырлау	[siqirlau]
knarsgeluid (het)	сытыр	[sitir]
scharnier (het)	топса	[topsa]
deurmat (de)	алаша	[alaʃa]
slot (het)	құлып	[qulip]
sleutelgat (het)	құлыптың саңылауы	[quliptiŋ saŋilawi]

grendel (de)	ысырма	[isɪrma]
schuif (de)	ысырма	[isɪrma]
hangslot (het)	құлып	[qʊlip]

aanbellen (ww)	дыңылдату	[diŋildatu]
bel (geluid)	қоңырау	[qoŋirau]
deurbel (de)	қоңырау	[qoŋirau]
belknop (de)	түйме	[tʊjme]
geklop (het)	тарсыл	[tarsɪl]
kloppen (ww)	дүңкілдету	[dʊŋkildetu]

code (de)	код	[kod]
cijferslot (het)	кодты құлып	[kodtɪ qʊlip]
parlofoon (de)	домофон	[domofon]
nummer (het)	нөмір	[nømir]
naambordje (het)	тақтайша	[taqtajʃa]
deurspion (de)	көзек	[køzek]

90. Huis op het platteland

dorp (het)	ауыл	[awɪl]
moestuin (de)	бақша	[baqʃa]
hek (het)	дуал	[dual]
houten hekwerk (het)	ағаш шарбақ	[aɣaʃ ʃarbaq]
tuinpoortje (het)	қақпа	[qaqpa]

graanschuur (de)	қамба	[qamba]
wortelkelder (de)	жерқойма	[ʒerqojma]
schuur (de)	қора	[qora]
waterput (de)	құдық	[qʊdiq]

kachel (de)	пеш	[peʃ]
de kachel stoken	от жағу	[ot ʒaɣu]
brandhout (het)	отын	[otin]
houtblok (het)	шөрке	[ʃørke]

veranda (de)	дәліз	[dæliz]
terras (het)	терраса	[terrasa]
bordes (het)	есік алды	[esik aldɪ]
schommel (de)	әткеншек	[ætkenʃek]

91. Villa. Herenhuis

landhuisje (het)	қала сыртындағы үй	[qala sɪrtindaɣɪ ʊj]
villa (de)	вилла	[vɪlla]
vleugel (de)	қанат	[qanat]

tuin (de)	бақша	[baqʃa]
park (het)	саябақ	[sajabaq]
oranjerie (de)	жылыжай	[ʒɪlɪʒaj]
onderhouden (tuin, enz.)	бағып-қағу	[baɣɪp qaɣu]
zwembad (het)	бассейн	[bassejn]

gym (het)	спорт залы	[sport zali]
tennisveld (het)	теннис корты	[tenıs korti]
bioscoopkamer (de)	кинотеатр	[kınoteatr]
garage (de)	гараж	[garaʒ]

| privé-eigendom (het) | жеке меншік | [ʒeke menʃik] |
| eigen terrein (het) | жекеменшік иелігіндегі жерлер | [ʒekemenʃik ıeligindegi ʒerler] |

| waarschuwing (de) | ескерту | [eskertu] |
| waarschuwingsbord (het) | ескерту жазбасы | [eskertu ʒazbasi] |

bewaking (de)	күзет	[kʉzet]
bewaker (de)	күзетші	[kʉzetʃi]
inbraakalarm (het)	дабылдама	[dabildama]

92. Kasteel. Paleis

kasteel (het)	сарай	[saraj]
paleis (het)	сарай	[saraj]
vesting (de)	қамал	[qamal]
ringmuur (de)	қабырға	[qabirɣa]
toren (de)	мұнара	[mʊnara]
donjon (de)	бас мунара	[bas munara]

valhek (het)	көтермелі қақпа	[køtermeli qaqpa]
onderaardse gang (de)	жер асты өтпесі	[ʒer asti øtpesi]
slotgracht (de)	ор	[or]
ketting (de)	шынжыр	[ʃinʒir]
schietgat (het)	атыс ойығы	[atis ojiɣi]

prachtig (bn)	керемет	[keremet]
majestueus (bn)	айбынды	[ajbindi]
onneembaar (bn)	асқар	[asqar]
middeleeuws (bn)	орта ғасырлық	[orta ɣasirliq]

93. Appartement

appartement (het)	пәтер	[pæter]
kamer (de)	бөлме	[bølme]
slaapkamer (de)	жатаржай	[ʒatarʒaj]
eetkamer (de)	асхана	[ashana]
salon (de)	қонақхана	[qonaqhana]
studeerkamer (de)	кабинет	[kabınet]

gang (de)	ауыз үй	[awiz ʉj]
badkamer (de)	жуынатын бөлме	[ʒuinatin bølme]
toilet (het)	әжетхана	[æʒethana]

plafond (het)	төбе	[tøbe]
vloer (de)	еден	[eden]
hoek (de)	бөлменің бұрышы	[bølmeniŋ bʊriʃi]

94. Appartement. Schoonmaken

schoonmaken (ww)	үй ішін жинастыру	[ʉj iʃin ʒınastiru]
opbergen (in de kast, enz.)	жинау	[ʒınau]
stof (het)	шаң	[ʃaŋ]
stoffig (bn)	шаңданған	[ʃaŋdanɣan]
stoffen (ww)	шаңды сүрту	[ʃaŋdi sʉrtu]
stofzuiger (de)	шаңсорғыш	[ʃaŋsorɣiʃ]
stofzuigen (ww)	шаңсорғыштау	[ʃaŋsorɣiʃtau]
vegen (de vloer ~)	сыпыру	[sipiru]
veegsel (het)	қоқым-соқым	[qoqim soqim]
orde (de)	рет	[ret]
wanorde (de)	ретсіздік	[retsizdik]
zwabber (de)	швабра	[ʃvabra]
poetsdoek (de)	шүберек	[ʃʉberek]
veger (de)	сыпырғыш	[sipirɣiʃ]
stofblik (het)	әкендоз	[ækendoz]

95. Meubels. Interieur

meubels (mv.)	жиһаз	[ʒıhaz]
tafel (de)	үстел	[ʉstel]
stoel (de)	орындық	[orindiq]
bed (het)	төсек	[tøsek]
bankstel (het)	диван	[dıvan]
fauteuil (de)	кресло	[kreslo]
boekenkast (de)	шкаф	[ʃkaf]
boekenrek (het)	өре	[øre]
kledingkast (de)	шкаф	[ʃkaf]
kapstok (de)	ілгіш	[ilgiʃ]
staande kapstok (de)	ілгіш	[ilgiʃ]
commode (de)	комод	[komod]
salontafeltje (het)	шағын үстелше	[ʃaɣin ʉstelʃæ]
spiegel (de)	айна	[ajna]
tapijt (het)	кілем	[kilem]
tapijtje (het)	кілемше	[kilemʃæ]
haard (de)	камин	[kamın]
kaars (de)	шырақ	[ʃiraq]
kandelaar (de)	шамдал	[ʃamdal]
gordijnen (mv.)	перде	[perde]
behang (het)	түсқағаз	[tʉsqaɣaz]
jaloezie (de)	жалюзи	[ʒaljuzı]
bureaulamp (de)	үстел шамы	[ʉstel ʃami]
wandlamp (de)	шырақ	[ʃiraq]

| staande lamp (de) | сәнсәуле | [sænsæule] |
| luchter (de) | люстра | [ljustra] |

poot (ov. een tafel, enz.)	аяқ	[ajaq]
armleuning (de)	шынтақша	[ʃintaqʃa]
rugleuning (de)	арқалық	[arqaliq]
la (de)	жәшік	[ʒæʃik]

96. Beddengoed

beddengoed (het)	төсек-орын жабдығы	[tøsek orin ʒabdiɣi]
kussen (het)	жастық	[ʒastiq]
kussenovertrek (de)	жастық тысы	[ʒastiq tisi]
deken (de)	көрпе	[kørpe]
laken (het)	ақжайма	[aqʒajma]
sprei (de)	жамылғы	[ʒamilɣi]

97. Keuken

keuken (de)	асүй	[asʉj]
gas (het)	газ	[gaz]
gasfornuis (het)	газ плитасы	[gaz plɪtasi]
elektrisch fornuis (het)	электр плитасы	[ɛlektr plɪtasi]
oven (de)	духовка	[duhovka]
magnetronoven (de)	шағын толқынды пеш	[ʃaɣin tolqindi peʃ]

koelkast (de)	тоңазытқыш	[toŋazitqiʃ]
diepvriezer (de)	мұздатқыш	[muzdatqiʃ]
vaatwasmachine (de)	ыдыс-аяқ жуу машинасы	[idis ajaq ʒuu maʃinasi]

vleesmolen (de)	еттартқыш	[ettartqiʃ]
vruchtenpers (de)	шырынсыққыш	[ʃirinsiqqiʃ]
toaster (de)	тостер	[toster]
mixer (de)	миксер	[mɪkser]

koffiemachine (de)	кофеқайнатқы	[kofeqajnatqi]
koffiepot (de)	кофе шәйнек	[kofe ʃæjnek]
koffiemolen (de)	кофе ұнтақтағыш	[kofe untaqtaɣiʃ]

fluitketel (de)	шәйнек	[ʃæjnek]
theepot (de)	шәйнек	[ʃæjnek]
deksel (de/het)	жапқыш	[ʒapqiʃ]
theezeefje (het)	сүзгі	[suzgi]

lepel (de)	қасық	[qasiq]
theelepeltje (het)	шай қасық	[ʃaj qasiq]
eetlepel (de)	ас қасық	[as qasiq]
vork (de)	шанышқы	[ʃaniʃqi]
mes (het)	пышақ	[piʃaq]

| vaatwerk (het) | ыдыс | [idis] |
| bord (het) | тәрелке | [tærelke] |

schoteltje (het)	табақша	[tabaqʃa]
likeurglas (het)	рөмке	[rømke]
glas (het)	стақан	[staqan]
kopje (het)	шыныаяқ	[ʃiniajaq]
suikerpot (de)	қантсалғыш	[qantsalɣiʃ]
zoutvat (het)	тұз сауыт	[tuz sawit]
pepervat (het)	бұрыш салғыш	[buriʃ salɣiʃ]
boterschaaltje (het)	майсауыт	[majsawit]
pan (de)	кастрөл	[kastrøl]
bakpan (de)	таба	[taba]
pollepel (de)	ожау	[oʒau]
vergiet (de/het)	сүзекі	[suzeki]
dienblad (het)	табақ	[tabaq]
fles (de)	бөтелке	[bøtelke]
glazen pot (de)	банкі	[banki]
blik (conserven~)	банкі	[banki]
flesopener (de)	ашқыш	[aʃqiʃ]
blikopener (de)	ашқыш	[aʃqiʃ]
kurkentrekker (de)	бұранда	[buranda]
filter (de/het)	сүзгіш	[suzgiʃ]
filteren (ww)	сүзу	[suzu]
huisvuil (het)	қоқым-соқым	[qoqim soqim]
vuilnisemmer (de)	қоқыс шелегі	[qoqis ʃælegi]

98. Badkamer

badkamer (de)	жуынатын бөлме	[ʒuinatin bølme]
water (het)	су	[su]
kraan (de)	шүмек	[ʃumek]
warm water (het)	ыстық су	[istiq su]
koud water (het)	суық су	[suiq su]
tandpasta (de)	тіс пастасы	[tis pastasi]
tanden poetsen (ww)	тіс тазалау	[tis tazalau]
zich scheren (ww)	қырыну	[qirinu]
scheercrème (de)	қырынуға арналған көбік	[qirinuɣa arnalɣan købik]
scheermes (het)	ұстара	[ustara]
wassen (ww)	жуу	[ʒuu]
een bad nemen	жуыну	[ʒuinu]
douche (de)	душ	[duʃ]
een douche nemen	душқа түсу	[duʃqa tusu]
bad (het)	ванна	[vana]
toiletpot (de)	унитаз	[unitaz]
wastafel (de)	раковина	[rakovina]
zeep (de)	сабын	[sabin]
zeepbakje (het)	сабын салғыш	[sabin salɣiʃ]

spons (de)	губка	[gubka]
shampoo (de)	сусабын	[susabin]
handdoek (de)	орамал	[oramal]
badjas (de)	шапан	[ʃapan]

was (bijv. handwas)	кір жуу	[kir ʒuu]
wasmachine (de)	кіржуғыш машина	[kirʒuɣiʃ maʃïna]
de was doen	кір жуу	[kir ʒuu]
waspoeder (de)	кір жуу ұнтағы	[kir ʒuu untaɣï]

99. Huishoudelijke apparaten

televisie (de)	теледидар	[teledïdar]
cassettespeler (de)	магнитофон	[magnïtofon]
videorecorder (de)	бейнемагнитофон	[bejnemagnïtofon]
radio (de)	қабылдағыш	[qabïldaɣïʃ]
speler (de)	плеер	[pleer]

videoprojector (de)	бейне проекторы	[bejne proektorï]
home theater systeem (het)	үй кинотеатры	[ʉj kïnoteatrï]
DVD-speler (de)	DVD ойнатқыш	[dividi ojnatqïʃ]
versterker (de)	күшейткіш	[kʉʃæjtkiʃ]
spelconsole (de)	ойын қосымшасы	[ojin qosimʃasi]

videocamera (de)	бейнекамера	[bejnekamera]
fotocamera (de)	фотоаппарат	[fotoapparat]
digitale camera (de)	цифрлы фотоаппарат	[tsïfrlï fotoapparat]

stofzuiger (de)	шаңсорғыш	[ʃaŋsorɣïʃ]
strijkijzer (het)	үтік	[ʉtik]
strijkplank (de)	үтіктеу тақтасы	[ʉtikteu taqtasi]

telefoon (de)	телефон	[telefon]
mobieltje (het)	ұялы телефон	[ujalï telefon]
schrijfmachine (de)	жазу машинкасы	[ʒazu maʃïnkasï]
naaimachine (de)	тігін машинкасы	[tigin maʃïnkasï]

microfoon (de)	микрофон	[mïkrofon]
koptelefoon (de)	құлаққап	[qulaqqap]
afstandsbediening (de)	пульт	[pulʲt]

CD (de)	CD, компакт-дискі	[si di], [kompakt dïski]
cassette (de)	кассета	[kasseta]
vinylplaat (de)	пластинка	[plastïnka]

100. Reparaties. Renovatie

renovatie (de)	жөндеу	[ʒøndeu]
renoveren (ww)	жөндеу	[ʒøndeu]
repareren (ww)	жөндеу	[ʒøndeu]
op orde brengen	тәртіпке келтіру	[tærtipke keltiru]
overdoen (ww)	қайта істеу	[qajta isteu]

verf (de)	бояу	[bojau]
verven (muur ~)	бояу	[bojau]
schilder (de)	майлаушы	[majlauʃi]
kwast (de)	бояу жаққыш	[bojau ʒaqqiʃ]

| kalk (de) | ағарту | [aɣartu] |
| kalken (ww) | ағарту | [aɣartu] |

behang (het)	түсқағаз	[tʋsqaɣaz]
behangen (ww)	түсқағазбен желімдеу	[tʋsqaɣazben ʒelimdeu]
lak (de/het)	лак	[lak]
lakken (ww)	лакпен қаптау	[lakpen qaptau]

101. Loodgieterswerk

water (het)	су	[su]
warm water (het)	ыстық су	[istiq su]
koud water (het)	суық су	[suiq su]
kraan (de)	шүмек	[ʃʉmek]

druppel (de)	тамшы	[tamʃi]
druppelen (ww)	тамшылау	[tamʃilau]
lekken (een lek hebben)	ағу	[aɣu]
lekkage (de)	ағу	[aɣu]
plasje (het)	шалшық	[ʃalʃiq]

buis, leiding (de)	құбыр	[qʋbir]
stopkraan (de)	вентиль	[ventilʲ]
verstopt raken (ww)	бітеліп қалу	[bitelip qalu]

gereedschap (het)	құралдар	[qʋraldar]
Engelse sleutel (de)	ажырамалы кілт	[aʒiramali kilt]
losschroeven (ww)	бұрап ашу	[burap aʃu]
aanschroeven (ww)	бұрап бекіту	[burap bekitu]

ontstoppen (riool, enz.)	тазарту	[tazartu]
loodgieter (de)	сантехник	[santehnɪk]
kelder (de)	төле	[tøle]
riolering (de)	кәріз	[kæriz]

102. Brand. Vuurzee

brand (de)	алау	[alau]
vlam (de)	жалын	[ʒalin]
vonk (de)	ұшқын	[ʋʃqin]
rook (de)	түтін	[tʋtin]
fakkel (de)	шырағдан	[ʃiraɣdan]
kampvuur (het)	от	[ot]

benzine (de)	бензин	[benzɪn]
kerosine (de)	керосин	[kerosɪn]
brandbaar (bn)	жанғыш	[ʒanɣiʃ]

ontplofbaar (bn)	жарылғыш	[ʒarilɣiʃ]
VERBODEN TE ROKEN!	ТЕМЕКІ ШЕКПЕУ!	[temeki ʃækpeu]
veiligheid (de)	қауіпсіздік	[qawipsizdik]
gevaar (het)	қауіп-қатер	[qawip qater]
gevaarlijk (bn)	қауіпті	[qawipti]
in brand vliegen (ww)	жана бастау	[ʒana bastau]
explosie (de)	жарылыс	[ʒarilis]
in brand steken (ww)	өртеп жіберу	[ørtep ʒiberu]
brandstichter (de)	өртегіш	[ørtegiʃ]
brandstichting (de)	өртеу	[ørteu]
vlammen (ww)	алаулау	[alaulau]
branden (ww)	жану	[ʒanu]
afbranden (ww)	өртеніп кету	[ørtenip ketu]
de brandweer bellen	өрт сөндірушілерді шақыру	[ørt søndiruʃilerdi ʃaqiru]
brandweerman (de)	өрт сөндіруші	[ørt søndiruʃi]
brandweerwagen (de)	өрт сөндіргіш машина	[ørt søndirgiʃ maʃina]
brandweer (de)	өрт жасағы	[ørt ʒasaɣi]
uitschuifbare ladder (de)	өрт сөндірушілер сатысы	[ørt søndiruʃiler satisi]
brandslang (de)	шланг	[ʃlang]
brandblusser (de)	өрт сөндіргіш	[ørt søndirgiʃ]
helm (de)	дулыға	[duliɣa]
sirene (de)	сирена	[sirena]
roepen (ww)	айғайлау	[ajɣajlau]
hulp roepen	жәрдемге шақыру	[ʒærdemge ʃaqiru]
redder (de)	құтқарушы	[qʊtqaruʃi]
redden (ww)	құтқару	[qʊtqaru]
aankomen (per auto, enz.)	келу	[kelu]
blussen (ww)	сөндіру	[søndiru]
water (het)	су	[su]
zand (het)	құм	[qʊm]
ruïnes (mv.)	қираған үйінді	[qiraɣan ʉjindi]
instorten (gebouw, enz.)	опырылып құлау	[opirilip qʊlau]
ineenstorten (ww)	опырылып құлау	[opirilip qʊlau]
inzakken (ww)	опырылу	[opirilu]
brokstuk (het)	сынық	[siniq]
as (de)	күл	[kʉl]
verstikken (ww)	тұншығып өлу	[tʊnʃiɣip ølu]
omkomen (ww)	мерт болу	[mert bolu]

MENSELIJKE ACTIVITEITEN

Baan. Business. Deel 1

103. Kantoor. Op kantoor werken

kantoor (het)	кенсе	[qense]
kamer (de)	кабинет	[kabɪnet]
receptie (de)	ресепшн	[resepʃn]
secretaris (de)	хатшы	[hatʃi]
directeur (de)	директор	[dɪrektor]
manager (de)	менеджер	[menedʒer]
boekhouder (de)	есепшi	[esepʃi]
werknemer (de)	қызметкер	[qizmetker]
meubilair (het)	жиһаз	[ʒihaz]
tafel (de)	үстел	[ʉstel]
bureaustoel (de)	кресло	[kreslo]
ladeblok (het)	тумбочка	[tumbotʃka]
kapstok (de)	киім ілгіш	[kɪim ilgiʃ]
computer (de)	компьютер	[kompʲuter]
printer (de)	принтер	[prɪnter]
fax (de)	факс	[faks]
kopieerapparaat (het)	көшіргі аппарат	[køʃirgi apparat]
papier (het)	қағаз	[qaɣaz]
kantoorartikelen (mv.)	кеңсе жабдықтары	[keŋse ʒabdɪqtari]
muismat (de)	кілемше	[kilemʃæ]
blad (het)	парақ	[paraq]
ordner (de)	папка	[papka]
catalogus (de)	каталог	[katalog]
telefoongids (de)	анықтағыш	[aniqtaɣɪʃ]
documentatie (de)	құжаттама	[quʒattama]
brochure (de)	брошюра	[broʃura]
flyer (de)	үндеу	[ʉndeu]
monster (het), staal (de)	үлгі	[ʉlgi]
training (de)	тренинг	[trenɪŋ]
vergadering (de)	кеңесу	[keŋesu]
lunchpauze (de)	түскі үзіліс	[tuski ʉzilis]
een kopie maken	көшірме жасау	[køʃirme ʒasau]
de kopieën maken	көбейту	[købejtu]
een fax ontvangen	факс қабылдау	[faks qabildau]
een fax versturen	факс жіберу	[faks ʒiberu]
opbellen (ww)	қоңырау шалу	[qoŋirau ʃalu]

antwoorden (ww)	жауап беру	[ʒawap beru]
doorverbinden (ww)	біріктіру	[biriktiru]
afspreken (ww)	белгілеу	[belgileu]
demonstreren (ww)	көрсету	[kørsetu]
absent zijn (ww)	болмау	[bolmau]
afwezigheid (de)	келмей қалу	[kelmej qalu]

104. Bedrijfsprocessen. Deel 1

zaak (de), beroep (het)	іс	[is]
firma (de)	фирма	[fırma]
bedrijf (maatschap)	компания	[kompanıja]
corporatie (de)	корпорация	[korporatsıja]
onderneming (de)	кәсіпорын	[kæsiporin]
agentschap (het)	агенттік	[agenttik]
overeenkomst (de)	келісім-шарт	[kelisim ʃart]
contract (het)	шарт	[ʃart]
transactie (de)	мәміле	[mæmile]
bestelling (de)	тапсырыс	[tapsiris]
voorwaarde (de)	шарт талабы	[ʃart talabi]
in het groot (bw)	көтерме сауда	[køterme sauda]
groothandels- (abn)	көтерме	[køterme]
groothandel (de)	көтермете сату	[køtermete satu]
kleinhandels- (abn)	бөлшек	[bølʃæk]
kleinhandel (de)	бөлшектеп сату	[bølʃæktep satu]
concurrent (de)	бәсекеші	[bæsekeʃi]
concurrentie (de)	бәсеке	[bæseke]
concurreren (ww)	бақастасу	[baqastasu]
partner (de)	серіктес	[seriktes]
partnerschap (het)	серіктестік	[seriktestik]
crisis (de)	кризис	[krızıs]
bankroet (het)	банкроттық	[bankrottiq]
bankroet gaan (ww)	банкрот болу	[bankrot bolu]
moeilijkheid (de)	қиындық	[qıindiq]
probleem (het)	мәселе	[mæsele]
catastrofe (de)	зілзала	[zilzala]
economie (de)	экономика	[ɛkonomıka]
economisch (bn)	экономикалық	[ɛkonomıkaliq]
economische recessie (de)	экономикалық құлдырау	[ɛkonomıkaliq quldirau]
doel (het)	мақсат	[maqsat]
taak (de)	мәселе	[mæsele]
handelen (handel drijven)	сауда жасау	[sauda ʒasau]
netwerk (het)	дистрибьюторлар жүйесі	[dıstrıbʲutorlar ʒujesi]
voorraad (de)	қойма	[qojmə]
assortiment (het)	ассортимент	[assortıment]

leider (de)	басшы	[basʃi]
groot (bn)	ірі	[iri]
monopolie (het)	монополия	[monopolija]

theorie (de)	теория	[teorıja]
praktijk (de)	тәжірибе	[tæʒırıbe]
ervaring (de)	тәжірибе	[tæʒırıbe]
tendentie (de)	тенденция	[tendentsıja]
ontwikkeling (de)	даму	[damu]

105. Bedrijfsprocessen. Deel 2

voordeel (het)	пайда	[pajda]
voordelig (bn)	пайдалы	[pajdali]

delegatie (de)	делегация	[delegatsıja]
salaris (het)	жалақы	[ʒalaqi]
corrigeren (fouten ~)	дұрыстау	[duristau]
zakenreis (de)	іссапар	[issapar]
commissie (de)	комиссия	[komıssıja]

controleren (ww)	бақылау	[baqilau]
conferentie (de)	конференция	[konferentsıja]
licentie (de)	лицензия	[lıtsenzıja]
betrouwbaar (partner, enz.)	берік	[berik]

aanzet (de)	бастама	[bastama]
norm (bijv. ~ stellen)	норма	[norma]
omstandigheid (de)	жағдай	[ʒaɣdaj]
taak, plicht (de)	міндет	[mindet]

organisatie (bedrijf, zaak)	ұйым	[ujim]
organisatie (proces)	ұйымдастыру	[ujimdastiru]
georganiseerd (bn)	ұйымдасқан	[ujimdasqan]
afzegging (de)	күшін жою	[kuʃin ʒoju]
afzeggen (ww)	болдырмау	[boldirmau]
verslag (het)	есеп	[esep]

patent (het)	патент	[patent]
patenteren (ww)	патенттеу	[patenteu]
plannen (ww)	жоспарлау	[ʒosparlau]

premie (de)	сыйақы	[sijaqi]
professioneel (bn)	кәсіпқор	[kæsipqor]
procedure (de)	процедура	[protsedura]

onderzoeken (contract, enz.)	қарау	[qarau]
berekening (de)	есеп	[esep]
reputatie (de)	бедел	[bedel]
risico (het)	тәуекел	[tæwekel]

beheren (managen)	басқару	[basqaru]
informatie (de)	мәліметтер	[mælimetter]
eigendom (bezit)	меншік	[menʃik]

unie (de)	одақ	[odaq]
levensverzekering (de)	өмірді сақтандыру	[ømirdi saqtandiru]
verzekeren (ww)	сақтандыру	[saqtandiru]
verzekering (de)	сақтандыру	[saqtandiru]
veiling (de)	сауда-саттық	[sauda sattiq]
verwittigen (ww)	хабарлау	[habarlau]
beheer (het)	басқару	[basqaru]
dienst (de)	қызмет	[qizmet]
forum (het)	форум	[forum]
functioneren (ww)	жұмыс істеу	[ʒumis isteu]
stap, etappe (de)	кезең	[kezeŋ]
juridisch (bn)	заңды	[zaŋdi]
jurist (de)	заңгер	[zaŋger]

106. Productie. Werken

industriële installatie (fabriek)	зауыт	[zawit]
fabriek (de)	фабрика	[fabrıka]
werkplaatsruimte (de)	цех	[tseh]
productielocatie (de)	өндіріс	[øndiris]
industrie (de)	өнеркәсіп	[ønerkæsip]
industrieel (bn)	өнеркәсіп	[ønerkæsip]
zware industrie (de)	ауыр өнеркәсіп	[awir ønerkæsip]
lichte industrie (de)	жеңіл өнеркәсіп	[ʒeŋil ønerkæsip]
productie (de)	өнім	[ønim]
produceren (ww)	өндіру	[øndiru]
grondstof (de)	шикізат	[ʃikizat]
voorman, ploegbaas (de)	бригадир	[brıgadır]
ploeg (de)	бригада	[brıgada]
arbeider (de)	жұмысшы	[ʒumisʃi]
werkdag (de)	жұмыс күні	[ʒumis kuni]
pauze (de)	кідіріс	[kidiris]
samenkomst (de)	жиналыс	[ʒınalis]
bespreken (spreken over)	талқылау	[talqilau]
plan (het)	жоспар	[ʒospar]
het plan uitvoeren	жоспарды орындау	[ʒospardi orindau]
productienorm (de)	мөлшер	[mølʃær]
kwaliteit (de)	сапа	[sapa]
controle (de)	бақылау	[baqilau]
kwaliteitscontrole (de)	сапасын бақылау	[sapasin baqilau]
arbeidsveiligheid (de)	еңбек қауіпсіздігі	[eŋbeq qawipsizdigi]
discipline (de)	тәртіп	[tærtip]
overtreding (de)	бұзылым	[buzilim]
overtreden (ww)	бұзу	[buzu]
staking (de)	ереуіл	[erewil]
staker (de)	ереуілші	[erewilʃi]

| staken (ww) | ереуілдеу | [erewildeu] |
| vakbond (de) | кәсіподақ | [kæsipodaq] |

uitvinden (machine, enz.)	ойлап шығару	[ojlap ʃɪɣaru]
uitvinding (de)	өнертабыс	[ønertabis]
onderzoek (het)	зерттеу	[zertteu]
verbeteren (beter maken)	жақсарту	[ʒaqsartu]
technologie (de)	технология	[tehnologɪja]
technische tekening (de)	сызба	[sɪzba]

vracht (de)	жүк	[ʒʉk]
lader (de)	жүкші	[ʒʉkʃi]
laden (vrachtwagen)	жүктеу	[ʒʉkteu]
laden (het)	тиеу	[tɪeu]
lossen (ww)	жүкті түсіру	[ʒʉkti tʉsiru]
lossen (het)	жүк түсіру	[ʒʉk tʉsiru]

transport (het)	көлік	[kølik]
transportbedrijf (de)	көлік компаниясы	[kølik kompanɪjasi]
transporteren (ww)	тасымалдау	[tasimaldau]

goederenwagon (de)	вагон	[vagon]
tank (bijv. ketelwagen)	цистерна	[ʦɪsterna]
vrachtwagen (de)	жүк автомобилі	[ʒʉk avtomobɪli]

| machine (de) | станок | [stanok] |
| mechanisme (het) | құрылым | [qurɪlɪm] |

industrieel afval (het)	өндіріс қалдықтары	[øndiris qaldɪqtari]
verpakking (de)	орау	[orau]
verpakken (ww)	орау	[orau]

107. Contract. Overeenstemming

contract (het)	шарт	[ʃart]
overeenkomst (de)	келісім	[kelisim]
bijlage (de)	қосымша	[qosimʃa]

een contract sluiten	келісім жасау	[kelisim ʒasau]
handtekening (de)	қол таңба	[qol taŋba]
ondertekenen (ww)	қол қою	[qol qoju]
stempel (de)	мөр	[mør]

voorwerp (het) van de overeenkomst	келісім-шарттың тақырыбы	[kelisim ʃarttiŋ taqiribi]
clausule (de)	пункт	[punkt]
partijen (mv.)	жақтар	[ʒaqtar]
vestigingsadres (het)	заңды мекенжай	[zaŋdi mekenʒaj]

het contract verbreken (overtreden)	шартты бұзу	[ʃartti buzu]
verplichting (de)	міндеттеме	[mindetteme]
verantwoordelijkheid (de)	жауапкершілік	[ʒawapkerʃilik]
overmacht (de)	форс-мажор	[fors maʒor]

| geschil (het) | талас | [talas] |
| sancties (mv.) | айыппұлдық ықпалшара | [ajippuldiq iqpalʃara] |

108. Import & Export

import (de)	импорт	[ɪmport]
importeur (de)	импортшы	[ɪmportʃi]
importeren (ww)	импорттау	[ɪmporttau]
import- (abn)	импорттық	[ɪmporttiq]

| exporteur (de) | экспортшы | [ɛksportʃi] |
| exporteren (ww) | экспорттау | [ɛksporttau] |

| goederen (mv.) | тауар | [tawar] |
| partij (de) | партия | [partɪja] |

gewicht (het)	салмақ	[salmaq]
volume (het)	көлем	[kølem]
kubieke meter (de)	текше метр	[tekʃæ metr]

producent (de)	өндіруші	[øndiruʃi]
transportbedrijf (de)	көлік компаниясы	[kølik kompanɪjasi]
container (de)	контейнер	[kontejner]

grens (de)	шекара	[ʃækara]
douane (de)	кеден	[keden]
douanerecht (het)	кеден бажы	[keden baʒi]
douanier (de)	кеденші	[kedenʃi]
smokkelen (het)	контрабанда	[kontrabanda]
smokkelwaar (de)	жасырын тауар	[ʒasirin tawar]

109. Financiën

aandeel (het)	акция	[aktsɪja]
obligatie (de)	облигация	[oblɪgatsɪja]
wissel (de)	вексель	[vekselʲ]

| beurs (de) | биржа | [bɪrʒa] |
| aandelenkoers (de) | акция курсы | [aktsɪja kursi] |

| dalen (ww) | арзандау | [arzandau] |
| stijgen (ww) | қымбаттау | [qimbattau] |

| deel (het) | үлес | [ʉles] |
| meerderheidsbelang (het) | бақылау пакеті | [baqilau paketi] |

investeringen (mv.)	инвестициялар	[ɪnvestɪtsɪjalar]
investeren (ww)	инвестициялау	[ɪnvestɪtsɪjalau]
procent (het)	пайыз	[pajiz]
rente (de)	пайыздар	[pajizdar]
winst (de)	пайда	[pajda]
winstgevend (bn)	пайдалы	[pajdali]

belasting (de)	салық	[saliq]
valuta (vreemde ~)	валюта	[valjuta]
nationaal (bn)	ұлттық	[ʊlttiq]
ruil (de)	айырбас	[ajirbas]

| boekhouder (de) | есепші | [esepʃi] |
| boekhouding (de) | есепшілік | [esepʃilik] |

bankroet (het)	банкроттық	[bankrottiq]
ondergang (de)	құлау	[qʊlau]
faillissement (het)	ойсырау	[ojsirau]
geruïneerd zijn (ww)	жұтау	[ʒutau]
inflatie (de)	инфляция	[ɪnfljatsija]
devaluatie (de)	девальвация	[devalʲvatsija]

kapitaal (het)	капитал	[kapıtal]
inkomen (het)	табыс	[tabis]
omzet (de)	айналым	[ajnalim]
middelen (mv.)	ресурстар	[resurstar]
financiële middelen (mv.)	ақшалай қаражат	[aqʃalaj qaraʒat]

| operationele kosten (mv.) | үстеме шығындар | [ʊsteme ʃiɣindar] |
| reduceren (kosten ~) | шығындарды азайту | [ʃiɣindardi azajtu] |

110. Marketing

marketing (de)	маркетинг	[marketıng]
markt (de)	нарық	[nariq]
marktsegment (het)	нарық сараланымы	[nariq saralanimi]
product (het)	өнім	[ønim]
goederen (mv.)	тауар	[tawar]

handelsmerk (het)	сауда маркасы	[sauda markasi]
beeldmerk (het)	фирмалық белгі	[fırmaliq belgi]
logo (het)	логотип	[logotıp]
vraag (de)	сұраныс	[sʊranis]
aanbod (het)	ұсыным	[usinim]
behoefte (de)	керектік	[kerektik]
consument (de)	тұтынушы	[tutinuʃi]

analyse (de)	талдау	[taldau]
analyseren (ww)	талдау жасау	[taldau ʒasau]
positionering (de)	ерекше ұсынылуы	[erekʃæ usinilui]
positioneren (ww)	ерекше ұсыну	[erekʃæ usinu]
prijs (de)	баға	[baɣa]
prijspolitiek (de)	баға саясаты	[baɣa sajasati]
prijsvorming (de)	бағаның құрылуы	[baɣaniŋ qurilui]

111. Reclame

| reclame (de) | жарнама | [ʒarnama] |
| adverteren (ww) | жарнамалау | [ʒarnamalau] |

budget (het)	бюджет	[bjudʒet]
advertentie, reclame (de)	жарнама	[ʒarnama]
TV-reclame (de)	тележарнама	[teleʒarnama]
radioreclame (de)	радиодағы жарнама	[radıodaɣi ʒarnama]
buitenreclame (de)	сыртқы жарнама	[sirtqi ʒarnama]
massamedia (de)	бұқаралық ақпарат құралдары	[buqaraliq aqparat quraldari]
periodiek (de)	мерзімді басылым	[merzimdi basilim]
imago (het)	имидж	[ımıdʒ]
slagzin (de)	ұран	[ʊran]
motto (het)	ұран	[ʊran]
campagne (de)	компания	[kompanıja]
reclamecampagne (de)	жарнама компаниясы	[ʒarnama kompanıjasi]
doelpubliek (het)	мақсатты аудитория	[maqsatti audıtorıja]
visitekaartje (het)	визит карточкасы	[vızıt kartotʃkasi]
flyer (de)	үнпарақ	[ʊnparaq]
brochure (de)	брошюра	[broʃjura]
folder (de)	буклет	[buklet]
nieuwsbrief (de)	бюллетень	[bjulletenʲ]
gevelreclame (de)	маңдайша жазу	[maŋdajʃa ʒazu]
poster (de)	плакат	[plakat]
aanplakbord (het)	жарнама қалқаны	[ʒarnama qalqani]

112. Bankieren

bank (de)	банк	[bank]
bankfiliaal (het)	бөлімше	[bølimʃæ]
bankbediende (de)	кеңесші	[keŋesʃi]
manager (de)	басқарушы	[basqaruʃi]
bankrekening (de)	шот	[ʃot]
rekeningnummer (het)	шот нөмірі	[ʃot nømiri]
lopende rekening (de)	ағымдағы есепшот	[aɣimdaɣi esepʃot]
spaarrekening (de)	жинақтаушы шот	[ʒinaqtauʃi ʃot]
een rekening openen	шот ашу	[ʃot aʃu]
de rekening sluiten	шот жабу	[ʃot ʒabu]
op rekening storten	шотқа салу	[ʃotqa salu]
opnemen (ww)	шоттан алу	[ʃottan alu]
storting (de)	салым	[salim]
een storting maken	салым жасау	[salim ʒasau]
overschrijving (de)	аударылым	[audarilim]
een overschrijving maken	аударылым жасау	[audarilim ʒasau]
som (de)	сома	[soma]
Hoeveel?	Қанша?	[qanʃa]
handtekening (de)	қол таңба	[qol taŋba]

ondertekenen (ww)	қол қою	[qol qoju]
kredietkaart (de)	кредиттік карта	[kredıttik karta]
code (de)	код	[kod]
kredietkaartnummer (het)	кредиттік картаның нөмірі	[kredıttik kartaniŋ nømiri]
geldautomaat (de)	банкомат	[bankomat]
cheque (de)	чек	[ʧek]
een cheque uitschrijven	чек жазу	[ʧek ʒazu]
chequeboekje (het)	чек кітапшасы	[ʧek kitapʃasi]
lening, krediet (de)	несие	[nesıe]
een lening aanvragen	несие жайында өтінішпен бару	[nesıe ʒajinda øtiniʃpen baru]
een lening nemen	несие алу	[nesıe alu]
een lening verlenen	несие беру	[nesıe beru]
garantie (de)	кепілдеме	[kepildeme]

113. Telefoon. Telefoongesprek

telefoon (de)	телефон	[telefon]
mobieltje (het)	ұялы телефон	[ujali telefon]
antwoordapparaat (het)	автожауапшы	[avtoʒawapʃi]
bellen (ww)	қоңырау шалу	[qoŋirau ʃalu]
belletje (telefoontje)	қоңырау	[qoŋirau]
een nummer draaien	нөмірді теру	[nømirdi teru]
Hallo!	Алло!	[allo]
vragen (ww)	сұрау	[surau]
antwoorden (ww)	жауап беру	[ʒawap beru]
horen (ww)	есту	[estu]
goed (bw)	жақсы	[ʒaqsi]
slecht (bw)	жаман	[ʒaman]
storingen (mv.)	бөгеттер	[bøgetter]
hoorn (de)	трубка	[trubka]
opnemen (ww)	трубканы алу	[trubkani alu]
ophangen (ww)	трубканы салу	[trubkani salu]
bezet (bn)	бос емес	[bos emes]
overgaan (ww)	шылдырлау	[ʃildirlau]
telefoonboek (het)	телефон кітабы	[telefon kitabi]
lokaal (bn)	жергілікті	[ʒergilikti]
interlokaal (bn)	қалааралық	[qalaaraliq]
buitenlands (bn)	халықаралық	[haliqaraliq]

114. Mobiele telefoon

| mobieltje (het) | ұялы телефон | [ujali telefon] |
| scherm (het) | дисплей | [dısplej] |

| toets, knop (de) | түйме | [tʉjme] |
| simkaart (de) | SIM-карта | [sim karta] |

batterij (de)	батарея	[batareja]
leeg zijn (ww)	тогынан айырылу	[toginan ajirilu]
acculader (de)	зарядттау құрылғысы	[zarjadttau qurilɣisi]

menu (het)	меню	[menju]
instellingen (mv.)	қалпына келтіру	[qalpina keltiru]
melodie (beltoon)	әуен	[æwen]
selecteren (ww)	таңдау	[taŋdau]

rekenmachine (de)	калькулятор	[kalʲkuljator]
voicemail (de)	автожауапшы	[avtoʒawapʃi]
wekker (de)	оятар	[ojatar]
contacten (mv.)	телефон кітабы	[telefon kitabi]

| SMS-bericht (het) | SMS-хабарлама | [ɛsɛmɛs habarlama] |
| abonnee (de) | абонент | [abonent] |

115. Schrijfbehoeften

| balpen (de) | автоқалам | [avtoqalam] |
| vulpen (de) | қаламұш | [qalamʉʃ] |

potlood (het)	қарындаш	[qarindaʃ]
marker (de)	маркер	[marker]
viltstift (de)	фломастер	[flomaster]

| notitieboekje (het) | блокнот | [bloknot] |
| agenda (boekje) | күнделік | [kʉndelik] |

liniaal (de/het)	сызғыш	[sizɣiʃ]
rekenmachine (de)	калькулятор	[kalʲkuljator]
gom (de)	өшіргіш	[øʃirgiʃ]
punaise (de)	жапсырма шеге	[ʒapsirma ʃæge]
paperclip (de)	қыстырғыш	[qistirɣiʃ]

lijm (de)	желім	[ʒɛlim]
nietmachine (de)	степлер	[stepler]
perforator (de)	тескіш	[teskiʃ]
potloodslijper (de)	қайрағыш	[qajraɣiʃ]

116. Verschillende soorten documenten

verslag (het)	есептеме	[esepteme]
overeenkomst (de)	келесім	[kelesim]
aanvraagformulier (het)	сұраным	[sʉranim]
origineel, authentiek (bn)	шынайы	[ʃinaji]
badge, kaart (de)	бэдж	[bɛdʒ]
visitekaartje (het)	визит картасы	[vizit kartasi]
certificaat (het)	сертификат	[sertifikat]

cheque (de)	чек	[ʧek]
rekening (in restaurant)	шот	[ʃot]
grondwet (de)	конституция	[konstɪtuʦɪja]

contract (het)	келісім-шарт	[kelisim ʃart]
kopie (de)	көшірме	[køʃirme]
exemplaar (het)	дана	[dana]

douaneaangifte (de)	декларация	[deklaraʦɪja]
document (het)	құжат	[quʒat]
rijbewijs (het)	жүргізушінің куәлігі	[ʒʉrgizuʃiniŋ kuæligi]
bijlage (de)	қосымша	[qosɪmʃa]
formulier (het)	анкета	[anketa]

identiteitskaart (de)	куәлік	[kuælik]
aanvraag (de)	сауал	[sawal]
uitnodigingskaart (de)	шақыру билеті	[ʃaqɪru bɪleti]
factuur (de)	есеп	[esep]

wet (de)	заң	[zaŋ]
brief (de)	хат	[hat]
briefhoofd (het)	бланк	[blank]
lijst (de)	тізім	[tizim]
manuscript (het)	қолжазба	[qolʒazba]
nieuwsbrief (de)	бюллетень	[bjulletenʲ]
briefje (het)	жазбахат	[ʒazbahat]

pasje (voor personeel, enz.)	өткізу құжаты	[øtkizu quʒatɪ]
paspoort (het)	паспорт	[pasport]
vergunning (de)	рұқсат	[ruqsat]
CV, curriculum vitae (het)	резюме	[rezjume]
schuldbekentenis (de)	қолхат	[qolhat]
kwitantie (de)	түбіртек	[tʉbirtek]
bon (kassabon)	чек	[ʧek]
rapport (het)	рапорт	[raport]

tonen (paspoort, enz.)	көрсету	[kørsetu]
ondertekenen (ww)	қол қою	[qol qoju]
handtekening (de)	қол таңба	[qol taŋba]
stempel (de)	мөр	[mør]
tekst (de)	мәтін	[mætin]
biljet (het)	билет	[bɪlet]

doorhalen (doorstrepen)	сызып тастау	[sɪzip tastau]
invullen (een formulier ~)	толтыру	[toltiru]

vrachtbrief (de)	жүкқұжат	[ʒʉkquʒat]
testament (het)	өсиет	[øsɪet]

117. Soorten bedrijven

uitzendbureau (het)	кадрлық агенттігі	[kadrlɪq agenttigi]
bewakingsfirma (de)	қорғау агенттігі	[qorɣau agenttigi]
persbureau (het)	ақпарат агенттігі	[aqparat agenttigi]

reclamebureau (het)	жарнама агенттігі	[ʒarnama agenttigi]
antiek (het)	антиквариат	[antıkvarıat]
verzekering (de)	сақтандыру	[saqtandiru]
naaiatelier (het)	ателье	[atelʲe]

banken (mv.)	банк бизнесі	[bank bıznesi]
bar (de)	бар	[bar]
bouwbedrijven (mv.)	құрылыс	[qurilis]
juwelen (mv.)	зергерлік бұйымдар	[zergerlik bujimdar]
juwelier (de)	зергер	[zerger]

wasserette (de)	кір жуатын орын	[kir ʒuatin orin]
alcoholische dranken (mv.)	спиртті ішімдіктер	[spırtti iʃimdikter]
nachtclub (de)	түнгі клуб	[tungi klub]
handelsbeurs (de)	биржа	[bırʒa]
bierbrouwerij (de)	сыра қайнататын орын	[sira qajnatatin orin]
uitvaartcentrum (het)	жерлеу бюросы	[ʒerleu bjurosi]

casino (het)	казино	[kazıno]
zakencentrum (het)	бизнес орталық	[bıznes ortaliq]
bioscoop (de)	кинотеатр	[kınoteatr]
airconditioning (de)	кондиционерлер	[kondıtsıonerler]

handel (de)	сауда	[sauda]
luchtvaartmaatschappij (de)	авиакомпания	[avıakompanıja]
adviesbureau (het)	консалтинг	[konsaltıng]
koerierdienst (de)	курьерлік қызмет	[kurʲerlik qizmet]

tandheelkunde (de)	стоматология	[stomatologıja]
design (het)	дизайн	[dızajn]
business school (de)	бизнес-мектеп	[bıznes mektep]
magazijn (het)	қойма	[qojma]
kunstgalerie (de)	галерея	[galereja]
ijsje (het)	балмұздақ	[balmuzdaq]
hotel (het)	қонақ үй	[qonaq uj]

vastgoed (het)	жылжымайтын мүлік	[ʒilʒimajtin mulik]
drukkerij (de)	полиграфия	[polıgrafıja]
industrie (de)	өнеркәсіп	[ønerkæsip]
Internet (het)	интернет	[ınternet]
investeringen (mv.)	инвестициялар	[ınvestıtsıjalar]

krant (de)	газет	[gazet]
boekhandel (de)	кітап дүкені	[kitap dukeni]
lichte industrie (de)	жеңіл өнеркәсіп	[ʒeŋil ønerkæsip]

winkel (de)	дүкен	[duken]
uitgeverij (de)	баспа	[baspa]
medicijnen (mv.)	медицина	[medıtsına]
meubilair (het)	жиһаз	[ʒihaz]
museum (het)	мұражай	[muraʒaj]

olie (aardolie)	мұнай	[munaj]
apotheek (de)	дәріхана	[dærihana]
farmacie (de)	фармацевтика	[farmatsevtıka]
zwembad (het)	бассейн	[bassejn]

stomerij (de)	химиялық тазалау	[hımıjaliq tazalau]
voedingswaren (mv.)	азық-түлік	[aziq tʉlik]
reclame (de)	жарнама	[ʒarnama]

radio (de)	радио	[radıo]
afvalinzameling (de)	қоқыстың тасып шығарылымы	[qoqistiŋ tasip ʃiɣarilimı]
restaurant (het)	мейрамхана	[mejramhana]
tijdschrift (het)	журнал	[ʒurnal]

schoonheidssalon (de/het)	сән салоны	[sæn salonı]
financiële diensten (mv.)	қаржалық қызметтер	[qarʒaliq qizmetter]
juridische diensten (mv.)	заңгерлік қызметтер	[zaŋgerlik qizmetter]
boekhouddiensten (mv.)	есепшілік қызметтер	[esepʃilik qizmetter]
audit diensten (mv.)	аудиторлық қызметтер	[audıtorliq qizmetter]
sport (de)	спорт	[sport]
supermarkt (de)	супермаркет	[supermarket]

televisie (de)	теледидар	[teledıdar]
theater (het)	театр	[teatr]
toerisme (het)	туризм	[turızm]
transport (het)	тасымалдау	[tasimaldau]

postorderbedrijven (mv.)	каталог бойынша сауда	[katalog bojinʃa sauda]
kleding (de)	киім	[kıim]
dierenarts (de)	ветеринар	[veterınar]

Baan. Business. Deel 2

118. Show. Tentoonstelling

beurs (de)	көрме	[kørme]
vakbeurs, handelsbeurs (de)	сауда көрмесы	[sauda kørmesi]
deelneming (de)	қатысу	[qatisu]
deelnemen (ww)	қатысу	[qatisu]
deelnemer (de)	қатысушы	[qatisuʃi]
directeur (de)	директор	[dırektor]
organisatiecomité (het)	дирекция	[dırektsıja]
organisator (de)	ұйымдастырушы	[ujimdastiruʃi]
organiseren (ww)	ұйымдастыру	[ujimdastiru]
deelnemingsaanvraag (de)	қатысуға сұраным	[qatisuɣa suranim]
invullen (een formulier ~)	толтыру	[toltiru]
details (mv.)	детальдары	[detalʲdari]
informatie (de)	ақпарат	[aqparat]
prijs (de)	баға	[baɣa]
inclusief (bijv. ~ BTW)	соның ішінде	[soniŋ iʃinde]
inbegrepen (alles ~)	соның ішінде	[soniŋ iʃinde]
betalen (ww)	төлеу	[tøleu]
registratietarief (het)	тіркеу жарнасы	[tirkeu ʒarnasi]
ingang (de)	кіру	[kiru]
paviljoen (het), hal (de)	павильон	[pavilʲon]
registreren (ww)	тіркеу	[tirkeu]
badge, kaart (de)	бэдж	[bɛdʒ]
beursstand (de)	стенд	[stend]
reserveren (een stand ~)	кейінге сақтау	[kejinge saqtau]
vitrine (de)	көрме	[kørme]
licht (het)	шырақ	[ʃiraq]
design (het)	дизайн	[dızajn]
plaatsen (ww)	орналастыру	[ornalastiru]
geplaatst zijn (ww)	орналастырылған	[ornalastirilɣan]
distributeur (de)	дистрибьютор	[dıstrıbʲutor]
leverancier (de)	өтемші	[øtemʃi]
leveren (ww)	жеткізіп тұру	[ʒetkizip turu]
land (het)	ел	[el]
buitenlands (bn)	шетелдік	[ʃæteldik]
product (het)	өнім	[ønim]
associatie (de)	ассоциация	[assotsıatsıja]
conferentiezaal (de)	конференция залы	[konferentsıja zali]

congres (het)	конгресс	[kongress]
wedstrijd (de)	конкурс	[konkurs]

bezoeker (de)	келуші	[keluʃi]
bezoeken (ww)	келу	[kelu]
afnemer (de)	тапсырушы	[tapsiruʃi]

119. Massamedia

krant (de)	газет	[gazet]
tijdschrift (het)	жорнал	[ʒornal]
pers (gedrukte media)	баспасөз	[baspasøz]
radio (de)	радио	[radɪo]
radiostation (het)	радиостанция	[radɪostantsɪja]
televisie (de)	теледидар	[teledɪdar]

presentator (de)	жетекші	[ʒetekʃi]
nieuwslezer (de)	диктор	[dɪktor]
commentator (de)	комментатор	[kommentator]

journalist (de)	журналшы	[ʒurnalʃi]
correspondent (de)	тілші	[tilʃi]
fotocorrespondent (de)	фототілші	[fototilʃi]
reporter (de)	репортер	[reportør]

redacteur (de)	редактор	[redaktor]
chef-redacteur (de)	бас редактор	[bas redaktor]

zich abonneren op	жазылу	[ʒazilu]
abonnement (het)	жазылыс	[ʒazilis]
abonnee (de)	жазылушы	[ʒaziluʃi]
lezen (ww)	оқу	[oqu]
lezer (de)	оқырман	[oqirman]

oplage (de)	таралым	[taralim]
maand-, maandelijks (bn)	айлық	[ajliq]
wekelijks (bn)	апталық	[aptaliq]
nummer (het)	нөмір	[nømir]
vers (~ van de pers)	жаңа	[ʒaŋa]

kop (de)	тақырып	[taqirip]
korte artikel (het)	мақала	[maqala]
rubriek (de)	тарау	[tarau]
artikel (het)	мақала	[maqala]
pagina (de)	бет	[bet]

reportage (de)	репортаж	[reportaʒ]
gebeurtenis (de)	оқиға	[oqiɣa]
sensatie (de)	сенсация	[sensatsɪja]
schandaal (het)	жанжал	[ʒanʒal]
schandalig (bn)	жанжалды	[ʒanʒaldi]
groot (~ schandaal, enz.)	әйгілі	[æjgili]
programma (het)	хабар	[habar]
interview (het)	сұхбат	[suhbat]

| live uitzending (de) | тікелей эфир | [tikelej εfır] |
| kanaal (het) | канал | [kanal] |

120. Landbouw

landbouw (de)	ауыл шаруашылығы	[awil ʃaruaʃiliɣi]
boer (de)	қара шаруа	[qara ʃarua]
boerin (de)	қара шаруа	[qara ʃarua]
landbouwer (de)	ферма иесі	[ferma ıesi]

| tractor (de) | трактор | [traktor] |
| maaidorser (de) | комбайн | [kombajn] |

ploeg (de)	соқа	[soqa]
ploegen (ww)	жер жырту	[ʒer ʒirtu]
akkerland (het)	жыртылған жер	[ʒirtilɣan ʒer]
voor (de)	атыз	[atiz]

zaaien (ww)	егу	[egu]
zaaimachine (de)	дәнсепкіш	[dænsepkiʃ]
zaaien (het)	егіс	[egis]

| zeis (de) | шалғы | [ʃalɣi] |
| maaien (ww) | шабу | [ʃabu] |

| schop (de) | күрек | [kurek] |
| spitten (ww) | қазу | [qazu] |

schoffel (de)	шапқы	[ʃapqi]
wieden (ww)	отау	[otau]
onkruid (het)	арам шөп	[aram ʃøp]

gieter (de)	сусепкіш	[susepkiʃ]
begieten (water geven)	суару	[suaru]
bewatering (de)	суару	[suaru]

| riek, hooivork (de) | сәнек | [sænek] |
| hark (de) | тырнауыш | [tirnawiʃ] |

kunstmest (de)	тыңайтқыш	[tiŋajtqiʃ]
bemesten (ww)	тыңайту	[tiŋajtu]
mest (de)	көң	[køŋ]

veld (het)	егіс даласы	[egis dalasi]
wei (de)	шалғын	[ʃalɣin]
moestuin (de)	бақша	[baqʃa]
boomgaard (de)	бақ	[baq]

weiden (ww)	бағу	[baɣu]
herder (de)	бақташы	[baqtaʃi]
weiland (de)	жайылым	[ʒajilim]

| veehouderij (de) | мал шаруашылығы | [mal ʃaruaʃiliɣi] |
| schapenteelt (de) | қой өсірушілік | [qoj øsiruʃilik] |

plantage (de)	плантация	[plantatsɪja]
rijtje (het)	жүйек	[ʒүjek]
broeikas (de)	көшетхана	[køʃæthana]

| droogte (de) | құрғақшылық | [qʊrɣaqʃɨlɨq] |
| droog (bn) | құаң | [quaŋ] |

| graangewassen (mv.) | дәнді | [dændi] |
| oogsten (ww) | жинау | [ʒɪnau] |

molenaar (de)	диірменші	[dɪirmenʃi]
molen (de)	диірмен	[dɪirmen]
malen (graan ~)	жармалау	[ʒarmalau]
bloem (bijv. tarwebloem)	ұн	[ʊn]
stro (het)	сабан	[saban]

121. Gebouw. Bouwproces

bouwplaats (de)	құрылыс	[qʊrɨlɨs]
bouwen (ww)	құрылыс салу	[qʊrɨlɨs salu]
bouwvakker (de)	құрылысшы	[qʊrɨlɨsʃi]

project (het)	жоба	[ʒoba]
architect (de)	сәулетші	[sæuletʃi]
arbeider (de)	жұмысшы	[ʒʊmɪsʃi]

fundering (de)	іргетас	[irgetas]
dak (het)	шатыр	[ʃatir]
heipaal (de)	бағана	[baɣana]
muur (de)	қабырға	[qabɨrɣa]

| betonstaal (het) | арматура | [armatura] |
| steigers (mv.) | құрылыс материалдары | [qʊrɨlɨs materɪaldari] |

beton (het)	бетон	[beton]
graniet (het)	гранит	[granɪt]
steen (de)	тас	[tas]
baksteen (de)	кірпіш	[kirpiʃ]

zand (het)	құм	[qʊm]
cement (de/het)	цемент	[tsement]
pleister (het)	сылақ	[silaq]
pleisteren (ww)	сылақтау	[silaqtau]

verf (de)	бояу	[bojau]
verven (muur ~)	бояу	[bojau]
ton (de)	күбі	[kʉbi]

kraan (de)	кран	[kran]
heffen, hijsen (ww)	көтеру	[køteru]
neerlaten (ww)	түсіру	[tʉsiru]

| bulldozer (de) | сүргіш | [sʉrgiʃ] |
| graafmachine (de) | экскаватор | [ɛkskavator] |

graafbak (de)	ожау	[oӡau]
graven (tunnel, enz.)	қазу	[qazu]
helm (de)	дулыға	[duliɣa]

122. Wetenschap. Onderzoek. Wetenschappers

wetenschap (de)	ғылым	[ɣïlïm]
wetenschappelijk (bn)	ғылыми	[ɣïlïmï]
wetenschapper (de)	ғалым	[ɣalïm]
theorie (de)	теория	[teorïja]

axioma (het)	аксиома	[aksɪoma]
analyse (de)	талдау	[taldau]
analyseren (ww)	талдау жасау	[taldau ӡasau]
argument (het)	дәлел	[dælel]
substantie (de)	зат	[zat]

hypothese (de)	жорамал	[ӡoramal]
dilemma (het)	дилемма	[dɪlemma]
dissertatie (de)	дессертация	[dessertatsɪja]
dogma (het)	догма	[dogma]

doctrine (de)	доктрина	[doktrɪna]
onderzoek (het)	зерттеу	[zertteu]
onderzoeken (ww)	зерттеуші	[zertteuʃi]
toetsing (de)	бақылау	[baqïlau]
laboratorium (het)	зертхана	[zerthana]

methode (de)	әдіс	[ædis]
molecule (de/het)	молекула	[molekula]
monitoring (de)	мониторинг	[monɪtorɪng]
ontdekking (de)	ашылым	[aʃïlïm]

postulaat (het)	жорамал	[ӡoramal]
principe (het)	қағидат	[qaɣïdat]
voorspelling (de)	болжау	[bolӡau]
een prognose maken	болжау	[bolӡau]

synthese (de)	синтез	[sɪntez]
tendentie (de)	тенденция	[tendentsɪja]
theorema (het)	теорема	[teorema]

| leerstellingen (mv.) | ілім | [ilim] |
| feit (het) | дәлел | [dælel] |

| expeditie (de) | экспедиция | [ɛkspedïtsɪja] |
| experiment (het) | тәжірибе | [tæӡirïbe] |

academicus (de)	академик	[akademɪk]
bachelor (bijv. BA, LLB)	бакалавр	[bakalavr]
doctor (de)	доктор	[doktor]
universitair docent (de)	доцент	[dotsent]
master, magister (de)	магистр	[magɪstr]
professor (de)	профессор	[professor]

Beroepen en ambachten

123. Zoeken naar werk. Ontslag

baan (de)	жұмыс	[ʒʊmɪs]
personeel (het)	штат	[ʃtat]
carrière (de)	мансап	[mansap]
vooruitzichten (mv.)	болашақ	[bolaʃaq]
meesterschap (het)	ұсталық	[ʊstalɪq]
keuze (de)	іріктеу	[irikteu]
uitzendbureau (het)	кадрлық агенттік	[kadrlɪq agenttik]
CV, curriculum vitae (het)	резюме	[rezjume]
sollicitatiegesprek (het)	әңгімелесу	[æŋgimelesu]
vacature (de)	бос қызмет	[bos qizmet]
salaris (het)	жалақы	[ʒalaqi]
vaste salaris (het)	айлық	[ajlɪq]
loon (het)	ақы төлеу	[aqɪ tøleu]
betrekking (de)	қызмет	[qizmet]
taak, plicht (de)	міндет	[mindet]
takenpakket (het)	міндеттер аясы	[mindetter ajasi]
bezig (~ zijn)	бос емес	[bos emes]
ontslagen (ww)	жұмыстан шығару	[ʒumɪstan ʃɪɣaru]
ontslag (het)	жұмыстан шығару	[ʒumɪstan ʃɪɣaru]
werkloosheid (de)	жұмыссыздық	[ʒʊmɪssizdiq]
werkloze (de)	жұмыссыз	[ʒʊmɪssiz]
pensioen (het)	зейнетақы	[zejnetaqi]
met pensioen gaan	пенсияға шығу	[pensɪjaɣa ʃɪɣu]

124. Zakenmensen

directeur (de)	директор	[dɪrektor]
beheerder (de)	басқарушы	[basqaruʃɪ]
hoofd (het)	басқарушы	[basqaruʃɪ]
baas (de)	бастық	[bastiq]
superieuren (mv.)	басшылық	[basʃɪlɪq]
president (de)	президент	[prezɪdent]
voorzitter (de)	төраға	[tøraɣa]
adjunct (de)	орынбасар	[orinbasar]
assistent (de)	көмекші	[kømekʃi]
secretaris (de)	хатшы	[hatʃɪ]

persoonlijke assistent (de)	жеке хатшы	[ʒeke hatʃi]
zakenman (de)	бизнесмен	[bɪznesmen]
ondernemer (de)	кәсіпкер	[kæsipker]
oprichter (de)	негізін салушы	[negizin saluʃi]
oprichten	орнату	[ornatu]
(een nieuw bedrijf ~)		

stichter (de)	құрылтайшы	[qurıltajʃi]
partner (de)	серіктес	[seriktes]
aandeelhouder (de)	акционер	[aktsıoner]

miljonair (de)	миллионер	[mıllıoner]
miljardair (de)	миллиардер	[mıllıarder]
eigenaar (de)	ие	[ıe]
landeigenaar (de)	жер иесі	[ʒer ıesi]

klant (de)	клиент	[klıent]
vaste klant (de)	тұрақты клиент	[turakti klıent]
koper (de)	сатып алушы	[satip aluʃi]
bezoeker (de)	келуші	[keluʃi]

professioneel (de)	кәсіпші	[kæsipʃi]
expert (de)	сарапшы	[sarapʃi]
specialist (de)	маман	[maman]

bankier (de)	банкир	[bankır]
makelaar (de)	брокер	[broker]

kassier (de)	кассир	[kassır]
boekhouder (de)	есепші	[esepʃi]
bewaker (de)	күзетші	[kuzetʃi]

investeerder (de)	инвестор	[ınvestor]
schuldenaar (de)	қарыздар	[qarizdar]
crediteur (de)	несиегер	[nesıeger]
lener (de)	қарыз алушы	[qariz aluʃi]

importeur (de)	импортшы	[ımportʃi]
exporteur (de)	экспортшы	[ɛksportʃi]

producent (de)	өндіруші	[øndiruʃi]
distributeur (de)	дистрибьютор	[dɪstrıbʲutor]
bemiddelaar (de)	дәнекер	[dæneker]

adviseur, consulent (de)	кеңесші	[keŋesʃi]
vertegenwoordiger (de)	өкіл	[økil]
agent (de)	агент	[agent]
verzekeringsagent (de)	сақтандыру агенті	[saqtandiru agenti]

125. Dienstverlenende beroepen

kok (de)	аспазшы	[aspazʃi]
chef-kok (de)	бас аспазшы	[bas aspazʃi]
bakker (de)	нан пісіруші	[nan pisiruʃi]

barman (de)	бармен	[barmen]
kelner, ober (de)	даяшы	[dajaʃi]
serveerster (de)	даяшы	[dajaʃi]

advocaat (de)	адвокат	[advokat]
jurist (de)	заңгер	[zaŋger]
notaris (de)	нотариус	[notarɪus]

elektricien (de)	монтер	[montjor]
loodgieter (de)	сантехник	[santehnɪk]
timmerman (de)	балташы	[baltaʃi]

masseur (de)	массаж жасаушы	[massaʒ ʒasauʃi]
masseuse (de)	массаж жасаушы	[massaʒ ʒasauʃi]
dokter, arts (de)	дәрігер	[dæriger]

taxichauffeur (de)	таксист	[taksɪst]
chauffeur (de)	айдарман	[ajdarman]
koerier (de)	курьер	[kurʲer]

kamermeisje (het)	қызметші әйел	[qizmetʃi æjel]
bewaker (de)	күзетші	[kʊzetʃi]
stewardess (de)	аспансерік	[aspanserik]

meester (de)	мұғалім	[mʊɣalim]
bibliothecaris (de)	кітапханашы	[kitaphanaʃi]
vertaler (de)	тілмаш	[tilmaʃ]
tolk (de)	тілмаш	[tilmaʃ]
gids (de)	гид	[gɪd]

kapper (de)	шаштаразшы	[ʃaʃtarazʃi]
postbode (de)	пошташы	[poʃtaʃi]
verkoper (de)	сатушы	[satuʃi]

tuinman (de)	бақшы	[baqʃi]
huisbediende (de)	даяшы	[dajaʃi]
dienstmeisje (het)	даяшы	[dajaʃi]
schoonmaakster (de)	сыпырушы	[sipɪruʃi]

126. Militaire beroepen en rangen

soldaat (rang)	қатардағы	[qatardaɣi]
sergeant (de)	сержант	[serʒant]
luitenant (de)	лейтенант	[lejtenant]
kapitein (de)	капитан	[kapɪtan]

majoor (de)	майор	[major]
kolonel (de)	полковник	[polkovnɪk]
generaal (de)	генерал	[general]
maarschalk (de)	маршал	[marʃal]
admiraal (de)	адмирал	[admɪral]

militair (de)	әскери адам	[æskerɪ adam]
soldaat (de)	жауынгер	[ʒawinger]

| officier (de) | офицер | [ofıtser] |
| commandant (de) | командир | [komandır] |

grenswachter (de)	шекарашы	[ʃækaraʃi]
marconist (de)	радист	[radıst]
verkenner (de)	барлаушы	[barlauʃi]
sappeur (de)	сапер	[sapør]
schutter (de)	атқыш	[atqiʃ]
stuurman (de)	штурман	[ʃturman]

127. Ambtenaren. Priesters

| koning (de) | король | [korolʲ] |
| koningin (de) | королева | [koroleva] |

| prins (de) | ханзада | [hanzada] |
| prinses (de) | ханша | [hanʃa] |

| tsaar (de) | патша | [patʃa] |
| tsarina (de) | патшайым | [patʃajim] |

president (de)	президент	[prezıdent]
minister (de)	министр	[mınıstr]
eerste minister (de)	премьер-министр	[premʲer mınıstr]
senator (de)	сенатор	[senator]

diplomaat (de)	дипломат	[dıplomat]
consul (de)	консул	[konsul]
ambassadeur (de)	елші	[elʃi]
adviseur (de)	кеңесші	[keŋesʃi]

ambtenaar (de)	төре	[tøre]
prefect (de)	префект	[prefekt]
burgemeester (de)	мэр	[mɛr]

| rechter (de) | төреші | [tøreʃi] |
| aanklager (de) | прокурор | [prokuror] |

missionaris (de)	миссионер	[mıssıoner]
monnik (de)	монах	[monah]
abt (de)	уағыздаушы	[waɣizdauʃi]
rabbi, rabbijn (de)	раввин	[ravın]

vizier (de)	уәзір	[wæzir]
sjah (de)	шах	[ʃah]
sjeik (de)	шайқы	[ʃajqi]

128. Agrarische beroepen

imker (de)	ара өсіруші	[ara øsiruʃi]
herder (de)	бақташы	[baqtaʃi]
landbouwkundige (de)	агроном	[agronom]

veehouder (de)	мал өсіруші	[mal øsiruʃi]
dierenarts (de)	ветеринар	[veterınar]
landbouwer (de)	ферма иесі	[ferma ıesi]
wijnmaker (de)	шарапшы	[ʃarapʃi]
zoöloog (de)	зоолог	[zoolog]
cowboy (de)	ковбой	[kovboj]

129. Kunst beroepen

acteur (de)	актер	[aktør]
actrice (de)	актриса	[aktrısa]
zanger (de)	әнші	[ænʃi]
zangeres (de)	әнші	[ænʃi]
danser (de)	биші	[bıʃi]
danseres (de)	биші	[bıʃi]
artiest (mann.)	әртіс	[ærtis]
artiest (vrouw.)	әртіс	[ærtis]
muzikant (de)	сырнайшы	[sirnajʃi]
pianist (de)	пианист	[pıanıst]
gitarist (de)	гитаршы	[gıtarʃi]
orkestdirigent (de)	дирижер	[dırıʒor]
componist (de)	сазгер	[sazger]
impresario (de)	импресарио	[ımpresarıo]
filmregisseur (de)	режиссер	[reʒıssør]
filmproducent (de)	продюсер	[prodjuser]
scenarioschrijver (de)	сценарист	[stsænarıst]
criticus (de)	сынағыш	[sinaɣiʃ]
schrijver (de)	жазушы	[ʒazuʃi]
dichter (de)	ақын	[aqin]
beeldhouwer (de)	мүсінші	[musinʃi]
kunstenaar (de)	суретші	[suretʃi]
jongleur (de)	жонглер	[ʒonglør]
clown (de)	клоун	[kloun]
acrobaat (de)	акробат	[akrobat]
goochelaar (de)	сиқыршы	[sıqirʃi]

130. Verschillende beroepen

dokter, arts (de)	дәрігер	[dæriger]
ziekenzuster (de)	медбике	[medbıke]
psychiater (de)	психиатр	[psıhıatr]
tandarts (de)	стоматолог	[stomatolog]
chirurg (de)	хирург	[hırurg]

astronaut (de)	астронавт	[astronavt]
astronoom (de)	астроном	[astronom]
chauffeur (de)	жүргізуші	[ʒurgizuʃi]
machinist (de)	машинист	[maʃınıst]
mecanicien (de)	механик	[mehanık]
mijnwerker (de)	көмірші	[kømirʃi]
arbeider (de)	жұмысшы	[ʒumisʃi]
bankwerker (de)	слесарь	[slesarʲ]
houtbewerker (de)	ағаш шебері	[aɣaʃ ʃæberi]
draaier (de)	қырнаушы	[qirnauʃi]
bouwvakker (de)	құрылысшы	[qurilisʃi]
lasser (de)	дәнекерлеуші	[dænekerleuʃi]
professor (de)	профессор	[professor]
architect (de)	сәулетші	[sæuletʃi]
historicus (de)	тарихшы	[tarıhʃi]
wetenschapper (de)	ғалым	[ɣalim]
fysicus (de)	физик	[fızık]
scheikundige (de)	химик	[hımık]
archeoloog (de)	археолог	[arheolog]
geoloog (de)	геолог	[geolog]
onderzoeker (de)	зерттеуші	[zertteuʃi]
babysitter (de)	бала бағушы	[bala baɣuʃi]
leraar, pedagoog (de)	мұғалім	[muɣalim]
redacteur (de)	редактор	[redaktor]
chef-redacteur (de)	бас редактор	[bas redaktor]
correspondent (de)	тілші	[tilʃi]
typiste (de)	машинист	[maʃınıst]
designer (de)	дизайнер	[dızajner]
computerexpert (de)	компьютерші	[kompʲuterʃi]
programmeur (de)	бағдарламаушы	[baɣdarlamauʃi]
ingenieur (de)	инженер	[ınʒener]
matroos (de)	кемеші	[kemeʃi]
zeeman (de)	кемеші	[kemeʃi]
redder (de)	құтқарушы	[qutqaruʃi]
brandweerman (de)	өрт сөндіруші	[ørt søndiruʃi]
politieagent (de)	полицей	[polıtsej]
nachtwaker (de)	күзетші	[kuzetʃi]
detective (de)	ізші	[izʃi]
douanier (de)	кеденші	[kedenʃi]
lijfwacht (de)	сақшы	[saqʃi]
gevangenisbewaker (de)	қадағалаушы	[qadaɣalauʃi]
inspecteur (de)	инспектор	[ınspektor]
sportman (de)	спортшы	[sportʃi]
trainer (de)	жаттықтырушы	[ʒattiqtiruʃi]
slager, beenhouwer (de)	етші	[etʃi]

schoenlapper (de)	аяқ киім жамаушы	[ajaq kıim ʒamauʃi]
handelaar (de)	сәудагер	[sæudager]
lader (de)	жүк тиеуші	[ʒʉk tıeuʃi]

| kledingstilist (de) | модель | [modelʲ] |
| model (het) | үлгіші | [ʉlgiʃi] |

131. Beroepen. Sociale status

| scholier (de) | оқушы | [oquʃi] |
| student (de) | студент | [student] |

filosoof (de)	философ	[fılosof]
econoom (de)	экономист	[ɛkonomıst]
uitvinder (de)	өнертапқыш	[ønertapqiʃ]

werkloze (de)	жұмыссыз	[ʒumissiz]
gepensioneerde (de)	зейнеткер	[zejnetker]
spion (de)	тыңшы	[tiɲʃi]

gedetineerde (de)	қамалған	[qamalɣan]
staker (de)	ереуілші	[erewilʃi]
bureaucraat (de)	кеңсешіл	[keɲseʃil]
reiziger (de)	саяхатшы	[sajahatʃi]

homoseksueel (de)	гомосексуалист	[gomoseksualıst]
hacker (computerkraker)	хакер	[haker]
hippie (de)	хиппи	[hıppı]

bandiet (de)	қарақшы	[qaraqʃi]
huurmoordenaar (de)	жалдамалы өлтіруші	[ʒaldamali øltiruʃi]
drugsverslaafde (de)	нашақор	[naʃaqor]
drugshandelaar (de)	есірткі сатушы	[esirtki satuʃi]
prostituee (de)	жезөкше	[ʒezøkʃæ]
pooier (de)	сутенер	[sutenør]

tovenaar (de)	дуагер	[duager]
tovenares (de)	көз байлаушы	[køz bajlauʃi]
piraat (de)	теңіз қарақшысы	[teɲiz qaraqʃisi]
slaaf (de)	құл	[qul]
samoerai (de)	самурай	[samuraj]
wilde (de)	жабайы адам	[ʒabaji adam]

Sport

132. Soorten sporten. Sporters

sportman (de)	спортшы	[sportʃi]
soort sport (de/het)	спорт түрі	[sport turi]
basketbal (het)	баскетбол	[basketbol]
basketbalspeler (de)	баскетболшы	[basketbolʃi]
baseball (het)	бейсбол	[bejsbol]
baseballspeler (de)	бейсболшы	[bejsbolʃi]
voetbal (het)	футбол	[futbol]
voetballer (de)	футболшы	[futbolʃi]
doelman (de)	қақпашы	[qaqpaʃi]
hockey (het)	хоккей	[hokkej]
hockeyspeler (de)	хоккейші	[hokkejʃi]
volleybal (het)	волейбол	[volejbol]
volleybalspeler (de)	волейболшы	[volejbolʃi]
boksen (het)	бокс	[boks]
bokser (de)	боксшы	[boksʃi]
worstelen (het)	күрес	[kures]
worstelaar (de)	балуан	[baluan]
karate (de)	карате	[karate]
karateka (de)	каратист	[karatist]
judo (de)	дзюдо	[dzjudo]
judoka (de)	дзюдошы	[dzjudoʃi]
tennis (het)	теннис	[tenis]
tennisspeler (de)	теннисші	[tenisʃi]
zwemmen (het)	жүзу	[ʒuzu]
zwemmer (de)	жүзгіш	[ʒuzgiʃ]
schermen (het)	сайысу	[sajisu]
schermer (de)	сайысшы	[sajisʃi]
schaak (het)	шахмат	[ʃahmat]
schaker (de)	шахматшы	[ʃahmatʃi]
alpinisme (het)	альпинизм	[alʲpinizm]
alpinist (de)	альпинист	[alʲpinist]
hardlopen (het)	жүгіру	[ʒugiru]

renner (de)	жүгіріш	[ʒʉgiriʃ]
atletiek (de)	жеңіл атлетика	[ʒeŋil atletɪka]
atleet (de)	атлет	[atlet]

paardensport (de)	ат спорты	[at sporti]
ruiter (de)	атбегі	[atbegi]

kunstschaatsen (het)	мәнерлеп сырғанау	[mænerlep sirɣanau]
kunstschaatser (de)	мәнерлеп сырғанаушы	[mænerlep sirɣanauʃi]
kunstschaatsster (de)	мәнерлеп сырғанаушы	[mænerlep sirɣanauʃi]

gewichtheffen (het)	ауыр атлетика	[awir atletɪka]
autoraces (mv.)	автожарыс	[avtoʒaris]
coureur (de)	жарысушы	[ʒarisuʃi]

wielersport (de)	велосипед спорты	[velosɪped sporti]
wielrenner (de)	велосипедші	[velosɪpedʃi]

verspringen (het)	ұзындыққа секіру	[ʊzindiqqa sekiru]
polsstokspringen (het)	сырықпен секіру	[siriqpen sekiru]
verspringer (de)	секіргіш	[sekirgiʃ]

133. Soorten sporten. Diversen

Amerikaans voetbal (het)	америка футболы	[amerɪka futboli]
badminton (het)	бадминтон	[badmɪnton]
biatlon (de)	биатлон	[bɪatlon]
biljart (het)	бильярд	[bɪlʲard]

bobsleeën (het)	бобслей	[bobslej]
bodybuilding (de)	бодибилдинг	[bodɪbɪldɪng]
waterpolo (het)	су добы	[su dobɨ]
handbal (de)	гандбол	[gandbol]
golf (het)	гольф	[golʲf]

roeisport (de)	ескек	[eskek]
duiken (het)	дайвинг	[dajvɪng]
langlaufen (het)	шаңғы жарысы	[ʃaŋɣɨ ʒarisi]
tafeltennis (het)	стол үсті теннисі	[stol ʉsti tenɪsi]

zeilen (het)	желкен спорты	[ʒelken sporti]
rally (de)	ралли	[ralli]
rugby (het)	регби	[regbɨ]
snowboarden (het)	сноуборд	[snoubord]
boogschieten (het)	садақпен ату	[sadaqpen atu]

134. Fitnessruimte

lange halter (de)	штанга	[ʃtanga]
halters (mv.)	гантель	[gantelʲ]
training machine (de)	тренажер	[trenaʒor]
hometrainer (de)	велотренажер	[velotrenaʒor]

loopband (de)	жарыс жолы	[ʒaris ʒoli]
rekstok (de)	турник	[turnık]
brug (de) gelijke leggers	қырлы бөренелер	[qirli børeneler]
paardsprong (de)	ат	[at]
mat (de)	мат	[mat]

springtouw (het)	секіргіш	[sekirgiʃ]
aerobics (de)	аэробика	[aærobıka]
yoga (de)	йога	[joga]

135. Hockey

hockey (het)	хоккей	[hokkej]
hockeyspeler (de)	хоккейші	[hokkejʃi]
hockey spelen	хоккей ойнау	[hokkej ojnau]
ijs (het)	мұз	[muz]

puck (de)	шайба	[ʃajba]
hockeystick (de)	сырғытпа таяқ	[sirɣitpa tajaq]
schaatsen (mv.)	коньки	[konʲkı]

| boarding (de) | борт | [bort] |
| schot (het) | лақтыру | [laqtiru] |

doelman (de)	қақпашы	[qaqpaʃi]
goal (de)	гол	[gol]
een goal scoren	гол кіргізу	[gol kirgizu]

periode (de)	кезең	[kezeŋ]
tweede periode (de)	екінші кезең	[ekinʃi kezeŋ]
reservebank (de)	қордағылардың отырғышы	[qordaɣilardiŋ otirɣiʃi]

136. Voetbal

voetbal (het)	футбол	[futbol]
voetballer (de)	футболшы	[futbolʃi]
voetbal spelen	футбол ойнау	[futbol ojnau]

eredivisie (de)	жоғарғы лига	[ʒoɣarɣi lıga]
voetbalclub (de)	футбол клубы	[futbol klubi]
trainer (de)	жаттықтырушы	[ʒattiqtiruʃi]
eigenaar (de)	ие	[ıe]

team (het)	команда	[komanda]
aanvoerder (de)	команданың капитаны	[komandaniŋ kapıtani]
speler (de)	ойыншы	[ojinʃi]
reservespeler (de)	қордағы ойыншы	[qordaɣi ojinʃi]

aanvaller (de)	шабуылшы	[ʃabuilʃi]
centrale aanvaller (de)	орталық шабуылшы	[ortaliq ʃabuilʃi]
doelpuntmaker (de)	бомбардир	[bombardır]

| verdediger (de) | қорғаушы | [qorɣauʃi] |
| middenvelder (de) | жартылай қорғаушы | [ʒartilaj qorɣauʃi] |

match, wedstrijd (de)	матч	[matʃ]
elkaar ontmoeten (ww)	кездесу	[kezdesu]
finale (de)	финал	[fɪnal]
halve finale (de)	жарты финал	[ʒartɪ fɪnal]
kampioenschap (het)	чемпионат	[tʃempɪonat]

helft (de)	тайм	[tajm]
eerste helft (de)	бірінші тайм	[birinʃi tajm]
pauze (de)	үзіліс	[ʉzilis]

doel (het)	қақпа	[qaqpa]
doelman (de)	қақпашы	[qaqpaʃi]
doelpaal (de)	штанга	[ʃtanga]
lat (de)	қақпа маңдайшасы	[qaqpa maŋdajʃasi]
doelnet (het)	сетка	[setka]
een goal incasseren	гол өткізу	[gol øtkizu]

bal (de)	доп	[dop]
pass (de)	пас	[pas]
schot (het), schop (de)	соғу	[soɣu]
schieten (de bal ~)	соққы беру	[soqqi beru]
vrije schop (directe ~)	айыптық ұру	[ajɪptiq uru]
hoekschop, corner (de)	бұрыштан соғу	[buriʃtan soɣu]

aanval (de)	шабуыл	[ʃabuil]
tegenaanval (de)	қарсы шабуыл	[qarsɪ ʃabuil]
combinatie (de)	қисындастыру	[qɪsɪndastiru]

scheidsrechter (de)	төреші	[tøreʃi]
fluiten (ww)	ысқыру	[isqiru]
fluitsignaal (het)	ысқырық	[isqiriq]
overtreding (de)	бұзылыс	[buzilis]
een overtreding maken	бұзу	[buzu]
uit het veld te sturen	алаңнан шығару	[alaŋan ʃiɣaru]

gele kaart (de)	сары карточка	[sarɪ kartotʃka]
rode kaart (de)	қызыл карточка	[qizil kartotʃka]
diskwalificatie (de)	дисквалификация	[dɪskvalɪfɪkatsɪja]
diskwalificeren (ww)	дисквалификациялау	[dɪskvalɪfɪkatsɪjalau]

strafschop, penalty (de)	пенальти	[penalʲtɪ]
muur (de)	қатар	[qatar]
scoren (ww)	ұрып енгізу	[urip engizu]
goal (de), doelpunt (het)	гол	[gol]
een goal scoren	голты кіргізу	[golti kirgizu]

vervanging (de)	ауыстыру	[awistiru]
vervangen (ov.ww.)	ауыстыру	[awistiru]
regels (mv.)	ережелер	[ereʒeler]
tactiek (de)	тактика	[taktɪka]

| stadion (het) | стадион | [stadɪon] |
| tribune (de) | трибуна | [trɪbuna] |

fan, supporter (de)	жан күйер	[ʒan küjer]
schreeuwen (ww)	айқайлау	[ajqajlau]
scorebord (het)	табло	[tablo]
stand (~ is 3-1)	есеп	[esep]
nederlaag (de)	жеңілу	[ʒeŋilu]
verliezen (ww)	жеңілу	[ʒeŋilu]
gelijkspel (het)	тең ойын	[teŋ ojin]
in gelijk spel eindigen	теңойнау	[teŋojnau]
overwinning (de)	жеңіс	[ʒeŋis]
overwinnen (ww)	жеңу	[ʒeŋu]
kampioen (de)	чемпион	[tʃempion]
best (bn)	жақсысы	[ʒaqsisi]
feliciteren (ww)	құттықтау	[quttiqtau]
commentator (de)	комментатор	[kommentator]
becommentariëren (ww)	түсінік беру	[tusinik beru]
uitzending (de)	трансляция	[transljatsija]

137. Alpine skiën

ski's (mv.)	шаңғы	[ʃaŋɣi]
skiën (ww)	шаңғы тебу	[ʃaŋɣi tebu]
skigebied (het)	тау шаңғысы курорты	[taw ʃaŋɣisi kurorti]
skilift (de)	көтергіш	[køtergiʃ]
skistokken (mv.)	таяқтар	[tajaqtar]
helling (de)	еңіс	[eŋis]
slalom (de)	слалом	[slalom]

138. Tennis. Golf

golf (het)	гольф	[golʲf]
golfclub (de)	гольф-клубы	[golʲf klubi]
golfer (de)	гольф ойыншысы	[golʲf ojinʃisi]
hole (de)	шұңқыр	[ʃuŋqir]
golfclub (de)	доп таяқ	[dop tajaq]
trolley (de)	доп таяқтар үшін арба	[dop tajaqtar üʃin arba]
tennis (het)	теннис	[tenis]
tennisveld (het)	корт	[kort]
opslag (de)	беру	[beru]
serveren, opslaan (ww)	беру	[beru]
racket (het)	ракетка	[raketka]
net (het)	сетка	[sɛtkɐ]
bal (de)	доп	[dop]

139. Schaken

schaak (het)	шахмат	[ʃahmat]
schaakstukken (mv.)	шахмат	[ʃahmat]
schaker (de)	шахматшы	[ʃahmatʃi]
schaakbord (het)	шахмат тақтасы	[ʃahmat taqtasi]
schaakstuk (het)	фигура	[fɪgura]
witte stukken (mv.)	ақ	[aq]
zwarte stukken (mv.)	қара	[qara]
pion (de)	пешка	[peʃka]
loper (de)	піл	[pil]
paard (het)	ат	[at]
toren (de)	тура	[tura]
dame, koningin (de)	ферзь	[ferzⁱ]
koning (de)	патша	[patʃa]
zet (de)	жүріс	[ʒʉris]
zetten (ww)	жүру	[ʒʉru]
opofferen (ww)	қию	[qɪju]
rokade (de)	рокировка	[rokɪrovka]
schaak (het)	шах	[ʃah]
schaakmat (het)	мат	[mat]
schaakwedstrijd (de)	шахмат турнирі	[ʃahmat turnɪri]
grootmeester (de)	гроссмейстер	[grossmejster]
combinatie (de)	қисындастыру	[qɪsindastiru]
partij (de)	партия	[partɪja]
dammen (de)	дойбы	[dojbi]

140. Boksen

boksen (het)	бокс	[boks]
boksgevecht (het)	айқас	[ajqas]
bokswedstrijd (de)	жекпе-жек	[ʒekpe ʒek]
ronde (de)	раунд	[raund]
ring (de)	ринг	[rɪng]
gong (de)	гонг	[gong]
stoot (de)	соққы	[soqqi]
knock-down (de)	нокдаун	[nokdaun]
knock-out (de)	нокаут	[nokaut]
knock-out slaan (ww)	нокаут жасау	[nokaut ʒasau]
bokshandschoen (de)	боксшы қолғабы	[boksʃi qolɣabi]
referee (de)	ойынның төрешілері	[ojiniŋ tøreʃileri]
lichtgewicht (het)	жеңіл салмақ	[ʒeŋil salmaq]
middengewicht (het)	орта салмақ	[orta salmaq]
zwaargewicht (het)	ауыр салмақ	[awir salmaq]

141. Sporten. Diversen

Olympische Spelen (mv.)	олимпиялық ойындар	[olɪmpɪjaliq ojɪndar]
winnaar (de)	жеңімпаз	[ʒeŋimpaz]
overwinnen (ww)	жеңу	[ʒeŋu]
winnen (ww)	ұту	[ʊtu]
leider (de)	жетекші	[ʒetekʃi]
leiden (ww)	озу	[ozu]
eerste plaats (de)	бірінші орын	[birinʃi orin]
tweede plaats (de)	екінші орын	[ekinʃi orin]
derde plaats (de)	үшінші орын	[ʉʃinʃi orin]
medaille (de)	медаль	[medalʲ]
trofee (de)	олжа	[olʒa]
beker (de)	кубок	[kubok]
prijs (de)	жүлде	[ʒʉlde]
hoofdprijs (de)	бас жүлде	[bas ʒʉlde]
record (het)	рекорд	[rekord]
een record breken	рекорд жасау	[rekord ʒasau]
finale (de)	финал	[fɪnal]
finale (bn)	финалдық	[fɪnaldiq]
kampioen (de)	чемпион	[ʧempɪon]
kampioenschap (het)	чемпионат	[ʧempɪonat]
stadion (het)	стадион	[stadɪon]
tribune (de)	трибуна	[trɪbuna]
fan, supporter (de)	жанкүйер	[ʒankʉjer]
tegenstander (de)	қарсылас	[qarsilas]
start (de)	старт	[start]
finish (de)	финиш	[fɪnɪʃ]
nederlaag (de)	жығылыс	[ʒɪɣilis]
verliezen (ww)	жеңілу	[ʒeŋilu]
rechter (de)	төреші	[tøreʃi]
jury (de)	қазылар алқасы	[qazilar alqasi]
stand (~ is 3-1)	есеп	[esep]
gelijkspel (het)	тең түсу	[teŋ tusu]
in gelijk spel eindigen	тең ойнау	[teŋ ojnau]
punt (het)	ұпай	[ʊpaj]
uitslag (de)	нәтиже	[nætɪʒe]
pauze (de)	үзіліс	[ʉzilis]
doping (de)	допинг	[dopɪng]
straffen (ww)	айып салу	[ajip salu]
diskwalificeren (ww)	дисквалифицилау	[dɪskvalɪfɪtsilau]
toestel (het)	снаряд	[snarjad]
speer (de)	найза	[najza]

| kogel (de) | ядро | [jadro] |
| bal (de) | шар | [ʃar] |

doel (het)	нысана	[nisana]
schietkaart (de)	нысана	[nisana]
schieten (ww)	ату	[atu]
precies (bijv. precieze schot)	дәл	[dæl]

trainer, coach (de)	жаттықтырушы	[ʒattiqtiruʃi]
trainen (ww)	жаттықтыру	[ʒattiqtiru]
zich trainen (ww)	жаттығу	[ʒattiɣu]
training (de)	жаттықтыру	[ʒattiqtiru]

gymnastiekzaal (de)	спорт залы	[sport zali]
oefening (de)	жаттығу	[ʒattiɣu]
opwarming (de)	бой жазу	[boj ʒazu]

Onderwijs

142. School

school (de)	мектеп	[mektep]
schooldirecteur (de)	мектеп директоры	[mektep dırektori]
leerling (de)	оқушы	[oquʃi]
leerlinge (de)	оқушы	[oquʃi]
scholier (de)	мектеп оқушысы	[mektep oquʃisi]
scholiere (de)	мектеп оқушысы	[mektep oquʃisi]
leren (lesgeven)	оқыту	[oqitu]
studeren (bijv. een taal ~)	оқу	[oqu]
van buiten leren	жаттап алу	[ʒattap alu]
leren (bijv. ~ tellen)	үйрену	[ʉjrenu]
in school zijn	оқу	[oqu]
(schooljongen zijn)		
naar school gaan	мектепке бару	[mektepke baru]
alfabet (het)	алфавит	[alfavit]
vak (schoolvak)	пән	[pæn]
klaslokaal (het)	сынып	[sinip]
les (de)	сабақ	[sabaq]
pauze (de)	үзіліс	[ʉzilis]
bel (de)	қоңырау	[qoŋirau]
schooltafel (de)	парта	[parta]
schoolbord (het)	тақта	[taqta]
cijfer (het)	баға	[baɣa]
goed cijfer (het)	жақсы баға	[ʒaksi baɣa]
slecht cijfer (het)	жаман баға	[ʒaman baɣa]
een cijfer geven	баға қою	[baɣa qoju]
fout (de)	қате	[qate]
fouten maken	қате жасау	[qate ʒasau]
corrigeren (fouten ~)	дұрыстау	[duristau]
spiekbriefje (het)	шпаргалка	[ʃpargalka]
huiswerk (het)	үй тапсырмасы	[ʉj tapsirmasi]
oefening (de)	жаттығу	[ʒattiɣu]
aanwezig zijn (ww)	қатысу	[qatisu]
absent zijn (ww)	келмеу	[kelmeu]
school verzuimen	сабаққа бармау	[sabaqqa barmau]
bestraffen (een stout kind ~)	жазалау	[ʒazalau]
bestraffing (de)	жазалау	[ʒazalau]

gedrag (het)	мінез-құлық	[minez quliq]
cijferlijst (de)	күнделік	[kundelik]
potlood (het)	қарындаш	[qarindaʃ]
gom (de)	өшіргіш	[øʃirgiʃ]
krijt (het)	бор	[bor]
pennendoos (de)	қаламсауыт	[qalamsawit]

boekentas (de)	портфель	[portfelʲ]
pen (de)	қалам	[qalam]
schrift (de)	дәптер	[dæpter]
leerboek (het)	оқулық	[oquliq]
passer (de)	циркуль	[tsɪrkulʲ]

| technisch tekenen (ww) | сызу | [sizu] |
| technische tekening (de) | сызба | [sizba] |

gedicht (het)	өлең	[øleŋ]
van buiten (bw)	жатқа	[ʒatqa]
van buiten leren	жаттап алу	[ʒattap alu]

vakantie (de)	демалыс	[demalis]
met vakantie zijn	каникулда болу	[kanıkulda bolu]
vakantie doorbrengen	каникулды өткізу	[kanıkuldi øtkizu]

toets (schriftelijke ~)	бақылау жұмысы	[baqilau ʒumisi]
opstel (het)	шығарма	[ʃiɣarma]
dictee (het)	жат жазу	[ʒat ʒazu]
examen (het)	емтихан	[emtıhan]
examen afleggen	емтихан тапсыру	[emtıhan tapsiru]
experiment (het)	тәжірибе	[tæʒırıbe]

143. Hogeschool. Universiteit

academie (de)	академия	[akademıja]
universiteit (de)	университет	[unıversıtet]
faculteit (de)	факультет	[fakulʲtet]

student (de)	студент	[student]
studente (de)	студент	[student]
leraar (de)	оқытушы	[oqituʃi]

| collegezaal (de) | дәрісхана | [dærishana] |
| afgestudeerde (de) | бітіруші | [bitiruʃi] |

| diploma (het) | диплом | [dıplom] |
| dissertatie (de) | диссертация | [dıssertatsıja] |

| onderzoek (het) | зерттеу | [zertteu] |
| laboratorium (het) | зертхана | [zerthana] |

college (het)	дәріс	[dæris]
medestudent (de)	курстас	[kurstas]
studiebeurs (de)	оқуақы	[oquaqi]
academische graad (de)	ғылыми дәреже	[ɣilimı dæreʒe]

144. Wetenschappen. Disciplines

wiskunde (de)	математика	[matematıka]
algebra (de)	алгебра	[algebra]
meetkunde (de)	геометрия	[geometrıja]

astronomie (de)	астрономия	[astronomıja]
biologie (de)	биология	[bıologıja]
geografie (de)	география	[geografıja]
geologie (de)	геология	[geologıja]
geschiedenis (de)	тарих	[tarıh]

geneeskunde (de)	медицина	[medıtsına]
pedagogiek (de)	педагогика	[pedagogıka]
rechten (mv.)	құқық	[quqiq]

fysica, natuurkunde (de)	физика	[fızıka]
scheikunde (de)	химия	[hımıja]
filosofie (de)	даналықтану	[danaliqtanu]
psychologie (de)	психология	[psıhologıja]

145. Schrift. Spelling

grammatica (de)	грамматика	[grammatıka]
vocabulaire (het)	лексика	[leksıka]
fonetiek (de)	фонетика	[fonetıka]

zelfstandig naamwoord (het)	зат есім	[zat esim]
bijvoeglijk naamwoord (het)	сын есім	[sin esim]
werkwoord (het)	етістік	[etistik]
bijwoord (het)	үстеу	[ʉsteu]

voornaamwoord (het)	есімдік	[esimdik]
tussenwerpsel (het)	одағай	[odaɣaj]
voorzetsel (het)	сылтау	[siltau]

stam (de)	сөз түбірі	[søz tʉbiri]
achtervoegsel (het)	жалғау	[ʒalɣau]
voorvoegsel (het)	тіркеу	[tirkeu]
lettergreep (de)	буын	[buin]
achtervoegsel (het)	жұрнақ	[ʒʊrnaq]

| nadruk (de) | екпін | [ekpin] |
| afkappingsteken (het) | дәйекше | [dæjekʃe] |

punt (de)	нүкте	[nʉkte]
komma (de/het)	үтір	[ʉtir]
puntkomma (de)	нүктелі үтір	[nʉkteli ʉtir]
dubbelpunt (de)	қос нүкте	[qos nʉkte]
beletselteken (het)	көп нүкте	[køp nʉkte]

| vraagteken (het) | сұрау белгісі | [surau belgisi] |
| uitroepteken (het) | леп белгісі | [lep belgisi] |

aanhalingstekens (mv.)	тырнақша	[tirnaqʃa]
tussen aanhalingstekens (bw)	тырнақша ішінде	[tirnaqʃa iʃinde]
haakjes (mv.)	жақша	[ʒaqʃa]
tussen haakjes (bw)	жақша ішінде	[ʒaqʃa iʃinde]

streepje (het)	сызықша	[siziqʃa]
gedachtestreepje (het)	сызықша	[siziqʃa]
spatie	бос жер	[bos ʒer]
(~ tussen twee woorden)		

| letter (de) | әріп | [ærip] |
| hoofdletter (de) | үлкен әріп | [ʉlken ærip] |

| klinker (de) | дауысты дыбыс | [dawisti dibis] |
| medeklinker (de) | дауыссыз дыбыс | [dawissiz dibis] |

zin (de)	сөйлем	[søjlem]
onderwerp (het)	бастауыш	[bastawiʃ]
gezegde (het)	баяндауыш	[bajandawiʃ]

regel (in een tekst)	жол	[ʒol]
op een nieuwe regel (bw)	жаңа жолдан	[ʒaŋa ʒoldan]
alinea (de)	азатжол	[azatʒol]

woord (het)	сөз	[søz]
woordgroep (de)	сөз тіркесі	[søz tirkesi]
uitdrukking (de)	сөйлемше	[søjlemʃæ]
synoniem (het)	синоним	[sınonım]
antoniem (het)	антоним	[antonım]

regel (de)	ереже	[ereʒe]
uitzondering (de)	ерекшелік	[erekʃælik]
correct (bijv. ~e spelling)	дұрыс	[dʉris]

vervoeging, conjugatie (de)	жіктеу	[ʒikteu]
verbuiging, declinatie (de)	септеу	[septeu]
naamval (de)	септік	[septik]
vraag (de)	сұрақ	[sʉraq]
onderstrepen (ww)	астың сызып қою	[astıŋ sizip qoju]
stippellijn (de)	нүкте сызық	[nʉkte siziq]

146. Vreemde talen

taal (de)	тіл	[til]
vreemd (bn)	шетелдік	[ʃæteldik]
vreemde taal (de)	зерттеу	[zertteu]
leren (bijv. van buiten ~)	үйрену	[ʉjrenu]

lezen (ww)	оқу	[oqu]
spreken (ww)	сөйлеу	[søjleu]
begrijpen (ww)	түсіну	[tʉsinu]
schrijven (ww)	жазу	[ʒazu]
snel (bw)	тез	[tez]
langzaam (bw)	баяу	[bajau]

vloeiend (bw)	еркін	[erkin]
regels (mv.)	ережелер	[ereʒeler]
grammatica (de)	грамматика	[grammatıka]
vocabulaire (het)	лексика	[leksıka]
fonetiek (de)	фонетика	[fonetıka]
leerboek (het)	окулық	[okuliq]
woordenboek (het)	сөздік	[søzdik]
leerboek (het) voor zelfstudie	өздігінен үйреткіш	[øzdiginen ɯjretkiʃ]
taalgids (de) .	тілашар	[tilaʃar]
cassette (de)	кассета	[kasseta]
videocassette (de)	бейнетаспа	[bejnetaspa]
CD (de)	CD, компакт-дискі	[si di], [kompakt dıski]
DVD (de)	DVD	[dividi]
alfabet (het)	алфавит	[alfavıt]
spellen (ww)	әріптер бойынша айту	[æripter bojinʃa ajtu]
uitspraak (de)	айтылыс	[ajtilis]
accent (het)	акцент	[aktsent]
met een accent (bw)	акцентпен	[aktsentpen]
zonder accent (bw)	акцентсіз	[aktsentsiz]
woord (het)	сөз	[søz]
betekenis (de)	мағына	[maɣina]
cursus (de)	курстар	[kurstar]
zich inschrijven (ww)	жазылу	[ʒazilu]
leraar (de)	оқытушы	[oqituʃi]
vertaling (een ~ maken)	аудару	[audaru]
vertaling (tekst)	аударма	[audarma]
vertaler (de)	аударушы	[audaruʃi]
tolk (de)	аударушы	[audaruʃi]
polyglot (de)	көп тіл білгіш	[køp til bilgiʃ]
geheugen (het)	ес	[es]

147. Sprookjesfiguren

Sinterklaas (de)	Санта Клаус	[santa klaus]
Assepoester (de)	Золушка	[zoluʃka]
zeemeermin (de)	су перісі	[su perisi]
Neptunus (de)	Нептун	[neptun]
magiër, tovenaar (de)	сиқыршы	[sıqırʃi]
goede heks (de)	сиқыршы	[sıqırʃi]
magisch (bn)	сиқырлы	[sıqirli]
toverstokje (het)	арбауыш таяқ	[arbawiʃ tajaq]
sprookje (het)	ертегі	[ertegi]
wonder (het)	ғаламат	[ɣalamat]
dworg (de)	гном	[gnom]

veranderen in ... (anders worden)	айналып кету ...	[ajnalip ketu]
geest (de)	елес	[eles]
spook (het)	елес	[eles]
monster (het)	құбыжық	[qʊbiӡiq]
draak (de)	айдаһар	[ajdahar]
reus (de)	алып	[alip]

148. Dierenriem

Ram (de)	Қой	[qoj]
Stier (de)	Торпақ	[torpaq]
Tweelingen (mv.)	Зауза	[zauza]
Kreeft (de)	Шаян	[ʃajan]
Leeuw (de)	Арыстан	[aristan]
Maagd (de)	Бикеш	[bɪkeʃ]

Weegschaal (de)	Таразы	[tarazi]
Schorpioen (de)	Шаян	[ʃajan]
Boogschutter (de)	Садақшы	[sadaqʃi]
Steenbok (de)	Ешкімүйіз	[eʃkimүjiz]
Waterman (de)	Дәлу	[dælu]
Vissen (mv.)	Балық	[baliq]

karakter (het)	мінез-құлық	[minez qʊliq]
karaktertrekken (mv.)	мінез ерекшеліктері	[minez erekʃælikteri]
gedrag (het)	тәлім	[tælim]
waarzeggen (ww)	бал ашу	[bal aʃu]
waarzegster (de)	балгер	[balger]
horoscoop (de)	жұлдыз жорамалы	[ӡʊldiz ӡoramali]

Kunst

149. Theater

theater (het)	театр	[teatr]
opera (de)	опера	[opera]
operette (de)	оперетта	[operetta]
ballet (het)	балет	[balet]
affiche (de/het)	жарқағаз	[ʒarqaɣaz]
theatergezelschap (het)	труппа	[truppa]
tournee (de)	гастроль	[gastrolʲ]
op tournee zijn	гастрольде жүру	[gastrolʲde ʒuru]
repeteren (ww)	дайындау	[dajindau]
repetitie (de)	репетиция	[repetɪtsɪja]
repertoire (het)	репертуар	[repertuar]
voorstelling (de)	көрініс	[kørinis]
spektakel (het)	спектакль	[spektaklʲ]
toneelstuk (het)	пьеса	[pʲesa]
biljet (het)	билет	[bɪlet]
kassa (de)	билет кассасы	[bɪlet kassasi]
foyer (de)	холл	[holl]
garderobe (de)	гардероб	[garderob]
garderobe nummer (het)	нөмір	[nømir]
verrekijker (de)	дүрбі	[durbi]
plaatsaanwijzer (de)	бақылаушы	[baqilauʃi]
parterre (de)	партер	[parter]
balkon (het)	балкон	[balkon]
gouden rang (de)	бельэтаж	[belʲætaʒ]
loge (de)	ложа	[loʒa]
rij (de)	қатар	[qatar]
plaats (de)	орын	[orin]
publiek (het)	жұрт	[ʒurt]
kijker (de)	көрермен	[kørermen]
klappen (ww)	қол шапалақтау	[qol ʃapalaqtau]
applaus (het)	қол шапалақтау	[qol ʃapalaqtau]
ovatie (de)	қол шапалақтау	[qol ʃapalaqtau]
toneel (op het ~ staan)	сахна	[sahna]
gordijn, doek (het)	шымылдық	[ʃimildiq]
toneeldecor (het)	декорация	[dekoratsɪja]
backstage (de)	ықтырма	[iqtirma]
scène (de)	көрініс	[kørinis]
bedrijf (het)	акт	[akt]
pauze (de)	антракт	[antrakt]

150. Bioscoop

acteur (de)	актер	[aktør]
actrice (de)	актриса	[aktrısa]
bioscoop (de)	кино	[kıno]
speelfilm (de)	кино	[kıno]
aflevering (de)	серия	[serıja]
detectivefilm (de)	детектив	[detektıv]
actiefilm (de)	боевик	[boevık]
avonturenfilm (de)	қызық оқиғалы фильм	[qiziq oqiɣali fılʲm]
sciencefictionfilm (de)	қиялдыфильм	[qıjaldifılʲm]
griezelfilm (de)	қорқыныш фильм	[qorqiniʃ fılʲm]
komedie (de)	кинокомедия	[kınokomedıja]
melodrama (het)	мелодрама	[melodrama]
drama (het)	драма	[drama]
speelfilm (de)	көркем фильм	[kørkem fılʲm]
documentaire (de)	деректі фильм	[derekti fılʲm]
tekenfilm (de)	мультфильм	[mulʲtfılʲm]
stomme film (de)	дыбыссыз кино	[dibissiz kıno]
rol (de)	рөл	[røl]
hoofdrol (de)	бас рөлі	[bas røli]
spelen (ww)	ойнау	[ojnau]
filmster (de)	кино жұлдызы	[kıno ʒuldizi]
bekend (bn)	әйгілі	[æjgili]
beroemd (bn)	атақты	[ataqti]
populair (bn)	әйгілі	[æjgili]
scenario (het)	сценарий	[stsænarıj]
scenarioschrijver (de)	сценарист	[stsænarıst]
regisseur (de)	режиссер	[reʒıssør]
filmproducent (de)	продюсер	[prodjuser]
assistent (de)	ассистент	[assıstent]
cameraman (de)	оператор	[operator]
stuntman (de)	каскадер	[kaskadør]
een film maken	фильм түсіру	[fılʲm tusiru]
auditie (de)	сынама	[sinama]
opnamen (mv.)	түсіру	[tusiru]
filmploeg (de)	түсіру тобы	[tusiru tobi]
filmset (de)	түсіру алаңы	[tusiru alaŋi]
filmcamera (de)	кинокамера	[kınokamera]
bioscoop (de)	кинотеатр	[kınoteatr]
scherm (het)	экран	[ɛkran]
een film vertonen	фильм көрсету	[fılʲm kørsetu]
geluidsspoor (de)	дыбыс жолы	[dibis ʒoli]
speciale effecten (mv.)	арнаулы эффектер	[arnauli ɛffekter]
ondertiteling (de)	субтитрлер	[subtıtrler]

| voortiteling, aftiteling (de) | титрлер | [tıtrler] |
| vertaling (de) | аудармa | [audarma] |

151. Schilderij

kunst (de)	өнер	[øner]
schone kunsten (mv.)	әсем өнерлер	[æsem ønerler]
kunstgalerie (de)	галерея	[galereja]
kunsttentoonstelling (de)	суреттер көрмесі	[suretter kørmesi]

schilderkunst (de)	сурет өнері	[suret øneri]
grafiek (de)	графика	[grafıka]
abstracte kunst (de)	абстракционизм	[abstraktsıonızm]
impressionisme (het)	импрессионизм	[ımpressıonızm]

schilderij (het)	сурет	[suret]
tekening (de)	сурет	[suret]
poster (de)	плакат	[plakat]

illustratie (de)	суреттеме	[suretteme]
miniatuur (de)	миниатюра	[mınıatjura]
kopie (de)	көшірме	[køʃirme]
reproductie (de)	көшірім	[køʃirim]

mozaïek (het)	мозаика	[mozaıka]
gebrandschilderd glas (het)	витраж	[vıtraʒ]
fresco (het)	фреска	[freska]
gravure (de)	беземе	[bezeme]

buste (de)	кеуіт	[kewit]
beeldhouwwerk (het)	мүсін	[mʉsin]
beeld (bronzen ~)	мүсін	[mʉsin]
gips (het)	гипс	[gıps]
gipsen (bn)	гипстен	[gıpsten]

portret (het)	портрет	[portret]
zelfportret (het)	автопортрет	[avtoportret]
landschap (het)	пейзаж	[pejzaʒ]
stilleven (het)	натюрморт	[natjurmort]
karikatuur (de)	карикатура	[karıkatura]
schets (de)	нобай	[nobaj]

verf (de)	бояу	[bojau]
aquarel (de)	акварель	[akvarelʲ]
olieverf (de)	май	[maj]
potlood (het)	қарындаш	[qarındaʃ]
Oost-Indische inkt (de)	тушь	[tuʃ]
houtskool (de)	көмір	[kømir]

tekenen (met krijt)	сурет салу	[suret salu]
poseren (ww)	бір қалыптан қозғалмау	[bir qaliptan qozɣalmau]
naaktmodel (man)	натуршы	[naturʃı]
naaktmodel (vrouw)	натуршы	[naturʃı]
kunstenaar (de)	суретші	[suretʃi]

kunstwerk (het)	шығарма	[ʃiɣarma]
meesterwerk (het)	біртума	[birtuma]
studio, werkruimte (de)	шеберхана	[ʃæberhana]

schildersdoek (het)	кенеп	[kenep]
schildersezel (de)	мольберт	[molʲbert]
palet (het)	бояу тақтайша	[bojau taqtajʃa]

lijst (een vergulde ~)	жақтау	[ʒaqtau]
restauratie (de)	қалпына келтіру	[qalpina keltiru]
restaureren (ww)	қалпына келтіру	[qalpina keltiru]

152. Literatuur & Poëzie

literatuur (de)	әдебиет	[ædebıet]
auteur (de)	автор	[avtor]
pseudoniem (het)	бүркеншік ат	[burkenʃik at]

boek (het)	кітап	[kitap]
boekdeel (het)	том	[tom]
inhoudsopgave (de)	мазмұны	[mazmʊni]
pagina (de)	бет	[bet]
hoofdpersoon (de)	бас кейіпкер	[bas kejipker]
handtekening (de)	қолтаңба	[qoltaŋba]

verhaal (het)	әңгіме	[æŋgime]
novelle (de)	повесть	[povestʲ]
roman (de)	роман	[roman]
werk (literatuur)	шығарма	[ʃiɣarma]
fabel (de)	мысал	[misal]
detectiveroman (de)	детектив	[detektıv]

gedicht (het)	өлең	[øleŋ]
poëzie (de)	поэзия	[poɛzija]
epos (het)	дастан	[dastan]
dichter (de)	ақын	[aqin]

fictie (de)	беллетристика	[belletrıstıka]
sciencefiction (de)	ғылыми фантастика	[ɣilimi fantastıka]
avonturenroman (de)	қызық оқиғалар	[qiziq oqiɣalar]
opvoedkundige literatuur (de)	оқу әдебиеті	[oqu ædebıeti]
kinderliteratuur (de)	балалар әдебиеті	[balalar ædebıeti]

153. Circus

circus (de/het)	цирк	[tsırk]
chapiteau circus (de/het)	цирк-шапито	[tsırk ʃapıto]
programma (het)	бағдарлама	[baɣdarlama]
voorstelling (de)	көрініс	[kørinis]

| nummer (circus ~) | нөмір | [nømir] |
| arena (de) | арена | [arena] |

345678903456

| pantomime (de) | пантомима | [pantomıma] |
| clown (de) | клоун | [kloun] |

acrobaat (de)	акробат	[akrobat]
acrobatiek (de)	акробатика	[akrobatıka]
gymnast (de)	гимнаст	[gımnast]
gymnastiek (de)	гимнастика	[gımnastıka]
salto (de)	сальто	[salʲto]

sterke man (de)	атлет	[atlet]
temmer (de)	жуасытушы	[ʒuasıtuʃi]
ruiter (de)	атбегі	[atbegi]
assistent (de)	ассистент	[assıstent]

stunt (de)	трюк	[trjuk]
goocheltruc (de)	фокус	[fokus]
goochelaar (de)	сиқыршы	[sıqirʃi]

jongleur (de)	жонглер	[ʒonglør]
jongleren (ww)	жонглерлік ету	[ʒonglerlik etu]
dierentrainer (de)	үйретуші	[ʉjretuʃi]
dressuur (de)	үйрету	[ʉjretu]
dresseren (ww)	үйрету	[ʉjretu]

154. Muziek. Popmuziek

muziek (de)	музыка	[muzika]
muzikant (de)	сырнайшы	[sirnajʃi]
muziekinstrument (het)	музыкалық аспап	[muzikaliq aspap]
spelen (bijv. gitaar ~)	ойнау ...	[ojnau]

gitaar (de)	гитар	[gıtar]
viool (de)	скрипка	[skrıpka]
cello (de)	виолончель	[vıolontʃelʲ]
contrabas (de)	контрабас	[kontrabas]
harp (de)	арфа	[arfa]

piano (de)	пианино	[pıanıno]
vleugel (de)	рояль	[rojalʲ]
orgel (het)	орган	[organ]

blaasinstrumenten (mv.)	үрмелі аспаптар	[ʉrmeli aspaptar]
hobo (de)	гобой	[goboj]
saxofoon (de)	саксофон	[saksofon]
klarinet (de)	кларнет	[klarnet]
fluit (de)	флейта	[flejta]
trompet (de)	керней	[kernej]

| accordeon (de/het) | аккордеон | [akkordeon] |
| trommel (de) | дағыра | [daɣira] |

duet (het)	дуэт	[duɛt]
trio (het)	үштік	[ʉʃtik]
kwartet (het)	квартет	[kvartet]

| koor (het) | хор | [hor] |
| orkest (het) | оркестр | [orkestr] |

popmuziek (de)	поп-музыка	[pop muzika]
rockmuziek (de)	рок-музыка	[rok muzika]
rockgroep (de)	рок-топ	[rok top]
jazz (de)	джаз	[dʒaz]

| idool (het) | пір | [pir] |
| bewonderaar (de) | табынушы | [tabinuʃi] |

concert (het)	концерт	[kontsert]
symfonie (de)	симфония	[sɪmfonija]
compositie (de)	шығарма	[ʃɨɣarma]
componeren (muziek ~)	жазу	[ʒazu]

zang (de)	ән айту	[æn ajtu]
lied (het)	ән	[æn]
melodie (de)	әуен	[æwen]
ritme (het)	ырғақ	[irɣaq]
blues (de)	блюз	[bljuz]

bladmuziek (de)	ноталар	[notalar]
dirigeerstok (baton)	дирижер таяқшасы	[dırıʒor tajaqʃasi]
strijkstok (de)	ысқы	[isqi]
snaar (de)	ішек	[iʃæk]
koffer (de)	қын	[qin]

Rusten. Entertainment. Reizen

155. Trip. Reizen

toerisme (het)	туризм	[turızm]
toerist (de)	турист	[turıst]
reis (de)	саяхат	[sajahat]
avontuur (het)	оқиға	[oqıɣa]
tocht (de)	сапар	[sapar]
vakantie (de)	демалыс	[demalis]
met vakantie zijn	демалыста болу	[demalısta bolu]
rust (de)	демалу	[demalu]
trein (de)	пойыз	[pojiz]
met de trein	пойызбен	[pojizben]
vliegtuig (het)	ұшақ	[uʃaq]
met het vliegtuig	ұшақпен	[uʃaqpen]
met de auto	автомобильде	[avtomobılʲde]
per schip (bw)	кемеде	[kemede]
bagage (de)	жолжүк	[ʒolʒʉk]
valies (de)	шабадан	[ʃabadan]
bagagekarretje (het)	жүкке арналған арбаша	[ʒʉkke arnalɣan arbaʃa]
paspoort (het)	паспорт	[pasport]
visum (het)	виза	[vıza]
kaartje (het)	билет	[bılet]
vliegticket (het)	авиабилет	[avıabılet]
reisgids (de)	жол көрсеткіш	[ʒol kørsetkiʃ]
kaart (de)	карта	[karta]
gebied (landelijk ~)	атырап	[atirap]
plaats (de)	мекен	[meken]
exotische bestemming (de)	экзотика	[ɛkzotıka]
exotisch (bn)	экзотикалық	[ɛkzotıkalıq]
verwonderlijk (bn)	таңғажайып	[taŋɣaʒajip]
groep (de)	группа	[gruppa]
rondleiding (de)	экскурсия	[ɛkskursıja]
gids (de)	экскурсия жетекшісі	[ɛkskursıja ʒetekʃisi]

156. Hotel

hotel (het)	қонақ үй	[qonaq ʉj]
motel (het)	мотель	[motɛlʲ]
3-sterren	үш жұлдыз	[ʉʃ ʒʉldiz]

5-sterren	бес жұлдыз	[bes ʒuldɪz]
overnachten (ww)	тоқтау	[toqtau]
kamer (de)	нөмір	[nømir]
eenpersoonskamer (de)	бір адамдықнөмір	[bir adamdɪqnømir]
tweepersoonskamer (de)	екі адамдық нөмір	[eki adamdɪq nømir]
een kamer reserveren	нөмірді броньдау	[nømirdi bronʲdau]
halfpension (het)	жартылай пансион	[ʒartilaj pansɪon]
volpension (het)	толық пансион	[toliq pansɪon]
met badkamer	ваннамен	[vanamen]
met douche	душпен	[duʃpen]
satelliet-tv (de)	спутник теледидары	[sputnɪk teledɪdari]
airconditioner (de)	кондиционер	[kondɪtsɪoner]
handdoek (de)	орамал	[oramal]
sleutel (de)	кілт	[kilt]
administrateur (de)	әкімші	[ækimʃi]
kamermeisje (het)	қызметші әйел	[qizmetʃi æjel]
piccolo (de)	жүкші	[ʒukʃi]
portier (de)	портье	[portʲe]
restaurant (het)	мейрамхана	[mejramhana]
bar (de)	бар	[bar]
ontbijt (het)	ертеңгілік тамақ	[erteŋgilik tamaq]
avondeten (het)	кешкі тамақ	[keʃki tamaq]
buffet (het)	шведтік үстел	[ʃvedtiq ustel]
hal (de)	вестибюль	[vestɪbjulʲ]
lift (de)	жеделсаты	[ʒedelsati]
NIET STOREN	МАЗАЛАМАУ	[mazalamau]
VERBODEN TE ROKEN!	ТЕМЕКІ ТАРТПАУ	[temeki tartpau]

157. Boeken. Lezen

boek (het)	кітап	[kitap]
auteur (de)	автор	[avtor]
schrijver (de)	жазушы	[ʒazuʃi]
schrijven (een boek)	жазу	[ʒazu]
lezer (de)	оқырман	[oqirman]
lezen (ww)	оқу	[oqu]
lezen (het)	оқылым	[oqilim]
stil (~ lezen)	ішінен оқу	[iʃinen oqu]
hardop (~ lezen)	дауыстап	[dawistap]
uitgeven (boek ~)	басып шығару	[basip ʃiɣaru]
uitgeven (het)	басылым	[basilim]
uitgever (de)	баспашы	[baspaʃi]
uitgeverij (de)	баспа	[baspa]
verschijnen (bijv. boek)	шығу	[ʃiɣu]

| verschijnen (het) | шығуы | [ʃiɣui] |
| oplage (de) | таралым | [taralim] |

| boekhandel (de) | кітап дүкені | [kitap dʉkeni] |
| bibliotheek (de) | кітапхана | [kitaphana] |

novelle (de)	повесть	[povestⁱ]
verhaal (het)	әңгіме	[æŋgime]
roman (de)	роман	[roman]
detectiveroman (de)	детектив	[detektɪv]

memoires (mv.)	ғұмырнама	[ɣʉmirnama]
legende (de)	аңыз	[aŋiz]
mythe (de)	миф	[mɪf]

gedichten (mv.)	өлеңдер	[øleŋder]
autobiografie (de)	өмірбаян	[ømirbajan]
bloemlezing (de)	таңдамалы	[taŋdamalɪ]
sciencefiction (de)	фантастика	[fantastɪka]

naam (de)	аталым	[atalim]
inleiding (de)	алғысөз	[alɣisøz]
voorblad (het)	сыртқы беті	[sirtqi beti]

hoofdstuk (het)	бөлім	[bølim]
fragment (het)	үзінді	[ʉzindi]
episode (de)	эпизод	[ɛpɪzod]

intrige (de)	сюжет	[sjuʒɛt]
inhoud (de)	мазмұны	[mazmʊnɪ]
inhoudsopgave (de)	мазмұны	[mazmʊnɪ]
hoofdpersonage (het)	бас кейіпкер	[bas kejipker]

boekdeel (het)	том	[tom]
omslag (de/het)	тыс	[tis]
boekband (de)	мұқаба	[mʊqaba]
bladwijzer (de)	белгі	[belgi]

pagina (de)	бет	[bet]
bladeren (ww)	парақтау	[paraqtau]
marges (mv.)	шектер	[ʃækter]
annotatie (de)	белгі	[belgi]
opmerking (de)	ескерту	[eskertu]

tekst (de)	мәтін	[mætin]
lettertype (het)	шрифт	[ʃrɪft]
drukfout (de)	жаңсақ басылу	[ʒaŋsaq basilu]

vertaling (de)	аударма	[audarma]
vertalen (ww)	аудару	[audaru]
origineel (het)	түпнұсқа	[tʉpnʊsqa]

beroemd (bn)	белгілі	[belgili]
onbekend (bn)	бейтаныс	[bejtanis]
interessant (bn)	қызықты	[qiziqti]
bestseller (de)	бестселлер	[bestseller]

woordenboek (het)	сөздік	[søzdik]
leerboek (het)	окулық	[okuliq]
encyclopedie (de)	энциклопедия	[ɛntsɪklopedɪja]

158. Jacht. Vissen

jacht (de)	аулау	[aulau]
jagen (ww)	аулау	[aulau]
jager (de)	аңшы	[aŋʃi]

schieten (ww)	ату	[atu]
geweer (het)	мылтық	[mɪltiq]
patroon (de)	патрон	[patron]
hagel (de)	бытыра	[bitira]

val (de)	қақпан	[qaqpan]
valstrik (de)	дұзақ	[dʊzaq]
in de val trappen	торға түсу	[torɣa tʉsu]
een val zetten	қақпан жасау	[qaqpan ʒasau]

stroper (de)	браконьер	[brakonʲer]
wild (het)	жабайы құс	[ʒabaji qʊs]
jachthond (de)	аң аулайтын ит	[aŋ aulajtin ɪt]
safari (de)	сафари	[safarɪ]
opgezet dier (het)	тұлып	[tʉlip]

visser (de)	балықшы	[baliqʃi]
visvangst (de)	балық аулау	[baliq aulau]
vissen (ww)	балық аулау	[baliq aulau]

hengel (de)	қармақ	[qarmaq]
vislijn (de)	қармақ бауы	[qarmaq bawi]
haak (de)	ілмек	[ilmek]

| dobber (de) | қалтқы | [qaltqi] |
| aas (het) | жем | [ʒem] |

| de hengel uitwerpen | қармақ тастау | [qarmaq tastau] |
| bijten (ov. de vissen) | қабу | [qabu] |

| vangst (de) | ауланған балық | [aulanɣan baliq] |
| wak (het) | ойық | [ojiq] |

net (het)	ау	[au]
boot (de)	қайық	[qajiq]
vissen met netten	аумен аулау	[aumen aulau]

het net uitwerpen	ау тастау	[au tastau]
het net binnenhalen	ау суыру	[au suiru]
in het net vallen	ауға түсу	[auɣa tʉsu]

walvisvangst (de)	кит аулаушы	[kɪt aulauʃi]
walvisvaarder (de)	кит аулау қайығы	[kɪt aulau qajiɣi]
harpoen (de)	гарпун	[garpun]

159. Spellen. Biljart

biljart (het)	бильярд	[bɪlʲard]
biljartzaal (de)	бильярдхана	[bɪlʲardhana]
biljartbal (de)	бильярд тасы	[bɪlʲard tasɪ]
een bal in het gat jagen	шар кіргізу	[ʃar kirgizu]
keu (de)	кий	[kɪj]
gat (het)	луза	[luza]

160. Spellen. Speelkaarten

ruiten (mv.)	қиық	[qɨɪq]
schoppen (mv.)	қарға	[qarɣa]
klaveren (mv.)	түйетабан	[tʉjetaban]
harten (mv.)	шытыр	[ʃɨtɪr]
aas (de)	тұз	[tʊz]
koning (de)	король	[korolʲ]
dame (de)	мәтке	[mætke]
boer (de)	балта	[balta]
speelkaart (de)	карта	[karta]
kaarten (mv.)	карталар	[kartalar]
troef (de)	көзір	[køzir]
pak (het) kaarten	колода	[koloda]
punt (bijv. vijftig ~en)	ұпай	[ʊpaj]
uitdelen (kaarten ~)	беру	[beru]
schudden (de kaarten ~)	араластыру	[aralastɪru]
beurt (de)	жүріс	[ʒʉris]
valsspeler (de)	алаяқ	[alajaq]

161. Casino. Roulette

casino (het)	казино	[kazɪno]
roulette (de)	рулетка	[ruletka]
inzet (de)	ұтыс	[ʊtɪs]
een bod doen	ұтыс тігу	[ʊtis tigu]
rood (de)	қызыл	[qɨzɨl]
zwart (de)	қара	[qara]
inzetten op rood	қызылға қою	[kɨzɨlɣa qoju]
inzetten op zwart	қараға қою	[karaɣa qoju]
croupier (de)	крупье	[krupʲe]
de cilinder draaien	барабанды айналдыру	[barabandɪ ajnaldɪru]
spelregels (mv.)	ойын ережелері	[ojɪn ereʒɛleri]
fiche (pokerfiche, etc.)	фишка	[fɪʃka]
winnen (ww)	ұту	[ʊtu]
winst (de)	ұтыс	[ʊtɪs]

| verliezen (ww) | ұтылу | [utïlu] |
| verlies (het) | ұтылыс | [utïlïs] |

speler (de)	ойыншы	[ojinʃi]
blackjack (kaartspel)	блэк джек	[blɛk dʒɛk]
dobbelspel (het)	тас ойыны	[tas ojini]
dobbelstenen (mv.)	ойын тастары	[ojin tastari]
speelautomaat (de)	ойын автоматы	[ojin avtomati]

162. Rusten. Spellen. Diversen

wandelen (on.ww.)	серуендеу	[seruendeu]
wandeling (de)	серуен	[seruen]
trip (per auto)	сейілдеу	[sejildeu]
avontuur (het)	оқиға	[oqïɣa]
picknick (de)	серуен	[seruen]

spel (het)	ойын	[ojin]
speler (de)	ойыншы	[ojinʃi]
partij (de)	партия	[partïja]

collectioneur (de)	коллекция жиюшы	[kollektsïja ʒijuʃi]
collectioneren (ww)	коллекция жинау	[kollektsïja ʒïnau]
collectie (de)	коллекция	[kollektsïja]

kruiswoordraadsel (het)	сөзжұмбақ	[søzʒumbaq]
hippodroom (de)	ипподром	[ïppodrom]
discotheek (de)	дискотека	[dïskoteka]

| sauna (de) | сауна | [sauna] |
| loterij (de) | лотерея | [lotereja] |

trektocht (kampeertocht)	жорық	[ʒorïk]
kamp (het)	лагерь	[lageri]
tent (de)	шатыр	[ʃatïr]
kompas (het)	компас	[kompas]
rugzaktoerist (de)	саяхатшы	[sajahatʃi]

bekijken (een film ~)	қарау	[qarau]
kijker (televisie~)	телекөрермен	[telekørermen]
televisie-uitzending (de)	телехабар	[telehabar]

163. Fotografie

| fotocamera (de) | фотоаппарат | [fotoapparat] |
| foto (de) | бейнесүрет | [bejnesuret] |

fotograaf (de)	фотограф	[fotograf]
fotostudio (de)	фотостудия	[fotostudïja]
fotoalbum (het)	фотоальбом	[fotoalibom]
lens (de), objectief (het)	объектив	[obʼektïv]
telelens (de)	телеобъектив	[teleobʼektïv]

| filter (de/het) | сүзгі | [suzgi] |
| lens (de) | линза | [lınza] |

optiek (de)	оптика	[optıka]
diafragma (het)	диафрагма	[dıafragma]
belichtingstijd (de)	түсіру уақыты	[tusiru waqiti]
zoeker (de)	көрсеткіш тетік	[kørsetkiʃ tetik]

digitale camera (de)	сандық камера	[sandiq kamera]
statief (het)	таяныш	[tajaniʃ]
flits (de)	жарқылдақ	[ʒarqildaq]

fotograferen (ww)	суретке түсіру	[suretke tusiru]
foto's maken	суретке түсіру	[suretke tusiru]
zich laten fotograferen	суретке түсу	[suretke tusu]

focus (de)	айқындық	[ajqindiq]
scherpstellen (ww)	айқындыққа дәлдеу	[ajqindiqqa dældeu]
scherp (bn)	айқын	[ajqin]
scherpte (de)	айқындық	[ajqindiq]

| contrast (het) | қарсыластық | [qarsilastiq] |
| contrastrijk (bn) | қарама-қарсы | [qarama qarsi] |

kiekje (het)	сурет, фото	[suret], [foto]
negatief (het)	негатив	[negatıv]
filmpje (het)	фотопленка	[fotoplønka]
beeld (frame)	кадр	[kadr]
afdrukken (foto's ~)	басып шығару	[basip ʃiɣaru]

164. Strand. Zwemmen

strand (het)	жағажай	[ʒaɣaʒaj]
zand (het)	құм	[qum]
leeg (~ strand)	елсіз	[elsiz]

bruine kleur (de)	күнге күю	[kunge kuju]
zonnebaden (ww)	күнге күю	[kunge kuju]
gebruind (bn)	күнге күйген	[kunge kujgen]
zonnecrème (de)	қараюға арналған иіс май	[qarajuɣa arnalɣan ıis maj]

bikini (de)	бикини	[bıkını]
badpak (het)	суға түсу киімі	[suɣa tusu kıimi]
zwembroek (de)	суға түсу дамбалы	[suɣa tusu dambali]

zwembad (het)	бассейн	[bassejn]
zwemmen (ww)	жүзу	[ʒuzu]
douche (de)	душ	[duʃ]
zich omkleden (ww)	қайта киіну	[qajta kıinu]
handdoek (de)	орамал	[oramal]

boot (de)	қайық	[qajiq]
motorboot (de)	кішкене кеме	[kiʃkene keme]
waterski's (mv.)	су шаңғысы	[su ʃaŋɣisi]

waterfiets (de)	су велосипеды	[su velosıpedi]
surfen (het)	серфинг	[serfɪng]
surfer (de)	серфингист	[serfɪngɪst]

scuba, aqualong (de)	акваланг	[akvalang]
zwemvliezen (mv.)	ескекаяқ	[eskekajaq]
duikmasker (het)	томағап	[tomaɣap]
duiker (de)	сүңгігіш	[sʉŋgigiʃ]
duiken (ww)	сүңгу	[sʉŋgu]
onder water (bw)	су астында	[su astinda]

parasol (de)	қол шатыр	[qol ʃatir]
ligstoel (de)	шезлонг	[ʃæzlong]
zonnebril (de)	көзілдірік	[køzildirik]
luchtmatras (de/het)	жүзу матрасы	[ʒʉzu matrasi]

spelen (ww)	ойнау	[ojnau]
gaan zwemmen (ww)	шомылу	[ʃomɨlu]

bal (de)	доп	[dop]
opblazen (oppompen)	үрлеу	[ʉrleu]
lucht-, opblaasbare (bn)	үрлемелі	[ʉrlemeli]

golf (hoge ~)	толқын	[tolqin]
boei (de)	буй	[buj]
verdrinken (ww)	бату	[batu]

redden (ww)	құтқару	[qutqaru]
reddingsvest (de)	құтқару жилеті	[qutqaru ʒɪleti]
waarnemen (ww)	бақылау	[baqilau]
redder (de)	құтқарушы	[qutqaruʃi]

TECHNISCHE APPARATUUR. VERVOER

Technische apparatuur

165. Computer

computer (de)	компьютер	[kompʲuter]
laptop (de)	ноутбук	[noutbuk]
aanzetten (ww)	қосу	[qosu]
uitzetten (ww)	сөндіру	[søndiru]
toetsenbord (het)	клавиатура	[klavɪatura]
toets (enter~)	клавиш	[klavɪʃ]
muis (de)	тышқан	[tiʃqan]
muismat (de)	кілемше	[kilemʃæ]
knopje (het)	түйме	[tujme]
cursor (de)	курсор	[kursor]
monitor (de)	монитор	[monɪtor]
scherm (het)	экран	[ɛkran]
harde schijf (de)	катты диск	[katti dısk]
volume (het) van de harde schijf	катты дискінің көлемі	[katti dıskiniŋ kølemi]
geheugen (het)	зерде	[zerde]
RAM-geheugen (het)	оперативтік зерде	[operatɪvtik zerde]
bestand (het)	файл	[fajl]
folder (de)	папка	[papka]
openen (ww)	ашу	[aʃu]
sluiten (ww)	жабу	[ʒabu]
opslaan (ww)	сақтау	[saqtau]
verwijderen (wissen)	кетіру	[ketiru]
kopiëren (ww)	көшіріп алу	[køʃirip alu]
sorteren (ww)	сұрыптау	[surɪptau]
overplaatsen (ww)	қайта көшіру	[qajta køʃiru]
programma (het)	бағдарлама	[baɣdarlama]
software (de)	бағдарламалық қамсыздандыру	[baɣdarlamaliq qamsizdandiru]
programmeur (de)	бағдарламаушы	[baɣdarlamauʃi]
programmeren (ww)	бағдарламалау	[baɣdarlamalau]
hacker (computerkraker)	хакер	[haker]
wachtwoord (het)	пароль	[parolʲ]
virus (het)	вирус	[vɪrus]

ontdekken (virus ~)	табу	[tabu]
byte (de)	байт	[bajt]
megabyte (de)	мегабайт	[megabajt]

| data (de) | деректер | [derekter] |
| databank (de) | дерекқор | [derekqor] |

kabel (USB-~, enz.)	шоғырсым	[ʃoɣirsim]
afsluiten (ww)	үзіп тастау	[ʉzip tastau]
aansluiten op (ww)	қосу	[qosu]

166. Internet. E-mail

internet (het)	интернет	[ınternet]
browser (de)	браузер	[brauzer]
zoekmachine (de)	іздестіру ресурсы	[izdestiru resursi]
internetprovider (de)	провайдер	[provajder]

webmaster (de)	веб-мастер	[veb master]
website (de)	веб-сайт	[veb sajt]
webpagina (de)	веб-бет	[veb bet]

| adres (het) | мекен жай | [meken ʒaj] |
| adresboek (het) | мекен жай кітабы | [meken ʒaj kitabi] |

postvak (het)	пошта жәшігі	[poʃta ʒæʃigi]
post (de)	пошта	[poʃta]
vol (~ postvak)	лық толған	[lïq tolɣan]

bericht (het)	хабарлама	[habarlama]
binnenkomende berichten (mv.)	кіріс хабарламалары	[kiris habarlamalari]
uitgaande berichten (mv.)	шығыс хабарламалары	[ʃiɣis habarlamalari]

verzender (de)	жіберуші	[ʒiberuʃi]
verzenden (ww)	жіберу	[ʒiberu]
verzending (de)	жөнелтім	[ʒøneltim]

| ontvanger (de) | алушы | [aluʃi] |
| ontvangen (ww) | алу | [alu] |

| correspondentie (de) | қатынасхаттар | [qatinashattar] |
| corresponderen (met ...) | хат жазысу | [hat ʒazisu] |

bestand (het)	файл	[fajl]
downloaden (ww)	көшіру	[køʃiru]
creëren (ww)	жасау	[ʒasau]
verwijderen (een bestand ~)	кетіру	[ketiru]
verwijderd (bn)	кетірілген	[ketirilgen]

verbinding (de)	байланыс	[bajlanis]
snelheid (de)	жылдамдық	[ʒildamdiq]
modem (de)	модем	[modem]
toegang (de)	кіру мүмкіндігі	[kiru mʉmkindigi]

poort (de)	порт	[port]
aansluiting (de)	қосылу	[qosılu]
zich aansluiten (ww)	қосылу	[qosılu]

| selecteren (ww) | таңдау | [taŋdau] |
| zoeken (ww) | іздеу | [izdeu] |

167. Elektriciteit

elektriciteit (de)	электр	[ɛlektr]
elektrisch (bn)	электр	[ɛlektr]
elektriciteitscentrale (de)	электростанция	[ɛlektrɔstantsıja]
energie (de)	энергия	[ɛnergıja]
elektrisch vermogen (het)	электроэнергиясы	[ɛlektrɔɛnergıjasi]

lamp (de)	лампыша	[lampıʃa]
zaklamp (de)	қол фонары	[qol fonarı]
straatlantaarn (de)	дала фонары	[dala fonarı]

| licht (elektriciteit) | жарық | [ʒarıq] |
| aandoen (ww) | қосу | [qosu] |

| uitdoen (ww) | сөндіру | [søndiru] |
| het licht uitdoen | жарық сөндіру | [ʒarıq søndiru] |

| doorbranden (gloeilamp) | күйіп кету | [kʉjip ketu] |
| kortsluiting (de) | қысқа тұйықталу | [qisqa tʉjiqtalu] |

| onderbreking (de) | үзік | [ʉzik] |
| contact (het) | түйісу | [tʉjisu] |

| schakelaar (de) | сөндіргіш | [søndirgiʃ] |
| stopcontact (het) | розетка | [rozetka] |

| stekker (de) | шанышқы | [ʃanıʃqi] |
| verlengsnoer (de) | ұзайтқыш | [ʊzajtqiʃ] |

zekering (de)	сақтандырғыш	[saqtandirɣiʃ]
kabel (de)	өткізгіш	[øtkizgiʃ]
bedrading (de)	электр сымы	[ɛlektr simı]

| ampère (de) | ампер | [amper] |
| stroomsterkte (de) | ток күші | [tok kʉʃi] |

| volt (de) | вольт | [volʲt] |
| spanning (de) | кернеу | [kerneu] |

| elektrisch toestel (het) | электр жабдық | [ɛlektr ʒabdiq] |
| indicator (de) | индикатор | [ındıkator] |

electricien (de)	электрик	[ɛlektrık]
solderen (ww)	дәнекерлеу	[dænekerleu]
soldeerbout (de)	дәнекерлегіш	[dænekerlegiʃ]
stroom (de)	ток	[tok]

168. Gereedschappen

werktuig (stuk gereedschap)	құрал	[qural]
gereedschap (het)	құралдар	[quraldar]
uitrusting (de)	жабдық	[ʒabdiq]

hamer (de)	балға	[balɣa]
schroevendraaier (de)	бұрауыш	[burawiʃ]
bijl (de)	балта	[balta]

zaag (de)	ара	[ara]
zagen (ww)	аралау	[aralau]
schaaf (de)	жонғы	[ʒonɣi]
schaven (ww)	жоңқалау	[ʒoŋqalau]
soldeerbout (de)	дәнекерлегіш	[dænekerlegiʃ]
solderen (ww)	дәнекерлеу	[dænekerleu]

vijl (de)	егеу	[egeu]
nijptang (de)	атауыз	[atawiz]
combinatietang (de)	тістеуік	[tistewik]
beitel (de)	қашау	[qaʃau]

boorkop (de)	бәрбі	[bærbi]
boormachine (de)	бұрғы	[burɣi]
boren (ww)	бұрғылау	[burɣilau]

mes (het)	пышақ	[piʃaq]
lemmet (het)	жүз	[ʒuz]

scherp (bijv. ~ mes)	өткір	[øtkir]
bot (bn)	дөкір	[døkir]
bot raken (ww)	мұқалу	[muqalu]
slijpen (een mes ~)	қайрау	[qajrau]

bout (de)	болт	[bolt]
moer (de)	гайка	[gajka]
schroefdraad (de)	бұранда	[buranda]
houtschroef (de)	бұрандалы шеге	[burandali ʃege]

spijker (de)	шеге	[ʃege]
kop (de)	қалпақша	[qalpaqʃa]

liniaal (de/het)	сызғыш	[sizɣiʃ]
rolmeter (de)	рулетка	[ruletka]
waterpas (de/het)	деңгей	[deŋgej]
loep (de)	лупа	[lupa]

meetinstrument (het)	өлшеу аспабы	[ølʃæu aspabi]
opmeten (ww)	өлшеу	[ølʃæu]
schaal (meetschaal)	шкала	[ʃkala]
gegevens (mv.)	көрсетуі	[kørsetui]

compressor (de)	компрессор	[kompressor]
microscoop (de)	микроскоп	[mikroskop]
pomp (de)	сорғы	[sorɣi]

149

| robot (de) | робот | [robot] |
| laser (de) | лазер | [lazer] |

moersleutel (de)	гайка кілті	[gajka kilti]
plakband (de)	лента-скотч	[lenta skotʃ]
lijm (de)	желім	[ʒɛlim]

schuurpapier (het)	зімпара	[zimpara]
veer (de)	серіппе	[serippe]
magneet (de)	магнит	[magnıt]
handschoenen (mv.)	биялай	[bıjalaj]

touw (bijv. henneptouw)	бау	[bau]
snoer (het)	бау	[bau]
draad (de)	сым	[sim]
kabel (de)	шоғырсым	[ʃoɣirsim]

moker (de)	зілбалға	[zilbalɣa]
breekijzer (het)	сүймен	[sujmen]
ladder (de)	баспалдақ	[baspaldaq]
trapje (inklapbaar ~)	басқыш	[basqiʃ]

aanschroeven (ww)	шиыршықтату	[ʃiirʃiqtatu]
losschroeven (ww)	бұрау	[burau]
dichtpersen (ww)	қысу	[qisu]
vastlijmen (ww)	жапсыру	[ʒapsiru]
snijden (ww)	кесу	[kesu]

defect (het)	ақаулық	[aqauliq]
reparatie (de)	жөндеу	[ʒøndeu]
repareren (ww)	жөндеу	[ʒøndeu]
regelen (een machine ~)	жөнге салу	[ʒønge salu]

checken (ww)	тексеру	[tekseru]
controle (de)	тексеру	[tekseru]
gegevens (mv.)	көрсетуі	[kørsetui]

| degelijk (bijv. ~ machine) | берік | [berik] |
| ingewikkeld (bn) | қиын | [qiin] |

roesten (ww)	таттану	[tattanu]
roestig (bn)	тоттанған	[tottanɣan]
roest (de/het)	тот	[tot]

Vervoer

169. Vliegtuig

vliegtuig (het)	ұшақ	[uʃaq]
vliegticket (het)	авиабилет	[avɪabɪlet]
luchtvaartmaatschappij (de)	авиакомпания	[avɪakompanɪja]
luchthaven (de)	әуежай	[æweʒaj]
supersonisch (bn)	дыбыстан жүйрік	[dɪbistan ʒujrik]
gezagvoerder (de)	кеме командирі	[keme komandɪri]
bemanning (de)	экипаж	[ɛkɪpaʒ]
piloot (de)	ұшқыш	[uʃqiʃ]
stewardess (de)	аспансерік	[aspanserik]
stuurman (de)	штурман	[ʃturman]
vleugels (mv.)	қанаттар	[qanattar]
staart (de)	құйрық	[qujriq]
cabine (de)	кабина	[kabɪna]
motor (de)	қозғалтқыш	[qozɣaltqiʃ]
landingsgestel (het)	шасси	[ʃassɪ]
turbine (de)	турбина	[turbɪna]
propeller (de)	пропеллер	[propeller]
zwarte doos (de)	қара жәшік	[qara ʒæʃik]
stuur (het)	штурвал	[ʃturval]
brandstof (de)	жағармай	[ʒaɣarmaj]
veiligheidskaart (de)	нұсқама	[nusqama]
zuurstofmasker (het)	оттегі маскасы	[ottegi maskasi]
uniform (het)	униформа	[unɪforma]
reddingsvest (de)	құтқару жилеті	[qutqaru ʒıleti]
parachute (de)	парашют	[paraʃut]
opstijgen (het)	ұшып көтерілу	[uʃip køterilu]
opstijgen (ww)	ұшып көтерілу	[uʃip køterilu]
startbaan (de)	ұшу алаңы	[uʃu alaŋi]
zicht (het)	көріну	[kørinu]
vlucht (de)	ұшу	[uʃu]
hoogte (de)	биіктік	[bɪiktik]
luchtzak (de)	әуе құдығы	[æwe qundiɣi]
plaats (de)	орын	[orin]
koptelefoon (de)	құлаққап	[qulaqqap]
tafeltje (het)	қайырмалы үстел	[qajirmali ustel]
venster (het)	иллюминатор	[ılljumınator]
gangpad (het)	өткел	[øtkel]

170. Trein

trein (de)	пойыз	[pojiz]
elektrische trein (de)	электричка	[ɛlektrɪʧka]
sneltrein (de)	жүрдек пойыз	[ʒʉrdek pojiz]
diesellocomotief (de)	тепловоз	[teplovoz]
stoomlocomotief (de)	паровоз	[parovoz]
rijtuig (het)	вагон	[vagon]
restauratierijtuig (het)	вагон-ресторан	[vagon restoran]
rails (mv.)	рельстер	[relʲster]
spoorweg (de)	темір жол	[temir ʒol]
dwarsligger (de)	шпал	[ʃpal]
perron (het)	платформа	[platforma]
spoor (het)	жол	[ʒol]
semafoor (de)	семафор	[semafor]
halte (bijv. kleine treinhalte)	станция	[stantsɪja]
machinist (de)	машинист	[maʃɪnɪst]
kruier (de)	жүк тасушы	[ʒʉk tasuʃɪ]
conducteur (de)	жолбасшы	[ʒolbasʃɪ]
passagier (de)	жолаушы	[ʒolauʃɪ]
controleur (de)	бақылаушы	[baqilauʃɪ]
gang (in een trein)	дәліз	[dæliz]
noodrem (de)	тоқтату краны	[toqtatu kranɪ]
coupé (de)	купе	[kupe]
bed (slaapplaats)	сөре	[søre]
bovenste bed (het)	жоғарғы сөре	[ʒoɣarɣɪ søre]
onderste bed (het)	төменгі сөре	[tømengi søre]
beddengoed (het)	төсек-орын жабдығы	[tøsek orin ʒabdɪɣɪ]
kaartje (het)	билет	[bɪlet]
dienstregeling (de)	кесте	[keste]
informatiebord (het)	табло	[tablo]
vertrekken (De trein vertrekt …)	шегіну	[ʃæginu]
vertrek (ov. een trein)	пойыздың жүруі	[pojizdiŋ ʒʉrui]
aankomen (ov. de treinen)	келу	[kelu]
aankomst (de)	келу	[kelu]
aankomen per trein	пойызбен келу	[pojizben kelu]
in de trein stappen	пойызға отыру	[pojizɣa otiru]
uit de trein stappen	пойыздан шығу	[pojizdan ʃɪɣu]
treinwrak (het)	апат	[apat]
stoomlocomotief (de)	паровоз	[parovoz]
stoker (de)	от жағушы	[ot ʒaɣuʃɪ]
stookplaats (de)	оттық	[ottiq]
steenkool (de)	көмір	[kømir]

171. Schip

| schip (het) | кеме | [keme] |
| vaartuig (het) | кеме | [keme] |

stoomboot (de)	пароход	[parohod]
motorschip (het)	теплоход	[teplohod]
lijnschip (het)	лайнер	[lajner]
kruiser (de)	крейсер	[krejser]

jacht (het)	яхта	[jahta]
sleepboot (de)	буксир	[buksır]
duwbak (de)	баржа	[barʒa]
ferryboot (de)	паром	[parom]

| zeilboot (de) | желкенші | [ʒelkenʃi] |
| brigantijn (de) | бригантина | [brıgantına] |

| ijsbreker (de) | мұз жарғыш | [muz ʒarɣiʃ] |
| duikboot (de) | сүңгуір қайық | [suŋguir qajiq] |

boot (de)	қайық	[qajiq]
sloep (de)	шлюпка	[ʃljupka]
reddingssloep (de)	құтқарушы қайық	[qutqaruʃi qajiq]
motorboot (de)	кеме	[keme]

kapitein (de)	капитан	[kapıtan]
zeeman (de)	кемеші	[kemeʃi]
matroos (de)	теңізші	[teŋizʃi]
bemanning (de)	экипаж	[ɛkıpaʒ]

bootsman (de)	боцман	[botsman]
scheepsjongen (de)	юнга	[junga]
kok (de)	кок	[kok]
scheepsarts (de)	кеме дәрігері	[keme dærigeri]

dek (het)	палуба	[paluba]
mast (de)	діңгек	[diŋgek]
zeil (het)	желкен	[ʒelken]

ruim (het)	трюм	[trjum]
voorsteven (de)	тұмсық	[tumsiq]
achtersteven (de)	корма	[korma]
roeispaan (de)	ескек	[eskek]
schroef (de)	винт	[vınt]

kajuit (de)	каюта	[kajuta]
officierskamer (de)	ортақ бөлме	[ortaq bølme]
machinekamer (de)	машина бөлімі	[maʃına bølimi]
brug (de)	капитан мінбесі	[kapıtan minbesi]
radiokamer (de)	радиорубка	[radıorubka]
radiogolf (de)	толқын	[tolqin]
logboek (het)	кеме журналы	[keme ʒurnali]
verrekijker (de)	көру дүрбісі	[køru durbisi]
klok (de)	қоңырау	[qoŋirau]

vlag (de)	ту	[tu]
kabel (de)	арқан	[arqan]
knoop (de)	түйін	[tʉjin]

| leuning (de) | тұтқа | [tʊtqa] |
| trap (de) | басқыш | [basqiʃ] |

anker (het)	зәкір	[zækir]
het anker lichten	зәкірді көтеру	[zækirdi køteru]
het anker neerlaten	зәкірді тастау	[zækirdi tastau]
ankerketting (de)	зәкір шынжыры	[zækir ʃinʒiri]

haven (bijv. containerhaven)	кемежай	[kemeʒaj]
kaai (de)	айлақ	[ajlaq]
aanleggen (ww)	айлақтау	[ajlaqtau]
wegvaren (ww)	қозғалып кету	[qozɣalip ketu]

reis (de)	саяхат	[sajahat]
cruise (de)	круиз	[kruɪz]
koers (de)	бағыт	[baɣit]
route (de)	бағдар	[baɣdar]

vaarwater (het)	фарватер	[farvater]
zandbank (de)	қайыр	[qajir]
stranden (ww)	тақырға отырып қалу	[taqirɣa otirip qalu]

storm (de)	дауыл	[dawil]
signaal (het)	сигнал	[sɪgnal]
zinken (ov. een boot)	бату	[batu]
SOS (noodsignaal)	SOS	[sos]
reddingsboei (de)	құтқару дөңгелегі	[qjutqaru døŋgelegi]

172. Vliegveld

luchthaven (de)	әуежай	[æweʒaj]
vliegtuig (het)	ұшақ	[uʃaq]
luchtvaartmaatschappij (de)	авиакомпания	[avɪakompanɪja]
luchtverkeersleider (de)	диспетчер	[dɪspetʃer]

vertrek (het)	ұшу	[uʃu]
aankomst (de)	ұшып келу	[uʃip kelu]
aankomen (per vliegtuig)	ұшып келу	[uʃip kelu]

| vertrektijd (de) | ұшып шығу уақыты | [uʃip ʃiɣu uaqiti] |
| aankomstuur (het) | ұшып келу уақыты | [uʃip kelu uaqiti] |

| vertraagd zijn (ww) | кідіру | [kidiru] |
| vluchtvertraging (de) | ұшып шығудың кідіруі | [uʃip ʃiɣudidiŋ kidirui] |

informatiebord (het)	ақпараттық табло	[aqparatiq tablo]
informatie (de)	ақпарат	[aqparat]
aankondigen (ww)	әйгілеу	[æjgileu]
vlucht (bijv. KLM ~)	рейс	[rejs]

| douane (de) | кеден | [keden] |
| douanier (de) | кеденші | [kedenʃi] |

douaneaangifte (de)	декларация	[deklaratsija]
een douaneaangifte invullen	декларацияны толтыру	[deklaratsijani toltiru]
paspoortcontrole (de)	төлқұжат бақылауы	[tølquʒat baqilaui]

bagage (de)	жүк	[ʒuk]
handbagage (de)	қол жүк	[qol ʒuk]
bagagekarretje (het)	арбаша	[arbaʃa]

landing (de)	отырғызу	[otirɣizu]
landingsbaan (de)	отырғызу алабы	[otirɣizu alabi]
landen (ww)	қону	[qonu]
vliegtuigtrap (de)	басқыш	[basqiʃ]

inchecken (het)	тіркеу	[tirkeu]
incheckbalie (de)	тіркеу үлдірігі	[tirkeu uldirigi]
inchecken (ww)	тіркелу	[tirkelu]
instapkaart (de)	отырғызу талоны	[otirɣizu taloni]
gate (de)	шығу	[ʃiɣu]

transit (de)	транзит	[tranzit]
wachten (ww)	күту	[kutu]
wachtzaal (de)	күту залы	[kutu zali]
begeleiden (uitwuiven)	ұзату	[uzatu]
afscheid nemen (ww)	қоштасу	[qoʃtasu]

173. Fiets. Motorfiets

fiets (de)	велосипед	[velosiped]
bromfiets (de)	мотороллер	[motoroller]
motorfiets (de)	мотоцикл	[mototsikl]

met de fiets rijden	велосипедпен жүру	[velosipedpen ʒuru]
stuur (het)	тұтқа	[tutqa]
pedaal (de/het)	педаль	[pedalʲ]
remmen (mv.)	тежеуіштер	[teʒewiʃter]
fietszadel (de/het)	ер-тоқым	[er toqim]

pomp (de)	сорғы	[sorɣi]
bagagedrager (de)	жүксалғыш	[ʒuksalɣiʃ]
fietslicht (het)	фонарь	[fonarʲ]
helm (de)	дулыға	[duliɣa]

wiel (het)	дөңгелек	[døŋgelek]
spatbord (het)	қанат	[qanat]
velg (de)	шеңбер	[ʃeŋber]
spaak (de)	шабақ	[ʃabaq]

Auto's

174. Soorten auto's

auto (de)	автокөлік	[avtokølik]
sportauto (de)	спорт автомобилі	[sport avtomobıli]
limousine (de)	лимузин	[lımuzın]
terreinwagen (de)	джип	[dʒıp]
cabriolet (de)	кабриолет	[kabrıolet]
minibus (de)	шағын автобус	[ʃaɣin avtobus]
ambulance (de)	жедел жәрдем	[ʒedel ʒærdem]
sneeuwruimer (de)	қар жинаушы машина	[qar ʒınauʃi maʃina]
vrachtwagen (de)	жүк автомобилі	[ʒʉk avtomobıli]
tankwagen (de)	бензин тасымалдаушы	[benzın tasimaldauʃi]
bestelwagen (de)	фургон	[furgon]
trekker (de)	тартқыш	[tartqiʃ]
aanhangwagen (de)	тіркелгіш	[tirkelgiʃ]
comfortabel (bn)	жабдықталған	[ʒabdiqtalɣan]
tweedehands (bn)	пайдаланылған	[pajdalanilɣan]

175. Auto's. Carrosserie

motorkap (de)	капот	[kapot]
spatbord (het)	қанат	[qanat]
dak (het)	шатыр	[ʃatir]
voorruit (de)	желді әйнек	[ʒeldi æjnek]
achterruit (de)	артқы көрініс айнасы	[artqi kørinis ajnasi]
ruitensproeier (de)	жуғыш	[ʒuɣiʃ]
wisserbladen (mv.)	шыны тазартқыштар	[ʃini tazartqiʃtar]
zijruit (de)	бүйір шыны	[bʉjir ʃini]
raamlift (de)	шыны көтергіш	[ʃini køtergiʃ]
antenne (de)	антенна	[antena]
zonnedak (het)	люк	[ljuk]
bumper (de)	бампер	[bamper]
koffer (de)	жүксалғыш	[ʒʉksalɣiʃ]
portier (het)	есік	[esik]
handvat (het)	тұтқа	[tutqa]
slot (het)	құлып	[qulip]
nummerplaat (de)	нөмір	[nømir]
knalpot (de)	бәсеңдеткіш	[bæseŋdetkiʃ]

| benzinetank (de) | бензин бағы | [benzın bagi] |
| uitlaatpijp (de) | пайдаланылған газды шығару құбыры | [pajdalanilγan gazdi ʃiγaru qubiri] |

gas (het)	газ	[gaz]
pedaal (de/het)	педаль	[pedalʲ]
gaspedaal (de/het)	газ педалі	[gaz pedali]

rem (de)	тежегіш	[teʒegiʃ]
rempedaal (de/het)	тежеуіштің педалі	[teʒewiʃtiŋ pedali]
remmen (ww)	тежеу	[teʒeu]
handrem (de)	қол тежегіш	[qol teʒegiʃ]

koppeling (de)	ажырату	[aʒiratu]
koppelingspedaal (de/het)	ажырату педалі	[aʒiratu pedali]
koppelingsschijf (de)	ажырату дискі	[aʒiratu dıski]
schokdemper (de)	амортизатор	[amortızator]

wiel (het)	дөңгелек	[døŋgelek]
reservewiel (het)	қордағы доңғалақ	[qordaγi doŋγalaq]
wieldop (de)	қақпақ	[qaqpaq]

aandrijfwielen (mv.)	жетекші дөңгелектер	[ʒetekʃi døŋgelekter]
met voorwielaandrijving	алдыңғы жетекті	[aldiŋγi ʒetekti]
met achterwielaandrijving	артқы жетекті	[artqi ʒetekti]
met vierwielaandrijving	толық жетекті	[toliq ʒetekti]

versnellingsbak (de)	беріліс қорабы	[berilis qorabi]
automatisch (bn)	автоматты	[avtomati]
mechanisch (bn)	механикалық	[mehanikaliq]
versnellingspook (de)	беріліс қорабының тетігі	[berilis qorabiniŋ tetigi]

| voorlicht (het) | фара | [fara] |
| voorlichten (mv.) | фаралар | [faralar] |

dimlicht (het)	жақын жарық	[ʒaqin ʒariq]
grootlicht (het)	алыс жарық	[alis ʒariq]
stoplicht (het)	тоқтау сигналы	[toqtau sıgnali]

standlichten (mv.)	габаритті оттар	[gabariti otar]
noodverlichting (de)	авария оттары	[avarija otari]
mistlichten (mv.)	тұманға қарсы фаралар	[tumanγa qarsi faralar]
pinker (de)	бұрылыс	[burilis]
achteruitrijdlicht (het)	артқы жүріс	[artqi ʒuris]

176. Auto's. Passagiersruimte

interieur (het)	салон	[salon]
leren (van leer gemaak)	былғары	[bilγari]
fluwelen (abn)	велюр	[veljur]
bekleding (de)	қаптағыш материал	[qaptaγiʃ materıal]
toestel (het)	аспап	[aspap]
instrumentenbord (het)	аспапты қалқанша	[aspapti qalqanʃa]

| snelheidsmeter (de) | спидометр | [spıdometr] |
| pijltje (het) | тіл | [til] |

kilometerteller (de)	есептегіш	[eseptegiʃ]
sensor (de)	қадаға	[qadaɣa]
niveau (het)	деңгей	[deŋgej]
controlelampje (het)	лампыша	[lampíʃa]

stuur (het)	руль	[rulʲ]
toeter (de)	сигнал	[sıgnal]
knopje (het)	кнопка	[knopka]
schakelaar (de)	ауыстырып-қосқыш	[awistirip qosqiʃ]

stoel (bestuurders~)	отырғыш	[otirɣiʃ]
rugleuning (de)	арқалық	[arqaliq]
hoofdsteun (de)	бас сүйегіш	[bas sујegiʃ]
veiligheidsgordel (de)	қауіпсіздіктің белбеуі	[qawipsizdiktiŋ belbewi]
de gordel aandoen	белбеуді іліктіру	[belbeudi iliktiru]
regeling (de)	реттелім	[rettelim]

| airbag (de) | ауа жастығы | [awa ʒastiɣi] |
| airconditioner (de) | кондиционер | [kondıtsıoner] |

radio (de)	радио	[radıo]
CD-speler (de)	CD - ойнатқыш	[sidi ojnatqiʃ]
aanzetten (bijv. radio ~)	қосу	[qosu]
antenne (de)	антенна	[antena]
handschoenenkastje (het)	бардачок	[bardatʃok]
asbak (de)	күл салғыш	[kʉl salɣiʃ]

177. Auto's. Motor

| diesel- (abn) | дизелді | [dızeldi] |
| benzine- (~motor) | бензинді | [benzındi] |

motorinhoud (de)	қозғалтқыштың көлемі	[qozɣaltqiʃtiŋ kølemi]
vermogen (het)	қуат	[quat]
paardenkracht (de)	ат күші	[at kʉʃi]
zuiger (de)	піскек	[piskek]
cilinder (de)	цилиндр	[tsılındr]
klep (de)	клапан	[klapan]

injectie (de)	инжектор	[ınʒektor]
generator (de)	генератор	[generator]
carburator (de)	карбюратор	[karbjurator]
motorolie (de)	моторлық май	[motorlıq maj]

radiator (de)	радиатор	[radıator]
koelvloeistof (de)	мұздатқыш сұйық	[mʊzdatqiʃ sujiq]
ventilator (de)	желдеткіш	[ʒeldetkiʃ]

accu (de)	аккумулятор	[akkumulʲator]
starter (de)	стартер	[starter]
contact (ontsteking)	оталдыру	[otaldiru]

bougie (de)	от алдыру білтесі	[ot aldıru biltesi]
pool (de)	клемма	[klemma]
positieve pool (de)	қосу	[qosu]
negatieve pool (de)	алу	[alu]
zekering (de)	сақтандырғыш	[saqtandırɣiʃ]

luchtfilter (de)	ауа сүзгіші	[awa suzgiʃi]
oliefilter (de)	май фильтрі	[maj fıl'tri]
benzinefilter (de)	жанармай сүзгіші	[ʒanarmaj suzgiʃi]

178. Auto's. Botsing. Reparatie

auto-ongeval (het)	апат	[apat]
verkeersongeluk (het)	жол оқиғасы	[ʒol oqıɣasi]
aanrijden	соқтығу	[soqtiɣu]
(tegen een boom, enz.)		
verongelukken (ww)	сыну	[sinu]
beschadiging (de)	бүзылған жер	[buzilɣan ʒer]
heelhuids (bn)	аман	[aman]

| kapot gaan (zijn gebroken) | істен шығу | [isten ʃiɣu] |
| sleeptouw (het) | сүйрететін арқан | [sujretetin arqan] |

lek (het)	тесік	[tesik]
lekke krijgen (band)	ауаны шығарып жіберу	[awani ʃiɣarip ʒiberu]
oppompen (ww)	үру	[uru]
druk (de)	қысым	[qisim]
checken (ww)	тексеру	[tekseru]

reparatie (de)	жөндеу	[ʒøndeu]
garage (de)	жөндеу шеберханасы	[ʒøndeu ʃæberhanasi]
wisselstuk (het)	қосалқы бөлшек	[qosalqi bølʃæk]
onderdeel (het)	бөлшек	[bølʃæk]

bout (de)	болт	[bolt]
schroef (de)	винт	[vint]
moer (de)	гайка	[gajka]
sluitring (de)	шайба	[ʃajba]
kogellager (de/het)	мойынтірек	[mojintirek]

pijp (de)	түтік	[tutik]
pakking (de)	аралық қабат	[araliq qabat]
kabel (de)	сым	[sim]

dommekracht (de)	домкрат	[domkrat]
moersleutel (de)	бұранда кілт	[buranda kilt]
hamer (de)	балға	[balɣa]
pomp (de)	сорғы	[sorɣi]
schroevendraaier (de)	бұрауыш	[burawiʃ]

brandblusser (de)	өрт сөндіргіш	[ørt søndirgiʃ]
gevarendriehoek (de)	апаттық үшбұрыш	[apattiq uʃburiʃ]
afslaan	мотордың өшуі	[motordin øʃui]
(ophouden te werken)		

uitvallen (het)	тоқталу	[toqtalu]
zijn gebroken	сынық болу	[siniq bolu]
oververhitten (ww)	қызып кету	[qizip ketu]
verstopt raken (ww)	бітеліп қалу	[bitelip qalu]
bevriezen (autodeur, enz.)	мұз боп қату	[muz bop qatu]
barsten (leidingen, enz.)	жарылып кету	[ʒarilip ketu]
druk (de)	қысым	[qisim]
niveau (bijv. olieniveau)	деңгей	[deŋgej]
slap (de drijfriem is ~)	әлсіз	[ælsiz]
deuk (de)	жапырылған	[ʒapirilɣan]
geklop (vreemde geluiden)	дүрсіл	[dursil]
barst (de)	жарықшақ	[ʒariqʃaq]
kras (de)	сызат	[sizat]

179. Auto's. Weg

weg (de)	жол	[ʒol]
snelweg (de)	автомагистраль	[avtomagistralʲ]
autoweg (de)	шоссе	[ʃosse]
richting (de)	бағыт	[baɣit]
afstand (de)	аралық	[araliq]
brug (de)	көпір	[køpir]
parking (de)	паркинг	[parking]
plein (het)	алаң	[alaŋ]
verkeersknooppunt (het)	аяқталуы	[ajaqtalui]
tunnel (de)	тоннель	[tonelʲ]
benzinestation (het)	жанармай	[ʒanarmaj]
parking (de)	автотұрақ	[avtoturaq]
benzinepomp (de)	бензин колонкасы	[benzin kolonkasi]
garage (de)	жөндеу шеберханасы	[ʒøndeu ʃæberhanasi]
tanken (ww)	құю	[quju]
brandstof (de)	жанармай	[ʒanarmaj]
jerrycan (de)	канистр	[kanistr]
asfalt (het)	асфальт	[asfalʲt]
markering (de)	белгі	[belgi]
trottoirband (de)	ернеу	[erneu]
geleiderail (de)	қоршау	[qorʃau]
greppel (de)	кювет	[kjuvet]
vluchtstrook (de)	жолдың жағасы	[ʒoldiŋ ʒaɣasi]
lichtmast (de)	бағана	[baɣana]
besturen (een auto ~)	жүргізу	[ʒurgizu]
afslaan (naar rechts ~)	бұру	[buru]
U-bocht maken (ww)	бұрылу	[burilu]
achteruit (de)	артқы жүріс	[artqi ʒuris]
toeteren (ww)	белгі беру	[belgi beru]
toeter (de)	дыбысты белгі	[dibisti belgi]

vastzitten (in modder)	тұрып қалу	[turip qalu]
spinnen (wielen gaan ~)	тұрып қалу	[turip qalu]
uitzetten (ww)	сөндіру	[søndiru]

snelheid (de)	жылдамдық	[ʒildamdiq]
een snelheidsovertreding maken	жылдамдықты арттыру	[ʒildamdiqti arttiru]
bekeuren (ww)	айыппұл салу	[ajippul salu]
verkeerslicht (het)	бағдаршам	[baɣdarʃam]
rijbewijs (het)	жүргізуші куәлігі	[ʒurgɛzuʃi kuæligi]

overgang (de)	өткел	[øtkel]
kruispunt (het)	қиылыс	[qiilis]
zebrapad (oversteekplaats)	жаяулардың өтімі	[ʒajaulardiŋ øtimi]
bocht (de)	бұрылыс	[burilis]
voetgangerszone (de)	жаяулар аймағы	[ʒajaular ajmaɣi]

180. Verkeersborden

verkeersregels (mv.)	жол қозғалысының ережелері	[ʒol qozɣalisiniŋ ereʒeleri]
verkeersbord (het)	белгі	[belgi]
inhalen (het)	озу	[ozu]
bocht (de)	бұрылыс	[burilis]
U-bocht, kering (de)	кері бұрылыс	[keri burilis]
Rotonde (de)	айналма қозғалыс	[ajnalma qozɣalis]

Verboden richting	кіруге тыйым салынады	[kiruge tijim salinadi]
Verboden toegang	қозғалысқа тыйым салынады	[qozɣalisqa tijim salinadi]
Inhalen verboden	басып озуға тыйым салынады	[basip ozuɣa tijim salinadi]
Parkeerverbod	тұруға тыйым салынады	[turuɣa tijim salinadi]
Verbod stil te staan	аялдауға тыйым салынады	[ajaldauɣa tijim salinadi]

Gevaarlijke bocht	тік бұрылыс	[tik burilis]
Gevaarlijke daling	тік еңіс	[tik eŋis]
Eenrichtingsweg	жолға биржақты қозғалыспен шығу	[ʒolɣa birʒaqti qozɣalispen ʃiɣu]
Voetgangers	жаяу өтпе	[ʒajau øtpe]
Slipgevaar	тайғақ жол	[tajɣaq ʒol]
Voorrang verlenen	жол беріңіз	[ʒol beriŋiz]

MENSEN. GEBEURTENISSEN IN HET LEVEN

Gebeurtenissen in het leven

181. Vakanties. Evenement

feest (het)	мереке	[mereke]
nationale feestdag (de)	ұлттық мереке	[ʊlttiq mereke]
feestdag (de)	мерекелік күн	[merekelik kʉn]
herdenken (ww)	тойлау	[tojlau]
gebeurtenis (de)	оқиға	[oqıɣa]
evenement (het)	шара	[ʃara]
banket (het)	банкет	[banket]
receptie (de)	қабылдау	[qabıldau]
feestmaal (het)	той	[toj]
verjaardag (de)	жылдық	[ʒildiq]
jubileum (het)	мерейтой	[merejtoj]
vieren (ww)	тойлап өткізу	[tojlap өtkizu]
Nieuwjaar (het)	жаңа жыл	[ʒaŋa ʒil]
Gelukkig Nieuwjaar!	Жаңа жылмен!	[ʒaŋa ʒilmen]
Kerstfeest (het)	Рождество	[roʒdestvo]
Vrolijk kerstfeest!	Рождество мейрамы көңілді болсын!	[roʒdestvo mejrami kөŋildi bolsin]
kerstboom (de)	Жаңа жылдық шырша	[ʒaŋa ʒildiq ʃirʃa]
vuurwerk (het)	салют	[saljut]
bruiloft (de)	үйлену тойы	[ʉjlenu toji]
bruidegom (de)	күйеу	[kʉjeu]
bruid (de)	қалыңдық	[qaliŋdiq]
uitnodigen (ww)	шақыру	[ʃaqiru]
uitnodigingskaart (de)	шақыру	[ʃaqiru]
gast (de)	қонақ	[qonaq]
op bezoek gaan	қонаққа бару	[qonaqqa baru]
gasten verwelkomen	қонақтарды қарсы алу	[qonaqtardi qarsi alu]
geschenk, cadeau (het)	сый	[sij]
geven (iets cadeau ~)	сыйлау	[sijlau]
geschenken ontvangen	сыйлар алу	[sijlar alu]
boeket (het)	байлам	[bajlam]
felicitaties (mv.)	құттықтау	[quttiqtau]
feliciteren (ww)	құттықтау	[quttiqtau]
wenskaart (de)	құттықтау ашық хаты	[qutiqtau aʃiq hati]

een kaartje versturen	ашық хатты жіберу	[aʃiq hati ʒiberu]
een kaartje ontvangen	ашық хатты алу	[aʃiq hati alu]
toast (de)	тост	[tost]
aanbieden (een drankje ~)	дәм таттыру	[dæm tatiru]
champagne (de)	шампанское	[ʃampan]
plezier hebben (ww)	көңіл көтеру	[køŋil koteru]
plezier (het)	сауық-сайран	[sawiq sajran]
vreugde (de)	қуаныш	[quaniʃ]
dans (de)	би	[bi]
dansen (ww)	билеу	[bileu]
wals (de)	вальс	[valʲs]
tango (de)	танго	[tango]

182. Begrafenissen. Begrafenis

kerkhof (het)	зират	[zirat]
graf (het)	көр	[kør]
grafsteen (de)	барқын	[barqin]
omheining (de)	дуал	[dual]
kapel (de)	кішкентай шіркеу	[kiʃkentaj ʃirkeu]
dood (de)	ажал	[aʒal]
sterven (ww)	өлу	[ølu]
overledene (de)	марқұм	[marqʊm]
rouw (de)	аза	[aza]
begraven (ww)	жерлеу	[ʒerleu]
begrafenisonderneming (de)	жерлеу бюросы	[ʒerleu bjurosi]
begrafenis (de)	жерлеу	[ʒerleu]
krans (de)	венок	[venok]
doodskist (de)	табыт	[tabit]
lijkwagen (de)	катафалк	[katafalk]
lijkkleed (de)	кебін	[kebin]
urn (de)	сауыт	[sawit]
crematorium (het)	крематорий	[krematorij]
overlijdensbericht (het)	азанама	[azanama]
huilen (wenen)	жылау	[ʒilau]
snikken (huilen)	аңырау	[aŋirau]

183. Oorlog. Soldaten

peloton (het)	взвод	[vzvod]
compagnie (de)	рота	[rota]
regiment (het)	полк	[polk]
leger (armee)	армия	[armija]

divisie (de)	дивизия	[dıvızıja]
sectie (de)	жасақ	[ʒasaq]
troep (de)	әскер	[æsker]

soldaat (militair)	солдат	[soldat]
officier (de)	офицер	[ofıtser]

soldaat (rang)	қатардағы	[qatardaɣi]
sergeant (de)	сержант	[serʒant]
luitenant (de)	лейтенант	[lejtenant]
kapitein (de)	капитан	[kapıtan]
majoor (de)	майор	[major]
kolonel (de)	полковник	[polkovnık]
generaal (de)	генерал	[general]

matroos (de)	теңізші	[teŋizʃi]
kapitein (de)	капитан	[kapıtan]
bootsman (de)	боцман	[botsman]

artillerist (de)	артиллерист	[artıllerıst]
valschermjager (de)	десантшы	[desantʃi]
piloot (de)	ұшқыш	[uʃqiʃ]
stuurman (de)	штурман	[ʃturman]
mecanicien (de)	механик	[mehanık]

sappeur (de)	сапер	[sapør]
parachutist (de)	парашютші	[paraʃutʃi]
verkenner (de)	барлаушы	[barlauʃi]
scherpschutter (de)	мерген	[mergen]
patrouille (de)	патруль	[patrulʲ]
patrouilleren (ww)	күзету	[kuzetu]
wacht (de)	сақшы	[saqʃi]

krijger (de)	жауынгер	[ʒawinger]
patriot (de)	отаншыл	[otanʃil]
held (de)	батыр	[batir]
heldin (de)	батыр	[batir]

verrader (de)	сатқын	[satqin]
deserteur (de)	қашқын	[qaʃqin]
deserteren (ww)	әскерден қашу	[æskerden qaʃu]

huurling (de)	жалдамшы	[ʒaldamʃi]
rekruut (de)	жаңа шақырылған	[ʒaŋa ʃaqirilɣan]
vrijwilliger (de)	өзі тіленгендер	[øzi tilengender]

gedode (de)	өлген	[ølgen]
gewonde (de)	жарақаттанған	[ʒaraqattanɣan]
krijgsgevangene (de)	тұтқын	[tutqin]

184. Oorlog. Militaire acties. Deel 1

oorlog (de)	соғыс	[soɣis]
oorlog voeren (ww)	соғысу	[soɣisu]

burgeroorlog (de)	азамат соғысы	[azamat soɣisi]
achterbaks (bw)	опасыз	[opasiz]
oorlogsverklaring (de)	жариялау	[ʒarijalau]
verklaren (de oorlog ~)	жариялау	[ʒarijalau]
agressie (de)	агрессия	[agressija]
aanvallen (binnenvallen)	шабуыл жасау	[ʃabuɨl ʒasau]

binnenvallen (ww)	басып алу	[basip alu]
invaller (de)	басқыншы	[basqinʃi]
veroveraar (de)	шапқыншы	[ʃapqinʃi]

verdediging (de)	қорғаныс	[qorɣanis]
verdedigen (je land ~)	қорғау	[qorɣau]
zich verdedigen (ww)	қорғану	[qorɣanu]

| vijand, tegenstander (de) | жау | [ʒau] |
| vijandelijk (bn) | жау | [ʒau] |

| strategie (de) | стратегия | [strategija] |
| tactiek (de) | тактика | [taktika] |

order (de)	бұйрық	[bujriq]
bevel (het)	команда	[komanda]
bevelen (ww)	бұйыру	[bujiru]
opdracht (de)	тапсырма	[tapsirma]
geheim (bn)	құпия	[qupija]

| veldslag (de) | айқас | [ajqas] |
| strijd (de) | шайқас | [ʃajqas] |

aanval (de)	шабуыл	[ʃabuɨl]
bestorming (de)	шабуыл	[ʃabuɨl]
bestormen (ww)	шабуыл жасау	[ʃabuɨl ʒasau]
bezetting (de)	қамау	[qamau]

| aanval (de) | шабуыл | [ʃabuɨl] |
| in het offensief te gaan | шабуылдау | [ʃabuɨldau] |

| terugtrekking (de) | шегіну | [ʃæginu] |
| zich terugtrekken (ww) | шегіну | [ʃæginu] |

| omsingeling (de) | қоршау | [qorʃau] |
| omsingelen (ww) | қоршау | [qorʃau] |

bombardement (het)	бомбалау	[bombalau]
een bom gooien	бомба тастау	[bomba tastau]
bombarderen (ww)	бомба тастау	[bomba tastau]
ontploffing (de)	жарылыс	[ʒarilis]

schot (het)	атыс	[atis]
een schot lossen	атып жіберу	[atip ʒiberu]
schieten (het)	атыс	[atis]

mikken op (ww)	дәлдеу	[dældeu]
aanleggen (een wapen ~)	зеңбіректі кезеу	[zeŋbirekti kezeu]
treffen (doelwit ~)	нысанаға тигізу	[nisanaɣa tigizu]

zinken (tot zinken brengen)	суға батыру	[suɣa batiru]
kogelgat (het)	тесілген жер	[tesilgen ʒer]
zinken (gezonken zijn)	судың түбіне кету	[sudiŋ tʉbine ketu]

front (het)	майдан	[majdan]
evacuatie (de)	көшіру	[køʃiru]
evacueren (ww)	көшіру	[køʃiru]

loopgraaf (de)	окоп, траншея	[okop], [tranʃæja]
prikkeldraad (de)	тікенді сым	[tikendi sim]
verdedigingsobstakel (het)	бөгет	[bøget]
wachttoren (de)	мұнара	[munara]

hospitaal (het)	госпиталь	[gospɪtalʲ]
verwonden (ww)	жаралау	[ʒaralau]
wond (de)	жара	[ʒara]
gewonde (de)	жараланған	[ʒaralanɣan]
gewond raken (ww)	жаралану	[ʒaralanu]
ernstig (~e wond)	ауыр	[awir]

185. Oorlog. Militaire acties. Deel 2

krijgsgevangenschap (de)	тұтқын	[tutqin]
krijgsgevangen nemen	тұтқынға алу	[tutqinɣa alu]
krijgsgevangene zijn	тұтқында болу	[tutqinda bolu]
krijgsgevangen genomen worden	тұтқынға түсу	[tutqinɣa tʉsu]

concentratiekamp (het)	концлагерь	[kontslagerʲ]
krijgsgevangene (de)	тұтқын	[tutqin]
vluchten (ww)	Тұтқыннан қашу	[tutqinan qaʃu]

verraden (ww)	сатылу	[satilu]
verrader (de)	сатқын	[satqin]
verraad (het)	опасыздық	[opasizdiq]

| fusilleren (executeren) | атып өлтіру | [atip øltiru] |
| executie (de) | ату жазасы | [atu ʒazasi] |

uitrusting (de)	киім	[kɪim]
schouderstuk (het)	иық белгі	[ɪiq belgi]
gasmasker (het)	газқағар	[gazqaɣar]

portofoon (de)	рация	[ratsɪja]
geheime code (de)	мұқам	[muqam]
samenzwering (de)	конспирация	[konspɪratsɪja]
wachtwoord (het)	пароль	[parolʲ]

mijn (landmijn)	мина	[mɪna]
ondermijnen (legden mijnen)	миналап тастау	[mɪnalap tastau]
mijnenveld (het)	миналы дала	[mɪnali dala]

| luchtalarm (het) | әуе дабылы | [æwe dabɨlɨ] |
| alarm (het) | дабыл | [dabɨl] |

| signaal (het) | дабыл | [dabil] |
| vuurpijl (de) | сигнал ракетасы | [sıgnal raketasi] |

staf (generale ~)	штаб	[ʃtab]
verkenning (de)	барлау	[barlau]
toestand (de)	жағдай	[ʒaγdaj]
rapport (het)	баянат	[bajanat]
hinderlaag (de)	тосқауыл	[tosqawil]
versterking (de)	жәрдем	[ʒærdem]

doel (bewegend ~)	нысана	[nisana]
proefterrein (het)	полигон	[polıgon]
manoeuvres (mv.)	маневрлар	[manevrlar]

paniek (de)	дүрбелең	[durbeleŋ]
verwoesting (de)	бүлінушілік	[bulinuʃilik]
verwoestingen (mv.)	қиратулар	[qiratular]
verwoesten (ww)	бұзу	[buzu]

overleven (ww)	тірі қалу	[tiri qalu]
ontwapenen (ww)	қаруын тастату	[qaruin tastatu]
behandelen (een pistool ~)	ұстау	[ustau]

| Geeft acht! | Тік тұр! | [tik tur] |
| Op de plaats rust! | Еркін! | [erkin] |

heldendaad (de)	батырлық	[batirliq]
eed (de)	ант	[ant]
zweren (een eed doen)	анттасу	[anttasu]

decoratie (de)	марапат	[marapat]
onderscheiden (een ereteken geven)	марапаттау	[marapattau]
medaille (de)	медаль	[medalʲ]
orde (de)	орден	[orden]

overwinning (de)	жеңіс	[ʒeŋis]
verlies (het)	жеңіліс	[ʒeŋilis]
wapenstilstand (de)	бітім	[bitim]

wimpel (vaandel)	ту	[tu]
roem (de)	дабыс	[dabis]
parade (de)	парад	[parad]
marcheren (ww)	әскерше жүру	[æskerʃe ʒuru]

186. Wapens

wapens (mv.)	қару	[qaru]
vuurwapens (mv.)	ату қаруы	[atu qarui]
koude wapens (mv.)	суық қару	[suiq qaru]

chemische wapens (mv.)	химиялық қару	[hımijaliq qaru]
kern-, nucleair (bn)	ядролық	[jadroliq]
kernwapens (mv.)	ядролық қару	[jadroliq qaru]

| bom (de) | бомба | [bomba] |
| atoombom (de) | атом бомбасы | [atom bombasi] |

pistool (het)	тапанша	[tapanʃa]
geweer (het)	мылтық	[miltiq]
machinepistool (het)	автомат	[avtomat]
machinegeweer (het)	пулемет	[pulemøt]

loop (schietbuis)	ауыз	[awiz]
loop (bijv. geweer met kortere ~)	оқпан	[oqpan]
kaliber (het)	калибр	[kalıbr]

trekker (de)	шүріппе	[ʃuripe]
korrel (de)	көздеуіш	[køzdewiʃ]
magazijn (het)	қорап	[qorap]
geweerkolf (de)	шүйде	[ʃujde]

| granaat (handgranaat) | граната | [granata] |
| explosieven (mv.) | жарылғыш зат | [ʒarilɣiʃ zat] |

kogel (de)	оқ	[oq]
patroon (de)	патрон	[patron]
lading (de)	заряд	[zarjad]
ammunitie (de)	оқ-дәрілер	[oq dæriler]

bommenwerper (de)	бомбалаушы	[bombalauʃi]
straaljager (de)	жойғыш	[ʒojɣiʃ]
helikopter (de)	тікұшақ	[tikuʃaq]

afweergeschut (het)	зенит зеңбірегі	[zenıt zeŋbiregi]
tank (de)	танк	[tank]
kanon (tank met een ~ van 76 mm)	зеңбірек	[zeŋbirek]

| artillerie (de) | артиллерия | [artıllerıja] |
| aanleggen (een wapen ~) | бағыттау | [baɣitau] |

projectiel (het)	снаряд	[snarjad]
mortiergranaat (de)	мина	[mına]
mortier (de)	миномет	[mınomøt]
granaatscherf (de)	жарқыншақ	[ʒarqinʃaq]

duikboot (de)	сүңгуір қайық	[suŋguir qajiq]
torpedo (de)	торпеда	[torpeda]
raket (de)	ракета	[raketa]

laden (geweer, kanon)	оқтау	[oqtau]
schieten (ww)	ату	[atu]
richten op (mikken)	дәлдеу	[dældeu]
bajonet (de)	найза	[najza]

degen (de)	сапы	[sapi]
sabel (de)	қылыш	[qiliʃ]
speer (de)	найза	[najza]
boog (de)	садақ	[sadaq]

pijl (de)	оқ	[oq]
musket (de)	мушкет	[muʃket]
kruisboog (de)	арбалет	[arbalet]

187. Oude mensen

primitief (bn)	алғашқы қауымдық	[alɣaʃqɨ qawɨmdɨq]
voorhistorisch (bn)	тарихтан бұрыңғы	[tarɨhtan burɨŋɣɨ]
eeuwenoude (~ beschaving)	ежелгі	[eʒelgi]

Steentijd (de)	Тас ғасыры	[tas ɣasiri]
Bronstijd (de)	Қола дәуірі	[qola dæwiri]
IJstijd (de)	мұз дәуірі	[muz dæwiri]

stam (de)	тайпа	[tajpa]
menseneter (de)	жалмауыз	[ʒalmawiz]
jager (de)	аңшы	[anʃi]
jagen (ww)	аулау	[aulau]
mammoet (de)	мамонт	[mamont]

grot (de)	үңгір	[uŋgir]
vuur (het)	от	[ot]
kampvuur (het)	алау	[alau]
rotstekening (de)	жартасқа салынған сурет	[ʒartasqa salinɣan suret]

werkinstrument (het)	еңбек құралы	[eŋbek qurali]
speer (de)	найза	[najza]
stenen bijl (de)	тас балтасы	[tas baltasi]
oorlog voeren (ww)	соғысу	[soɣisu]
temmen (bijv. wolf ~)	қолға үйрету	[qolɣa ujretu]
idool (het)	пұт	[put]
aanbidden (ww)	сыйыну	[sijinu]
bijgeloof (het)	ырымшылдық	[irimʃildiq]

evolutie (de)	эволюция	[ɛvaljutsija]
ontwikkeling (de)	дамушылық	[damuʃiliq]
verdwijning (de)	ғайып болу	[ɣajip bolu]
zich aanpassen (ww)	бейімделу	[bejimdelu]

archeologie (de)	археология	[arheologija]
archeoloog (de)	археолог	[arheolog]
archeologisch (bn)	археологиялық	[arheologijaliq]

opgravingsplaats (de)	қазулар	[qazular]
opgravingen (mv.)	қазулар	[qazular]
vondst (de)	олжа	[olʒa]
fragment (het)	үзінді	[uzindi]

188. Middeleeuwen

| volk (het) | халық | [haliq] |
| volkeren (mv.) | халықтар | [haliqtar] |

| stam (de) | тайпа | [tajpa] |
| stammen (mv.) | тайпалар | [tajpalar] |

barbaren (mv.)	варвардар	[varvardar]
Galliërs (mv.)	галлдар	[galldar]
Goten (mv.)	готтар	[gottar]
Slaven (mv.)	славяндар	[slavjandar]
Vikings (mv.)	викингтер	[vɪkɪŋter]

| Romeinen (mv.) | римдіктер | [rɪmdikter] |
| Romeins (bn) | рим | [rɪm] |

Byzantijnen (mv.)	византиялықтар	[vɪzantɪjaliqtar]
Byzantium (het)	Византия	[vɪzantɪja]
Byzantijns (bn)	византиялық	[vɪzantɪjaliq]

keizer (bijv. Romeinse ~)	император	[ɪmperator]
opperhoofd (het)	көсем	[køsem]
machtig (bn)	құдіретті	[qʊdiretti]
koning (de)	король	[korolʲ]
heerser (de)	билеуші	[bɪleuʃi]

ridder (de)	сері	[seri]
feodaal (de)	феодал	[feodal]
feodaal (bn)	феодалдық	[feodaldiq]
vazal (de)	вассал	[vassal]

hertog (de)	герцог	[gertsog]
graaf (de)	граф	[graf]
baron (de)	барон	[baron]
bisschop (de)	епископ	[epɪskop]

harnas (het)	қару-жарақ	[qaru ʒaraq]
schild (het)	қалқан	[qalqan]
zwaard (het)	қылыш	[qiliʃ]
vizier (het)	қалқан	[qalqan]
maliënkolder (de)	берен	[beren]

| kruistocht (de) | крест жорығы | [krest ʒoriɣi] |
| kruisvaarder (de) | кресші | [kresʃi] |

gebied (bijv. bezette ~en)	территория	[terrɪtorɪja]
aanvallen (binnenvallen)	шабуыл жасау	[ʃabuil ʒasau]
veroveren (ww)	жаулап алу	[ʒaulap alu]
innemen (binnenvallen)	басып алу	[basip alu]

bezetting (de)	қамау	[qamau]
belegerd (bn)	қоршалған	[qorʃalɣan]
belegeren (ww)	қоршап алу	[qorʃap alu]

inquisitie (de)	инквизиция	[ɪnkvɪzɪtsɪja]
inquisiteur (de)	инквизитор	[ɪnkvɪzɪtor]
foltering (de)	азап	[azap]
wreed (bn)	қатал	[qatal]
ketter (de)	дінбұзар	[dinbʊzar]
ketterij (de)	дінбұзарлық	[dinbʊzarliq]

zeevaart (de)	теңізде жүзу	[teŋizde ʒuzu]
piraat (de)	пират	[pırat]
piraterij (de)	қарақшылық	[qaraqʃılıq]
enteren (het)	абордаж	[abordaʒ]
buit (de)	олжа	[olʒa]
schatten (mv.)	қазыналар	[qazinalar]

ontdekking (de)	ашу	[aʃu]
ontdekken (bijv. nieuw land)	ашу	[aʃu]
expeditie (de)	экспедиция	[ɛkspedıtsıja]

musketier (de)	мушкетер	[muʃketør]
kardinaal (de)	кардинал	[kardınal]
heraldiek (de)	геральдика	[geralʲdıka]
heraldisch (bn)	геральдикалық	[geralʲdıkaliq]

189. Leider. Baas. Autoriteiten

koning (de)	король	[korolʲ]
koningin (de)	королева	[koroleva]
koninklijk (bn)	корольдық	[korolʲdiq]
koninkrijk (het)	корольдық	[korolʲdiq]

| prins (de) | ханзада | [hanzada] |
| prinses (de) | ханшайым | [hanʃajim] |

president (de)	президент	[prezıdent]
vicepresident (de)	вице-президент	[vıtse prezıdent]
senator (de)	сенатор	[senator]

monarch (de)	монарх	[monarh]
heerser (de)	билеуші	[bıleuʃi]
dictator (de)	диктатор	[dıktator]
tiran (de)	тиран	[tıran]
magnaat (de)	магнат	[magnat]

directeur (de)	директор	[dırektor]
chef (de)	бастық	[bastiq]
beheerder (de)	басқарушы	[basqaruʃi]
baas (de)	босс	[boss]
eigenaar (de)	ие	[ıe]

hoofd (bijv. ~ van de delegatie)	басшы	[basʃi]
autoriteiten (mv.)	өкіметтер	[økimeter]
superieuren (mv.)	бастықтар	[bastiqtar]

gouverneur (de)	губернатор	[gubernator]
consul (de)	консул	[konsul]
diplomaat (de)	дипломат	[dıplomat]
burgemeester (de)	қалабасы	[qalabasi]
sheriff (de)	шериф	[ʃærıf]
keizer (bijv. Romeinse ~)	император	[ımperator]
tsaar (de)	патша	[patʃa]

| farao (de) | перғауын | [perɣawin] |
| kan (de) | хан | [han] |

190. Weg. Weg. Routebeschrijving

| weg (de) | жол | [ʒol] |
| route (de kortste ~) | жол | [ʒol] |

autoweg (de)	шоссе	[ʃosse]
snelweg (de)	автомагистраль	[avtomagıstralʲ]
rijksweg (de)	ұлттық жол	[ultiq ʒol]

| hoofdweg (de) | бас жол | [bas ʒol] |
| landweg (de) | ауыл арасының жолы | [awil arasiniŋ ʒoli] |

| pad (het) | соқпақ | [soqpaq] |
| paadje (het) | жалғыз аяқжол | [ʒalɣiz ajaqʒol] |

Waar?	Қайда?	[qajda]
Waarheen?	Қайда?	[qajda]
Waarvandaan?	Қайдан?	[qajdan]

| richting (de) | бағыт | [baɣit] |
| aanwijzen (de weg ~) | бағыт көрсету | [baɣit kørsetu] |

naar links (bw)	солға	[solɣa]
naar rechts (bw)	оңға	[oŋɣa]
rechtdoor (bw)	тура	[tura]
terug (bijv. ~ keren)	артқа	[artqa]

bocht (de)	бұрылыс	[burilis]
afslaan (naar rechts ~)	бұру	[buru]
U-bocht maken (ww)	кері бұрылу	[keri burilu]

| zichtbaar worden (ww) | көзге шалыну | [køzge ʃalinu] |
| verschijnen (in zicht komen) | көріну | [kørinu] |

stop (korte onderbreking)	тоқтау	[toqtau]
zich verpozen (uitrusten)	демалу	[demalu]
rust (de)	демалыс	[demalis]

verdwalen (de weg kwijt zijn)	адасып кету	[adasip ketu]
leiden naar ... (de weg)	жүргізу	[ʒurgizu]
bereiken (ergens aankomen)	шығу	[ʃiɣu]
deel (~ van de weg)	бөлік	[bølik]

asfalt (het)	асфальт	[asfalʲt]
trottoirband (de)	ернеу	[erneu]
greppel (de)	ор	[or]
putdeksel (het)	люк	[ljuk]
vluchtstrook (de)	жолдың ернеуі	[ʒoldiŋ ernewi]
kuil (de)	шұңқыр	[ʃuŋqir]
gaan (te voet)	жүру	[ʒuru]
inhalen (voorbijgaan)	басып озу	[basip ozu]

| stap (de) | қадам | [qadam] |
| te voet (bw) | жаяу | [ʒajau] |

blokkeren (de weg ~)	қалқалау	[qalqalau]
slagboom (de)	шлагбаум	[ʃlagbaum]
doodlopende straat (de)	тұйық	[tʊjiq]

191. De wet overtreden. Criminelen. Deel 1

bandiet (de)	бандит	[bandɪt]
misdaad (de)	қылмыс	[qilmis]
misdadiger (de)	қылмыскер	[qilmisker]

dief (de)	ұры	[ʊri]
stelen (ww)	ұрлау	[ʊrlau]
stelen, diefstal (de)	ұрлық	[ʊrliq]

kidnappen (ww)	ұрлап алу	[ʊrlap alu]
kidnapping (de)	жымқыру	[ʒimqiru]
kidnapper (de)	ұрлаушы	[ʊrlauʃi]

| losgeld (het) | құн | [qʊn] |
| eisen losgeld (ww) | құнды талап ету | [qʊndi talap etu] |

overvallen (ww)	тонау	[tonau]
overval (de)	қарақшылық	[qaraqʃiliq]
overvaller (de)	тонаушы	[tonauʃi]

afpersen (ww)	қорқытып алу	[qorqitip alu]
afperser (de)	қорқытып алушы	[qorqitip aluʃi]
afpersing (de)	қорқытып алушылық	[qorqitip aluʃiliq]

vermoorden (ww)	өлтіру	[øltiru]
moord (de)	өлтірушілік	[øltiruʃilik]
moordenaar (de)	өлтіруші	[øltiruʃi]

schot (het)	ату	[atu]
een schot lossen	атып жіберу	[atip ʒiberu]
neerschieten (ww)	атып өлтіру	[atip øltiru]
schieten (ww)	ату	[atu]
schieten (het)	атыс	[atis]

ongeluk (gevecht, enz.)	оқиға	[oqiɣa]
gevecht (het)	төбелес	[tøbeles]
Help!	Көмекке! Құтқараңыз!	[kømekke], [qʊtqariŋiz]
slachtoffer (het)	құрбан	[qʊrban]

beschadigen (ww)	зақымдау	[zaqimdau]
schade (de)	зиян	[zıjan]
lijk (het)	өлік	[ølik]
zwaar (~ misdrijf)	ауыр	[awir]

| aanvallen (ww) | бас салу | [bas salu] |
| slaan (iemand ~) | ұру | [ʊru] |

in elkaar slaan (toetakelen)	ұрып-соғу	[urip soɣu]
ontnemen (beroven)	тартып алу	[tartip alu]
steken (met een mes)	бауыздау	[bawizdau]
verminken (ww)	зағыптандыру	[zaɣiptandiru]
verwonden (ww)	жаралау	[ʒaralau]

chantage (de)	бопса	[bopsa]
chanteren (ww)	бопсалау	[bopsalau]
chanteur (de)	бопсашыл	[bopsaʃil]

afpersing (de)	рэкет	[rɛket]
afperser (de)	рэкетир	[rɛketɪr]
gangster (de)	гангстер	[gangster]
maffia (de)	мафия	[mafija]

kruimeldief (de)	қалталық ұры	[qaltaliq uri]
inbreker (de)	бұзып түсетін ұры	[buzip tusetin uri]
smokkelen (het)	контрабанда	[kontrabanda]
smokkelaar (de)	контрабандашы	[kontrabandaʃi]

namaak (de)	жалған	[ʒalɣan]
namaken (ww)	жалған істеу	[ʒalɣan isteu]
namaak-, vals (bn)	жалған	[ʒalɣan]

192. De wet overtreden. Criminelen. Deel 2

verkrachting (de)	зорлау	[zorlau]
verkrachten (ww)	зорлау	[zorlau]
verkrachter (de)	зорлаушы	[zorlauʃi]
maniak (de)	маньяк	[manjak]

prostituee (de)	жезөкше	[ʒezøkʃæ]
prostitutie (de)	жезөкшелік	[ʒezøkʃælik]
pooier (de)	сутенер	[sutenør]

| drugsverslaafde (de) | нашақор | [naʃaqor] |
| drugshandelaar (de) | есірткілермен саудагер | [esirtkilermen saudager] |

opblazen (ww)	жару	[ʒaru]
explosie (de)	жарылыс	[ʒarilis]
in brand steken (ww)	өртеу	[ørteu]
brandstichter (de)	өртеуші	[ørteuʃi]

terrorisme (het)	терроризм	[terrorɪzm]
terrorist (de)	терроршы	[terrorʃi]
gijzelaar (de)	кепілгер	[kepilger]

bedriegen (ww)	алдау	[aldau]
bedrog (het)	алдаушылық	[aldauʃiliq]
oplichter (de)	алаяқ	[alajaq]

omkopen (ww)	сатып алу	[satip alu]
omkoperij (de)	параға сатып алу	[paraɣa satip alu]
smeergeld (het)	пара	[para]

vergif (het)	у	[u]
vergiftigen (ww)	уландыру	[ulandiru]
vergif innemen (ww)	улану	[ulanu]

| zelfmoord (de) | өзін-өзі өлтірушілік | [øzin ozi øltiruʃilik] |
| zelfmoordenaar (de) | өзін-өзі өлтіруші | [øzin ozi øltiruʃi] |

bedreigen (bijv. met een pistool)	қоқақтау	[qoqaqtau]
bedreiging (de)	қауіп	[qawip]
een aanslag plegen	қастандық жасау	[qastandiq ʒasau]
aanslag (de)	қастандық	[qastandiq]

| stelen (een auto) | айдап әкету | [ajdap æketu] |
| kapen (een vliegtuig) | айдап әкету | [ajdap æketu] |

| wraak (de) | кек | [kek] |
| wreken (ww) | кек алу | [kek alu] |

martelen (gevangenen)	азаптату	[azaptatu]
foltering (de)	азап	[azap]
folteren (ww)	азаптау	[azaptau]

piraat (de)	пират	[pırat]
straatschender (de)	бейбастақ	[bejbastaq]
gewapend (bn)	жарақты	[ʒaraqti]
geweld (het)	зорлық	[zorliq]

| spionage (de) | тыңшылық | [tiŋʃiliq] |
| spioneren (ww) | тыңшы болу | [tiŋʃi bolu] |

193. Politie. Wet. Deel 1

| justitie (de) | әділеттілік | [ædilettilik] |
| gerechtshof (het) | сот | [sot] |

rechter (de)	төреші	[tøreʃi]
jury (de)	сот мүшелері	[sot mʉʃæleri]
juryrechtspraak (de)	ант берушілер соты	[ant beruʃiler soti]
berechten (ww)	соттау	[sottau]

advocaat (de)	қорғаушы	[qorɣauʃi]
beklaagde (de)	айыпкер	[ajipker]
beklaagdenbank (de)	айыпкерлер отырғышы	[ajipkerler otirɣiʃi]

| beschuldiging (de) | айып | [ajip] |
| beschuldigde (de) | айыпкер | [ajipker] |

| vonnis (het) | үкім | [ʉkim] |
| veroordelen (in een rechtszaak) | үкім шығару | [ʉkim ʃiɣaru] |

| schuldige (de) | айыпкер | [ajipker] |
| straffen (ww) | жазалау | [ʒazalau] |

bestraffing (de)	жаза	[ʒaza]
boete (de)	айыппұл	[ajippʊl]
levenslange opsluiting (de)	өмірлік қамау	[ømirlik qamau]
doodstraf (de)	өлім жазасы	[ølim ʒazasi]
elektrische stoel (de)	электр орындығы	[ɛlektr orindiɣi]
schavot (het)	дар	[dar]

executeren (ww)	өлтіру	[øltiru]
executie (de)	өлім жазасы	[ølim ʒazasi]

gevangenis (de)	абақты	[abaqti]
cel (de)	камера	[kamera]

konvooi (het)	айдаул	[ajdaul]
gevangenisbewaker (de)	қараушы	[qarauʃi]
gedetineerde (de)	қамалған	[qamalɣan]

handboeien (mv.)	қолкісен	[qolkisen]
handboeien omdoen	қол кісендерді тағу	[qol kisenderdi taɣu]

ontsnapping (de)	қашу	[qaʃu]
ontsnappen (ww)	қашу	[qaʃu]
verdwijnen (ww)	жоғалу	[ʒoɣalu]
vrijlaten (uit de gevangenis)	босату	[bosatu]
amnestie (de)	амнистия	[amnɪstɪja]

politie (de)	полиция	[polɪtsɪja]
politieagent (de)	полицейлік	[polɪtsejlik]
politiebureau (het)	полиция қосыны	[polɪtsɪja qosini]
knuppel (de)	резеңке таяқ	[rezeŋke tajaq]
megafoon (de)	рупор	[rupor]

patrouilleerwagen (de)	патрулдік машина	[patruldik maʃina]
sirene (de)	сирена	[sɪrena]
de sirene aansteken	сиренаны қосу	[sɪrenani qosu]
geloei (het) van de sirene	сарнау	[sarnau]

plaats delict (de)	оқиға орыны	[oqiɣa orini]
getuige (de)	куәгер	[kuæger]
vrijheid (de)	бостандық	[bostandiq]
handlanger (de)	сыбайлас	[sibajlas]
ontvluchten (ww)	жасырыну	[ʒasirinu]
spoor (het)	із	[iz]

194. Politie. Wet. Deel 2

opsporing (de)	іздестіру	[izdestiru]
opsporen (ww)	іздеу	[izdeu]
verdenking (de)	күдік	[kʉdik]
verdacht (bn)	күдікті	[kʉdikti]
aanhouden (stoppen)	тоқтату	[toqtatu]
tegenhouden (ww)	ұстау	[ʊstau]
strafzaak (de)	іс	[is]
onderzoek (het)	тергеу	[tergeu]

detective (de)	детектив	[detektɪv]
onderzoeksrechter (de)	тергеуші	[tergeuʃi]
versie (de)	версия	[versɪja]

motief (het)	себеп	[sebep]
verhoor (het)	жауап алу	[ʒawap alu]
ondervragen (door de politie)	жауап алу	[ʒawap alu]
ondervragen (omstanders ~)	сұрау	[surau]
controle (de)	тексеру	[tekseru]

razzia (de)	қамап алу	[qamap alu]
huiszoeking (de)	тінту	[tintu]
achtervolging (de)	қуғын	[quɣin]
achtervolgen (ww)	қуғындау	[quɣindau]
opsporen (ww)	торуылдау	[toruildau]

arrest (het)	тұтқынға алу	[tutqinɣa alu]
arresteren (ww)	тұтқындау	[tutqindau]
vangen, aanhouden (een dief, enz.)	ұстап алу	[ustap alu]

document (het)	құжат	[quʒat]
bewijs (het)	дәлел	[dælel]
bewijzen (ww)	дәлелдеу	[dæleldeu]
voetspoor (het)	із	[iz]
vingerafdrukken (mv.)	саусақтардың таңбалары	[sausaqtardiŋ taŋbalari]
bewijs (het)	дәлел	[dælel]

alibi (het)	алиби	[alıbı]
onschuldig (bn)	айыпсыз	[ajipsiz]
onrecht (het)	әділетсіздік	[ædiletsizdik]
onrechtvaardig (bn)	әділетсіз	[ædiletsiz]

crimineel (bn)	қылмыстық	[qilmistiq]
confisqueren (in beslag nemen)	тәркілеу	[tærkileu]
drug (de)	есірткі	[esirtki]
wapen (het)	қару	[qaru]
ontwapenen (ww)	қаруын тастату	[qaruin tastatu]
bevelen (ww)	бұйыру	[bujiru]
verdwijnen (ww)	жоғалу	[ʒoɣalu]

wet (de)	заң	[zaŋ]
wettelijk (bn)	заңды	[zaŋdi]
onwettelijk (bn)	заңсыз	[zaŋsiz]

| verantwoordelijkheid (de) | жауапкершілік | [ʒawapkerʃilik] |
| verantwoordelijk (bn) | жауапты | [ʒawapti] |

NATUUR

De Aarde. Deel 1

195. De kosmische ruimte

kosmos (de)	ғарыш	[ɣariʃ]
kosmisch (bn)	ғарыштық	[ɣariʃtiq]
kosmische ruimte (de)	ғарыш кеңістігі	[ɣariʃ keŋistigi]
wereld (de), heelal (het)	әлем	[ælem]
sterrenstelsel (het)	галактика	[galaktɪka]
ster (de)	жұлдыз	[ʒʊldiz]
sterrenbeeld (het)	шоқжұлдыз	[ʃoqʒʊldiz]
planeet (de)	планета	[planeta]
satelliet (de)	серік	[serik]
meteoriet (de)	метеорит	[meteorɪt]
komeet (de)	комета	[kometa]
asteroïde (de)	астероид	[asteroɪd]
baan (de)	орбита	[orbɪta]
draaien (om de zon, enz.)	айналу	[ajnalu]
atmosfeer (de)	атмосфера	[atmosfera]
Zon (de)	күн	[kʊn]
zonnestelsel (het)	күн жүйесі	[kʊn ʒʉjesi]
zonsverduistering (de)	күн тұтылу	[kʊn tʊtilu]
Aarde (de)	Жер	[ʒer]
Maan (de)	Ай	[aj]
Mars (de)	Марс	[mars]
Venus (de)	Венера	[venera]
Jupiter (de)	Юпитер	[jupɪter]
Saturnus (de)	Сатурн	[saturn]
Mercurius (de)	Меркурий	[merkurɪj]
Uranus (de)	Уран	[uran]
Neptunus (de)	Нептун	[neptun]
Pluto (de)	Плутон	[pluton]
Melkweg (de)	Құс жолы	[qʊs ʒoli]
Grote Beer (de)	Жетіқарақшы	[ʒetiqaraqʃi]
Poolster (de)	Темірказык	[temirqaziq]
marsmannetje (het)	марстық	[marstiq]
buitenaards wezen (het)	басқа планеталық	[basqa planetaliq]

| bovenaards (het) | келімсек | [kelimsek] |
| vliegende schotel (de) | ұшатын тәрелке | [uʃatin tærelke] |

ruimtevaartuig (het)	ғарыш кемесі	[ɣariʃ kemesi]
ruimtestation (het)	орбиталық станция	[orbitaliq stantsija]
start (de)	старт	[start]

motor (de)	двигатель	[dvigatelʲ]
straalpijp (de)	қақпақ	[qaqpaq]
brandstof (de)	жанармай	[ʒanarmaj]

cabine (de)	кабина	[kabina]
antenne (de)	антенна	[antena]
patrijspoort (de)	иллюминатор	[illjuminator]
zonnebatterij (de)	күн батареясы	[kʉn batarejasi]
ruimtepak (het)	скафандр	[skafandr]

| gewichtloosheid (de) | салмақсыздық | [salmaqsizdiq] |
| zuurstof (de) | оттегі | [ottegi] |

| koppeling (de) | түйісу | [tʉjisu] |
| koppeling maken | түйісу жасау | [tʉjisu ʒasau] |

observatorium (het)	обсерватория	[observatorija]
telescoop (de)	телескоп	[teleskop]
waarnemen (ww)	бақылау	[baqilau]
exploreren (ww)	зерттеу	[zertteu]

196. De Aarde

Aarde (de)	Жер	[ʒer]
aardbol (de)	жер шары	[ʒer ʃari]
planeet (de)	ғаламшар	[ɣalamʃar]

atmosfeer (de)	атмосфера	[atmosfera]
aardrijkskunde (de)	география	[geografija]
natuur (de)	табиғат	[tabiɣat]

wereldbol (de)	глобус	[globus]
kaart (de)	карта	[karta]
atlas (de)	атлас	[atlas]

| Europa (het) | Еуропа | [europa] |
| Azië (het) | Азия | [azija] |

| Afrika (het) | Африка | [afrika] |
| Australië (het) | Австралия | [avstralija] |

Amerika (het)	Америка	[amerika]
Noord-Amerika (het)	Солтүстік Америка	[soltʉstik amerika]
Zuid-Amerika (het)	Оңтүстік Америка	[oŋtʉstik amerika]

| Antarctica (het) | Антарктида | [antarktida] |
| Arctis (de) | Арктика | [arktika] |

197. Windrichtingen

noorden (het)	солтүстік	[soltustik]
naar het noorden	солтүстікке	[soltustikke]
in het noorden	солтүстікте	[soltustikte]
noordelijk (bn)	солтүстік	[soltustik]
zuiden (het)	оңтүстік	[ontustik]
naar het zuiden	оңтүстікке	[ontustikke]
in het zuiden	оңтүстікте	[ontustikte]
zuidelijk (bn)	оңтүстік	[ontustik]
westen (het)	батыс	[batis]
naar het westen	батысқа	[batisqa]
in het westen	батыста	[batista]
westelijk (bn)	батыс	[batis]
oosten (het)	шығыс	[ʃiɣis]
naar het oosten	шығысқа	[ʃiɣisqa]
in het oosten	шығыста	[ʃiɣista]
oostelijk (bn)	шығыс	[ʃiɣis]

198. Zee. Oceaan

zee (de)	теңіз	[teŋiz]
oceaan (de)	мұхит	[muhɪt]
golf (baai)	шығанақ	[ʃiɣanaq]
straat (de)	бұғаз	[buɣaz]
grond (vaste grond)	жер	[ʒer]
continent (het)	материк	[materɪk]
eiland (het)	арал	[aral]
schiereiland (het)	түбек	[tubek]
archipel (de)	архипелаг	[arhɪpelag]
baai, bocht (de)	айлақ	[ajlaq]
haven (de)	гавань	[gavanʲ]
lagune (de)	лагуна	[laguna]
kaap (de)	мүйіс	[mujis]
atol (de)	атолл	[atoll]
rif (het)	риф	[rɪf]
koraal (het)	маржан	[marʒan]
koraalrif (het)	маржан риф	[marʒan rɪf]
diep (bn)	терең	[tereŋ]
diepte (de)	тереңдік	[tereŋdik]
diepzee (de)	түпсіз	[tupsiz]
trog (bijv. Marianentrog)	шұқыр	[ʃuqir]
stroming (de)	ағын	[aɣin]
omspoelen (ww)	ұласу	[ulasu]
oever (de)	жаға	[ʒaɣa]

kust (de)	жағалау	[ʒaɣalau]
vloed (de)	судың келуі	[sudiŋ kelui]
eb (de)	судың қайтуы	[sudiŋ qajtui]
ondiepte (ondiep water)	барқын	[barqin]
bodem (de)	түп	[tʉp]

golf (hoge ~)	толқын	[tolqin]
golfkam (de)	толқынның жотасы	[tolqiniŋ ʒotasi]
schuim (het)	көбік	[købik]

storm (de)	дауыл	[dawil]
tsunami (de)	цунами	[tsunamɪ]
windstilte (de)	тымық	[timiq]
kalm (bijv. ~e zee)	тынық	[tiniq]

pool (de)	полюс	[poljus]
polair (bn)	поляр	[poljar]

breedtegraad (de)	ендік	[endik]
lengtegraad (de)	бойлық	[bojłiq]
parallel (de)	параллель	[paralleli]
evenaar (de)	экватор	[ɛkvator]

hemel (de)	аспан	[aspan]
horizon (de)	көкжиек	[køkʒɪek]
lucht (de)	ауа	[awa]

vuurtoren (de)	шамшырақ	[ʃamʃiraq]
duiken (ww)	сүңгу	[sʉŋgu]
zinken (ov. een boot)	батып кету	[batip ketu]
schatten (mv.)	қазына	[qazina]

199. Namen van zeeën en oceanen

Atlantische Oceaan (de)	Атлант мұхиты	[atlant mʉhiti]
Indische Oceaan (de)	Үнді мұхиті	[ʉndi mʉhiti]
Stille Oceaan (de)	Тынық мұхит	[tiniq mʉhit]
Noordelijke IJszee (de)	Солтүстік мұзды мұхиті	[soltʉstik mʉzdi mʉhiti]

Zwarte Zee (de)	Қара теңіз	[qara teŋiz]
Rode Zee (de)	Қызыл теңіз	[qizil teŋiz]
Gele Zee (de)	Сары теңіз	[sari teŋiz]
Witte Zee (de)	Ақ теңіз	[aq teŋiz]

Kaspische Zee (de)	Каспий теңізі	[kaspij teŋizi]
Dode Zee (de)	Өлген теңіз	[ølgen teŋiz]
Middellandse Zee (de)	Жерорта теңізі	[ʒerorta teŋizi]

Egeïsche Zee (de)	Эгей теңізі	[ɛgej teŋizi]
Adriatische Zee (de)	Адриатикалық теңіз	[adrɪatikaliq teŋiz]

Arabische Zee (de)	Аравиялық теңіз	[aravɪjaliq teŋiz]
Japanse Zee (de)	Жапон теңізі	[ʒapon teŋizi]
Beringzee (de)	Беринг теңізі	[berɪng teŋizi]

Zuid-Chinese Zee (de)	Оңтүстік-Қытай теңізі	[oŋtʊstik qitaj teŋizi]
Koraalzee (de)	Маржан теңізі	[marʒan teŋizi]
Tasmanzee (de)	Тасман теңізі	[tasman teŋizi]
Caribische Zee (de)	Карибиялық теңіз	[karıbıjaliq teŋiz]

| Barentszzee (de) | Баренц теңізі | [barents teŋizi] |
| Karische Zee (de) | Карск теңізі | [karsk teŋizi] |

Noordzee (de)	Солтүстік теңіз	[soltʊstik teŋiz]
Baltische Zee (de)	Балтық теңізі	[baltiq teŋizi]
Noorse Zee (de)	Норвегиялық теңіз	[norvegıjaliq teŋiz]

200. Bergen

berg (de)	тау	[tau]
bergketen (de)	тау тізбектері	[tau tizbekteri]
gebergte (het)	тау қырқасы	[tau qirqasi]

bergtop (de)	шың	[ʃiŋ]
bergpiek (de)	шың	[ʃiŋ]
voet (ov. de berg)	етек	[etek]
helling (de)	бөктер	[bøkter]

vulkaan (de)	жанартау	[ʒanartau]
actieve vulkaan (de)	сөнбеген жанартау	[sønbegen ʒanartau]
uitgedoofde vulkaan (de)	сөнген жанартау	[søngen ʒanartau]

uitbarsting (de)	ақтарылу	[aqtarilu]
krater (de)	кратер	[krater]
magma (het)	магма	[magma]
lava (de)	лава	[lava]
gloeiend (~e lava)	қызған	[qizɣan]
kloof (canyon)	каньон	[kaɲon]
bergkloof (de)	басат	[basat]
spleet (de)	жарық	[ʒariq]

bergpas (de)	асу	[asu]
plateau (het)	үстірт	[ʊstirt]
klip (de)	жартас	[ʒartas]
heuvel (de)	белес	[beles]

gletsjer (de)	мұздық	[mʊzdiq]
waterval (de)	сарқырама	[sarqirama]
geiser (de)	гейзер	[gejzer]
meer (het)	көл	[køl]

vlakte (de)	жазық	[ʒaziq]
landschap (het)	пейзаж	[pejzaʒ]
echo (de)	жаңғырық	[ʒaŋɣiriq]

alpinist (de)	альпинист	[alʲpinıst]
bergbeklimmer (de)	жартасқа өрмелеуші	[ʒartasqa ørmeleuʃi]
trotseren (berg ~)	бағындыру	[baɣindiru]
beklimming (de)	шыңына шығу	[ʃiŋina ʃiɣu]

201. Bergen namen

Alpen (de)	Альпілер	[alʲpiler]
Mont Blanc (de)	Монблан	[monblan]
Pyreneeën (de)	Пиренейлер	[pırenejler]
Karpaten (de)	Карпаттар	[karpatar]
Oeralgebergte (het)	Орал таулары	[oral taulari]
Kaukasus (de)	Кавказ	[kavkaz]
Elbroes (de)	Эльбрус	[elʲbrus]
Altaj (de)	Алтай	[altaj]
Tiensjan (de)	Тянь-Шань	[tʲaɲ ʃaɲ]
Pamir (de)	Памир	[pamır]
Himalaya (de)	Гималаи	[gımalaı]
Everest (de)	Эверест	[ɛverest]
Andes (de)	Аңдылар	[aŋdilar]
Kilimanjaro (de)	Килиманджаро	[kılımandʒaro]

202. Rivieren

rivier (de)	өзен	[øzen]
bron (~ van een rivier)	бұлақ	[bʊlaq]
rivierbedding (de)	арна	[arna]
rivierbekken (het)	бассейн	[bassejn]
uitmonden in …	ағып құйылу	[aɣïp qujïlu]
zijrivier (de)	тармақ	[tarmaq]
oever (de)	жаға	[ʒaɣa]
stroming (de)	ағын	[aɣïn]
stroomafwaarts (bw)	ағыстың ыңғайымен	[aɣïstïŋ iŋɣajimen]
stroomopwaarts (bw)	өрге қарай	[ørge qaraj]
overstroming (de)	тасқын	[tasqïn]
overstroming (de)	аспа	[aspa]
buiten zijn oevers treden	су тасу	[su tasu]
overstromen (ww)	су басу	[su basu]
zandbank (de)	қайыр	[qajïr]
stroomversnelling (de)	табалдырық	[tabaldïrïq]
dam (de)	тоған	[toɣan]
kanaal (het)	канал	[kanal]
spaarbekken (het)	су қоймасы	[su qojmasi]
sluis (de)	шлюз	[ʃljuz]
waterlichaam (het)	суайдын	[suajdïn]
moeras (het)	батпақ	[batpaq]
broek (het)	тартпа	[tartpa]
draaikolk (de)	иірім	[ıirim]
stroom (de)	жылға	[ʒïlɣa]

| drink- (abn) | ішетін | [iʃætin] |
| zoet (~ water) | тұзсыз | [tʊzsɨz] |

| ijs (het) | мұз | [mʊz] |
| bevriezen (rivier, enz.) | мұз боп қату | [mʊz bop qatu] |

203. Namen van rivieren

| Seine (de) | Сена | [sena] |
| Loire (de) | Луара | [luara] |

Theems (de)	Темза	[temza]
Rijn (de)	Рейн	[rejn]
Donau (de)	Дунай	[dunaj]

Wolga (de)	Волга	[volga]
Don (de)	Дон	[don]
Lena (de)	Лена	[lena]

Gele Rivier (de)	Хуанхэ	[huanhɛ]
Blauwe Rivier (de)	Янцзы	[janʦzi]
Mekong (de)	Меконг	[mekong]
Ganges (de)	Ганг	[gang]

Nijl (de)	Нил	[nɪl]
Kongo (de)	Конго	[kongo]
Okavango (de)	Окаванго	[okavango]
Zambezi (de)	Замбези	[zambezɪ]
Limpopo (de)	Лимпопо	[lɪmpopo]
Mississippi (de)	Миссисипи	[mɪssɪsɪpɪ]

204. Bos

| bos (het) | орман | [orman] |
| bos- (abn) | орман | [orman] |

oerwoud (dicht bos)	бытқыл	[bɨtqɨl]
bosje (klein bos)	тоғай	[toɣaj]
open plek (de)	алаңқай	[alaŋqaj]

| struikgewas (het) | ну өсімдік | [nu øsimdik] |
| struiken (mv.) | бұта | [bʊta] |

| paadje (het) | соқпақ | [soqpaq] |
| ravijn (het) | жыра | [ʒira] |

boom (de)	ағаш	[aɣaʃ]
blad (het)	жапырақ	[ʒapiraq]
gebladerte (het)	жапырақ	[ʒapiraq]

| vallende bladeren (mv.) | жапырақтың құрап түсуі | [ʒapiraqtiŋ qurap tʉsui] |
| vallen (ov. de bladeren) | қазылу | [qazilu] |

boomtop (de)	ағаштың жоғарғы ұшы	[aɣaʃtiŋ ʒoɣarɣi uʃi]
tak (de)	бұтақ	[butaq]
ent (de)	бұтақ	[butaq]
knop (de)	бүршік	[burʃik]
naald (de)	ине	[ine]
dennenappel (de)	бүршік	[burʃik]

boom holte (de)	қуыс	[quis]
nest (het)	ұя	[uja]
hol (het)	ін	[in]

stam (de)	дің	[diŋ]
wortel (bijv. boom~s)	тамыр	[tamir]
schors (de)	қабық	[qabiq]
mos (het)	мүк	[muk]

ontwortelen (een boom)	қопару	[qoparu]
kappen (een boom ~)	шабу	[ʃabu]
ontbossen (ww)	шабу	[ʃabu]
stronk (de)	томар	[tomar]

kampvuur (het)	алау	[alau]
bosbrand (de)	өрт	[ørt]
blussen (ww)	өшіру	[øʃiru]

boswachter (de)	орманшы	[ormanʃi]
bescherming (de)	күзет	[kuzet]
beschermen (bijv. de natuur ~)	күзету	[kuzetu]
stroper (de)	браконьер	[brakonjer]
val (de)	қақпан	[qaqpan]

| plukken (vruchten, enz.) | жинау | [ʒinau] |
| verdwalen (de weg kwijt zijn) | адасып кету | [adasip ketu] |

205. Natuurlijke hulpbronnen

natuurlijke rijkdommen (mv.)	табиғи қорлар	[tabiɣi qorlar]
delfstoffen (mv.)	пайдалы қазбалар	[pajdali qazbalar]
lagen (mv.)	кен	[ken]
veld (bijv. olie~)	кен орны	[ken orni]

winnen (uit erts ~)	кен шығару	[ken ʃiɣaru]
winning (de)	шығару	[ʃiɣaru]
erts (het)	кен	[ken]
mijn (bijv. kolenmijn)	кеніш	[keniʃ]
mijnschacht (de)	шахта	[ʃahta]
mijnwerker (de)	көмірші	[kømirʃi]

| gas (het) | газ | [gaz] |
| gasleiding (de) | газ құбыры | [gaz qubiri] |

| olie (aardolie) | мұнай | [munaj] |
| olieleiding (de) | мұнай құбыры | [munaj qubiri] |

oliebron (de)	мұнай мұнарасы	[mʊnaj mʊnarasi]
boortoren (de)	бұрғылау мұнарасы	[burɣilau munarasi]
tanker (de)	танкер	[tanker]

zand (het)	құм	[qʊm]
kalksteen (de)	әк тас	[æk tas]
grind (het)	қиыршақ тас	[qiirʃaq tas]
veen (het)	торф	[torf]
klei (de)	балшық	[balʃiq]
steenkool (de)	көмір	[kømir]

ijzer (het)	темір	[temir]
goud (het)	алтын	[altin]
zilver (het)	күміс	[kʉmis]
nikkel (het)	никель	[nɪkelʲ]
koper (het)	мыс	[mis]

zink (het)	мырыш	[miriʃ]
mangaan (het)	марганец	[marganets]
kwik (het)	сынап	[sinap]
lood (het)	қорғасын	[qorɣasin]

mineraal (het)	минерал	[mɪneral]
kristal (het)	кристалл	[krɪstall]
marmer (het)	мәрмәр	[mærmær]
uraan (het)	уран	[uran]

De Aarde. Deel 2

206. Weer

weer (het)	ауа райы	[awa raji]
weersvoorspelling (de)	ауа райы болжамы	[awa raji bolʒami]
temperatuur (de)	температура	[temperatura]
thermometer (de)	термометр	[termometr]
barometer (de)	барометр	[barometr]
vochtigheid (de)	ылғалдық	[ilɣaldiq]
hitte (de)	ыстық	[istiq]
heet (bn)	ыстық	[istiq]
het is heet	ыстық	[istiq]
het is warm	жылы	[ʒili]
warm (bn)	жылы	[ʒili]
het is koud	суық	[suiq]
koud (bn)	суық	[suiq]
zon (de)	күн	[kun]
schijnen (de zon)	жарық түсіру	[ʒariq tusiru]
zonnig (~e dag)	күн	[kun]
opgaan (ov. de zon)	көтерілу	[køterilu]
ondergaan (ww)	отыру	[otiru]
wolk (de)	бұлт	[bult]
bewolkt (bn)	бұлтты	[bultti]
regenwolk (de)	қара бұлт	[qara bult]
somber (bn)	бұлыңғыр	[buliŋɣir]
regen (de)	жаңбыр	[ʒaŋbir]
het regent	жаңбыр жауып тұр	[ʒaŋbir ʒawip tur]
regenachtig (bn)	жауын-шашынды	[ʒawin ʃaʃindi]
motregenen (ww)	сіркіреу	[sirkireu]
plensbui (de)	қара жаңбыр	[qara ʒaŋbir]
stortbui (de)	нөсер	[nøser]
hard (bn)	екпінді	[ekpindi]
plas (de)	шалшық	[ʃalʃiq]
nat worden (ww)	су өту	[su øtu]
mist (de)	тұман	[tuman]
mistig (bn)	тұманды	[tumandi]
sneeuw (de)	қар	[qar]
het sneeuwt	қар жауып тұр	[qar ʒawip tur]

207. Zwaar weer. Natuurrampen

noodweer (storm)	найзағай	[najzaɣaj]
bliksem (de)	найзағай	[najzaɣaj]
flitsen (ww)	жарқырау	[ʒarqirau]
donder (de)	күн күркіреу	[kʉn kʉrkireu]
donderen (ww)	дүрілдеу	[dʉrildeu]
het dondert	күн күркірейді	[kʉn kʉrkirejdi]
hagel (de)	бұршақ	[bʉrʃaq]
het hagelt	бұршақ жауып тұр	[bʉrʃaq ʒawip tur]
overstromen (ww)	су басу	[su basu]
overstroming (de)	сел жүру	[sel ʒʉru]
aardbeving (de)	жер сілкіну	[ʒer silkinu]
aardschok (de)	түрткі	[tʉrtki]
epicentrum (het)	эпицентр	[ɛpiʦentr]
uitbarsting (de)	атылуы	[atilui]
lava (de)	лава	[lava]
wervelwind (de)	құйын	[qʉjin]
windhoos (de)	торнадо	[tornado]
tyfoon (de)	тайфун	[tajfun]
orkaan (de)	дауыл	[dawil]
storm (de)	дауыл	[dawil]
tsunami (de)	цунами	[ʦunamɪ]
cycloon (de)	циклон	[ʦɪklon]
onweer (het)	бұлыңғыр	[bʉliŋɣir]
brand (de)	өрт	[ørt]
ramp (de)	апат	[apat]
meteoriet (de)	метеорит	[meteorɪt]
lawine (de)	көшкін	[køʃkin]
sneeuwverschuiving (de)	опырылу	[opirilu]
sneeuwjacht (de)	боран	[boran]
sneeuwstorm (de)	боран	[boran]

208. Geluiden. Geluiden

stilte (de)	тыныштық	[tiniʃtiq]
geluid (het)	дыбыс	[dibis]
lawaai (het)	шу	[ʃu]
lawaai maken (ww)	шуылдау	[ʃuildau]
lawaaierig (bn)	шулы	[ʃuli]
luid (~ spreken)	қатты	[qatti]
luid (bijv. ~e stem)	қатты	[qatti]
aanhoudend (voortdurend)	тұрғылықты	[tʉrɣiliqti]

schreeuw (de)	айқай	[ajqaj]
schreeuwen (ww)	айғайлау	[ajɣajlau]
gefluister (het)	сыбыр	[sibir]
fluisteren (ww)	сыбырлау	[sibirlau]

geblaf (het)	арсылдау	[arsildau]
blaffen (ww)	арсылдау	[arsildau]

gekreun (het)	ыңқыл	[iŋqil]
kreunen (ww)	сарнау	[sarnau]
hoest (de)	жөтел	[ʒøtel]
hoesten (ww)	жөтелу	[ʒøtelu]

gefluit (het)	ысқырық	[isqiriq]
fluiten (op het fluitje blazen)	ысқыру	[isqiru]
geklop (het)	тарсыл, тықыл	[tarsil], [tiqil]
kloppen (aan een deur)	дүкілдету	[dükildetu]

kraken (hout, ijs)	шытырлау	[ʃitirlau]
gekraak (het)	сытыр	[sitir]

sirene (de)	сирена	[sɪrena]
fluit (stoom ~)	гудок	[gudok]
fluiten (schip, trein)	гуілдеу	[guildeu]
toeter (de)	сигнал	[sɪgnal]
toeteren (ww)	белгі беру	[belgi beru]

209. Winter

winter (de)	қыс	[qis]
winter- (abn)	қысқы	[qisqi]
in de winter (bw)	қыста	[qista]

sneeuw (de)	қар	[qar]
het sneeuwt	қар жауып тұр	[qar ʒawip tur]
sneeuwval (de)	қар басу	[qar basu]
sneeuwhoop (de)	омбы	[ombi]

sneeuwvlok (de)	қар бүршігі	[qar bürʃigi]
sneeuwbal (de)	кесек қар	[keseq qar]
sneeuwman (de)	аққала	[aqqala]
ijspegel (de)	сүмелек	[sümelek]

december (de)	желтоқсан	[ʒeltoqsan]
januari (de)	қаңтар	[qaŋtar]
februari (de)	ақпан	[aqpan]

vorst (de)	аяз	[ajaz]
vries- (abn)	аязды	[ajazdi]

onder nul (bw)	нөлден төмен	[nølden tømen]
eerste vorst (de)	қатқақ	[qatqaq]
rijp (de)	қырау	[qirau]
koude (de)	суық	[suiq]

het is koud	суық	[suїq]
bontjas (de)	тон	[ton]
wanten (mv.)	қолғап	[qolɣap]

ziek worden (ww)	ауыру	[awїru]
verkoudheid (de)	тұмау	[tʊmau]
verkouden raken (ww)	тұмаурату	[tʊmauratu]

ijs (het)	мұз	[mʊz]
ijzel (de)	көк тайғақ	[køk tajɣaq]
bevriezen (rivier, enz.)	қату	[qatu]
ijsschol (de)	мұз	[mʊz]

ski's (mv.)	шаңғылар	[ʃaŋɣїlar]
skiër (de)	шаңғышы	[ʃaŋɣïʃï]
skiën (ww)	шаңғы тебу	[ʃaŋɣï tebu]
schaatsen (ww)	коньки тебу	[konʲkї tebu]

Fauna

210. Zoogdieren. Roofdieren

roofdier (het)	жыртқыш	[ʒirtqiʃ]
tijger (de)	жолбарыс	[ʒolbaris]
leeuw (de)	арыстан	[aristan]
wolf (de)	қасқыр	[qaskir]
vos (de)	түлкі	[tɯlki]
jaguar (de)	ягуар	[jaguar]
luipaard (de)	леопард	[leopard]
jachtluipaard (de)	гепард	[gepard]
panter (de)	бабыр	[babir]
poema (de)	пума	[puma]
sneeuwluipaard (de)	ілбіс	[ilbis]
lynx (de)	сілеусін	[sileusin]
coyote (de)	койот	[kojot]
jakhals (de)	шиебөрі	[ʃiebøri]
hyena (de)	гиена	[gɪena]

211. Wilde dieren

dier (het)	айуан	[ajuan]
beest (het)	аң	[aŋ]
eekhoorn (de)	тиін	[tɪin]
egel (de)	кірпі	[kirpi]
haas (de)	қоян	[qojan]
konijn (het)	үй қояны	[ʉj qojani]
das (de)	борсық	[borsiq]
wasbeer (de)	жанат	[ʒanat]
hamster (de)	алақоржын	[alaqorʒin]
marmot (de)	суыр	[suir]
mol (de)	көртышқан	[kørtiʃqan]
muis (de)	қаптесер	[qapteser]
rat (de)	егеуқұйрық	[egeuqujriq]
vleermuis (de)	жарғанат	[ʒarɣanat]
hermelijn (de)	аққіс	[aqis]
sabeldier (het)	бұлғын	[bulɣin]
marter (de)	кәмшат	[kæmʃat]
wezel (de)	аққалақ	[aqqalaq]
nerts (de)	норка	[norka]

bever (de)	құндыз	[qʊndiz]
otter (de)	қамшат	[qamʃat]

paard (het)	ат	[at]
eland (de)	бұлан	[bʊlan]
hert (het)	бұғы	[bʊɣi]
kameel (de)	түйе	[tʉje]

bizon (de)	бизон	[bɪzon]
wisent (de)	зубр	[zubr]
buffel (de)	буйвол	[bujvol]

zebra (de)	зебра	[zebra]
antilope (de)	антилопа	[antɪlopa]
ree (de)	елік	[elik]
damhert (het)	кербұғы	[kerbʊɣi]
gems (de)	серна	[serna]
everzwijn (het)	қабан	[qaban]

walvis (de)	кит	[kɪt]
rob (de)	итбалық	[ɪtbaliq]
walrus (de)	морж	[morʒ]
zeebeer (de)	теңіз мысық	[teŋiz misiq]
dolfijn (de)	дельфин	[delʲfɪn]

beer (de)	аю	[aju]
ijsbeer (de)	ақ аю	[aq aju]
panda (de)	панда	[panda]

aap (de)	маймыл	[majmil]
chimpansee (de)	шимпанзе	[ʃɪmpanze]
orang-oetan (de)	орангутанг	[orangutang]
gorilla (de)	горилла	[gorɪlla]
makaak (de)	макака	[makaka]
gibbon (de)	гиббон	[gɪbbon]

olifant (de)	піл	[pil]
neushoorn (de)	мүйізтұмсық	[mʉjiztʊmsiq]
giraffe (de)	керік	[kerik]
nijlpaard (het)	бегемот	[begemot]

kangoeroe (de)	кенгуру	[kenguru]
koala (de)	коала	[koala]

mangoest (de)	мангуст	[mangust]
chinchilla (de)	шиншилла	[ʃɪnʃɪlla]
stinkdier (het)	скунс	[skuns]
stekelvarken (het)	жайра	[ʒajra]

212. Huisdieren

poes (de)	мысық	[misiq]
kater (de)	мысық	[misiq]
hond (de)	ит	[ɪt]

paard (het)	ат	[at]
hengst (de)	айғыр	[ajɣir]
merrie (de)	бие	[bie]
koe (de)	сиыр	[sɪir]
bul, stier (de)	бұқа	[buqa]
os (de)	өгіз	[øgiz]
schaap (het)	қой	[qoj]
ram (de)	қошқар	[qoʃqar]
geit (de)	ешкі	[eʃki]
bok (de)	теке	[teke]
ezel (de)	есек	[esek]
muilezel (de)	қашыр	[qaʃir]
varken (het)	шошқа	[ʃoʃqa]
biggetje (het)	торай	[toraj]
konijn (het)	үй қояны	[ʉj qojani]
kip (de)	тауық	[tawiq]
haan (de)	әтеш	[æteʃ]
eend (de)	үйрек	[ʉjrek]
woerd (de)	кежек	[keʒek]
gans (de)	қаз	[qaz]
kalkoen haan (de)	күркетауық	[kʉrqetawiq]
kalkoen (de)	күркетауық	[kʉrqetawiq]
huisdieren (mv.)	үй жануарлары	[ʉj ʒanuarlari]
tam (bijv. hamster)	қол	[qol]
temmen (tam maken)	қолға үйрету	[qolɣa ʉjretu]
fokken (bijv. paarden ~)	өсіру	[øsiru]
boerderij (de)	ферма	[ferma]
gevogelte (het)	үй құсы	[ʉj qusi]
rundvee (het)	мал	[mal]
kudde (de)	табын	[tabin]
paardenstal (de)	ат қора	[at qora]
zwijnenstal (de)	шошқа қора	[ʃoʃqa qora]
koeienstal (de)	сиыр қора	[sɪir qora]
konijnenhok (het)	үй қояны күркесі	[ʉj qojani kʉrqesi]
kippenhok (het)	тауық қора	[tawiq qora]

213. Honden. Hondenrassen

hond (de)	ит	[ɪt]
herdershond (de)	овчарка	[ovtʃarka]
poedel (de)	пудель	[pudelʲ]
teckel (de)	такса	[taksa]
buldog (de)	бульдог	[bulʲdog]
boxer (de)	боксшы	[boksʃi]

mastiff (de)	мастиф	[mastıf]
rottweiler (de)	ротвейлер	[rotvejler]
doberman (de)	доберман	[doberman]

basset (de)	бассет	[basset]
bobtail (de)	бобтейл	[bobtejl]
dalmatiër (de)	далматинец	[dalmatınets]
cockerspaniël (de)	кокер-спаниель	[koker spanielʲ]

Newfoundlander (de)	ньюфаундленд	[nʲufaundlend]
sint-bernard (de)	сенбернар	[senbernar]

husky (de)	хаски	[haskı]
chowchow (de)	чау-чау	[tʃau tʃau]
spits (de)	шпиц	[ʃpıts]
mopshond (de)	мопс	[mops]

214. Dierengeluiden

geblaf (het)	арсылдау	[arsıldau]
blaffen (ww)	арсылдау	[arsıldau]
miauwen (ww)	мияулау	[mıjaulau]
spinnen (katten)	пырылдау	[pirıldau]

loeien (ov. een koe)	мөңіреу	[møŋireu]
brullen (stier)	өкіру	[økiru]
grommen (ov. de honden)	ырылдау	[irıldau]

gehuil (het)	ұлу	[ulu]
huilen (wolf, enz.)	ұлу	[ulu]
janken (ov. een hond)	қыңсылау	[qiŋsilau]

mekkeren (schapen)	маңырау	[maŋirau]
knorren (varkens)	қорсылдау	[qorsildau]
gillen (bijv. varken)	қыңсылау	[qiŋsilau]

kwaken (kikvorsen)	бақылдау	[baqildau]
zoemen (hommel, enz.)	ызыңдау	[izindau]
tjirpen (sprinkhanen)	шықылықтау	[ʃiqiliqtau]

215. Jonge dieren

jong (het)	тұл	[tul]
poesje (het)	мәулен	[mæulen]
muisje (het)	тышқанның баласы	[tiʃqaniŋ balasi]
puppy (de)	күшік	[kuʃik]

jonge haas (de)	көжек	[køʒek]
konijntje (het)	көжек	[køʒek]
wolfje (het)	бөлтірік	[bøltirik]
vosje (het)	түлкі күшігі	[tulki kuʃigi]
beertje (het)	қонжық	[qonʒiq]

leeuwenjong (het)	арыстанның күшігі	[aristaniŋ kuʃigi]
tijgertje (het)	жолбарыстың баласы	[ʒolbaristiŋ balasɨ]
olifantenjong (het)	пілдің баласы	[pildiŋ balasɨ]
biggetje (het)	торай	[toraj]
kalf (het)	бұзау	[buzau]
geitje (het)	лақ	[laq]
lam (het)	қозы	[qozɨ]
reekalf (het)	бұғы бұзауы	[buɣɨ buzawɨ]
jonge kameel (de)	бота	[bota]
slangenjong (het)	жыланның баласы	[ʒɨlanniŋ balasɨ]
kikkertje (het)	бақаның баласы	[baqanɨŋ balasɨ]
vogeltje (het)	балапан	[balapan]
kuiken (het)	балапан	[balapan]
eendje (het)	үйректің балапаны	[ujrektiŋ balapanɨ]

216. Vogels

vogel (de)	құс	[qus]
duif (de)	көгершін	[køgerʃin]
mus (de)	торғай	[torɣaj]
koolmees (de)	сары шымшық	[sarɨ ʃimʃiq]
ekster (de)	сауысқан	[sawisqan]
raaf (de)	құзғын	[quzɣɨn]
kraai (de)	қарға	[qarɣa]
kauw (de)	шауқарға	[ʃauqarɣa]
roek (de)	ұзақ	[uzaq]
eend (de)	үйрек	[ujrek]
gans (de)	қаз	[qaz]
fazant (de)	қырғауыл	[qirɣawɨl]
arend (de)	бүркіт	[burkit]
havik (de)	қаршыға	[qarʃiɣa]
valk (de)	қыран	[qiran]
gier (de)	күшіген	[kuʃigen]
condor (de)	кондор	[kondor]
zwaan (de)	аққу	[aqqu]
kraanvogel (de)	тырна	[tɨrna]
ooievaar (de)	ләйлек	[læjlek]
papegaai (de)	тоты құс	[totɨ qus]
kolibrie (de)	колибри	[kolɨbrɨ]
pauw (de)	тауыс	[tawɨs]
struisvogel (de)	түйеқұс	[tujequs]
reiger (de)	аққұтан	[aqqutan]
flamingo (de)	қоқиқаз	[qoqɨqaz]
pelikaan (de)	бірқазан	[birqazan]
nachtegaal (de)	бұлбұл	[bulbul]

zwaluw (de)	қарлығаш	[qarliɣaʃ]
lijster (de)	барылдақ торғай	[barildaq torɣaj]
zanglijster (de)	әнші шымшық	[ænʃi ʃimʃiq]
merel (de)	қара барылдақ торғай	[qara barildaq torɣaj]

gierzwaluw (de)	стриж	[strɩʒ]
leeuwerik (de)	бозторғай	[boztorɣaj]
kwartel (de)	бөдене	[bødene]

koekoek (de)	көкек	[køkek]
uil (de)	жапалақ	[ʒapalaq]
oehoe (de)	үкі	[ʉki]
auerhoen (het)	саңырау құр	[saŋirau qʊr]
korhoen (het)	бұлдырық	[bʊldiriq]
patrijs (de)	құр	[qʊr]

spreeuw (de)	қараторғай	[qaratorɣaj]
kanarie (de)	шымшық	[ʃimʃiq]
hazelhoen (het)	қарабауыр	[qarabawir]
vink (de)	қызыл	[qizil]
goudvink (de)	бозшымшық	[bozʃimʃiq]

meeuw (de)	шағала	[ʃaɣala]
albatros (de)	альбатрос	[alʲbatros]
pinguïn (de)	пингвин	[pɩngvɩn]

217. Vogels. Zingen en geluiden

fluiten, zingen (ww)	сайрау	[sajrau]
schreeuwen (dieren, vogels)	айғайлау	[ajɣajlau]
kraaien (ov. een haan)	шақыру	[ʃaqiru]
kukeleku	кукареку	[kukareku]

klokken (hen)	қытқылдау	[qitqildau]
krassen (kraai)	қарқылдау	[qarqildau]
kwaken (eend)	барылдап қою	[barildap qoju]
piepen (kuiken)	шырылдау	[ʃirildau]
tjilpen (bijv. een mus)	шиқылдау	[ʃiqildau]

218. Vis. Zeedieren

brasem (de)	ақтабан	[aqtaban]
karper (de)	тұқы	[tʊqi]
baars (de)	алабұға	[alabʊɣa]
meerval (de)	жайын	[ʒajin]
snoek (de)	шортан	[ʃortan]

| zalm (de) | лосось | [lososʲ] |
| steur (de) | бекіре | [bekire] |

| haring (de) | майшабақ | [majʃabaq] |
| atlantische zalm (de) | ақсерке | [aqserqe] |

| makreel (de) | скумбрия | [skumbrɪja] |
| platvis (de) | камбала | [kambala] |

snoekbaars (de)	Көксерке	[køkserke]
kabeljauw (de)	треска	[treska]
tonijn (de)	тунец	[tunets]
forel (de)	бахтах	[bahtah]

paling (de)	жыланбалық	[ʒilanbalıq]
sidderrog (de)	электр құламасы	[ɛlektr qʊlamasi]
murene (de)	мурена	[murena]
piranha (de)	пиранья	[pıranʲa]

haai (de)	акула	[akula]
dolfijn (de)	дельфин	[delʲfın]
walvis (de)	кит	[kıt]

krab (de)	теңіз шаяны	[teŋiz ʃajani]
kwal (de)	медуза	[meduza]
octopus (de)	сегізаяқ	[segizajaq]

zeester (de)	теңіз жұлдызы	[teŋiz ʒʊldizi]
zee-egel (de)	теңіз кірпісі	[teŋiz kirpisi]
zeepaardje (het)	теңіздегі мысықтың баласы	[teŋizdegi misiqtiŋ balasi]

oester (de)	устрица	[ustrɪtsa]
garnaal (de)	асшаян	[asʃajan]
kreeft (de)	омар	[omar]
langoest (de)	лангуст	[langust]

219. Amfibieën. Reptielen

| slang (de) | жылан | [ʒilan] |
| giftig (slang) | улы | [uli] |

adder (de)	улы сұр жылан	[uli sur ʒilan]
cobra (de)	әбжылан	[æbʒilan]
python (de)	питон	[pıton]
boa (de)	айдаһар	[ajdahar]

ringslang (de)	сужылан	[suʒilan]
ratelslang (de)	ысылдағыш улы жылан	[isildaɣiʃ uli ʒilan]
anaconda (de)	анаконда	[anakonda]

hagedis (de)	кесіртке	[kesirtke]
leguaan (de)	игуана	[ıguana]
varaan (de)	келес	[keles]
salamander (de)	саламандра	[salamandra]
kameleon (de)	хамелеон	[hameleon]
schorpioen (de)	құршаян	[qurʃajan]

| schildpad (de) | тасбақа | [tasbaqa] |
| kikker (de) | бақа | [baqa] |

pad (de)	құрбақа	[qurbaqa]
krokodil (de)	қолтырауын	[qoltirawin]

220. Insecten

insect (het)	бунақдене	[bunaqdene]
vlinder (de)	көбелек	[købelek]
mier (de)	құмырсқа	[qumirsqa]
vlieg (de)	шыбын	[ʃibin]
mug (de)	маса	[masa]
kever (de)	қоңыз	[qoŋiz]
wesp (de)	ара	[ara]
bij (de)	балара	[balara]
hommel (de)	ара	[ara]
horzel (de)	бөгелек	[bøgelek]
spin (de)	өрмекші	[ørmekʃi]
spinnenweb (het)	өрмекшінің торы	[ørmekʃiniŋ tori]
libel (de)	инелік	[inelik]
sprinkhaan (de)	шегіртке	[ʃægirtke]
nachtvlinder (de)	көбелек	[købelek]
kakkerlak (de)	тарақан	[taraqan]
teek (de)	кене	[kene]
vlo (de)	бүрге	[burge]
kriebelmug (de)	шіркей	[ʃirkej]
treksprinkhaan (de)	шегіртке	[ʃægirtke]
slak (de)	ұлу	[ulu]
krekel (de)	шырылдауық	[ʃirildawiq]
glimworm (de)	жылтырауық	[ʒiltirawiq]
lieveheersbeestje (het)	қызыл қоңыз	[qizil qoŋiz]
meikever (de)	зауза қоңыз	[zauza qoŋiz]
bloedzuiger (de)	сүлік	[sulik]
rups (de)	қырықбуын	[qiriqbuin]
aardworm (de)	құрт	[qurt]
larve (de)	құрт	[qurt]

221. Dieren. Lichaamsdelen

snavel (de)	тұмсық	[tumsiq]
vleugels (mv.)	қанаттар	[qanattar]
poot (ov. een vogel)	табан	[taban]
verenkleed (het)	қауырсын	[qawirsin]
veer (de)	қауырсын	[qawirsin]
kuifje (het)	айдар	[ajdar]
kieuwen (mv.)	желбезек	[ʒelbezek]
kuit, dril (de)	балтыр	[baltir]

larve (de)	балаңқұрт	[balaŋqʊrt]
vin (de)	жүзбеқанат	[ʒʉzbeqanat]
schubben (mv.)	қабыршақ	[qabirʃaq]

slagtand (de)	азу тіс	[azu tis]
poot (bijv. ~ van een kat)	табан	[taban]
muil (de)	тұмсық	[tʊmsiq]
bek (mond van dieren)	аран	[aran]
staart (de)	құйрық	[qʊjriq]
snorharen (mv.)	мұрт	[mʊrt]

| hoef (de) | тұяқ | [tʊjaq] |
| hoorn (de) | мүйіз | [mʉjiz] |

schild (schildpad, enz.)	бақалшақ	[baqalʃaq]
schelp (de)	қабыршақ	[qabirʃaq]
eierschaal (de)	қабық	[qabiq]

| vacht (de) | жүн | [ʒʉn] |
| huid (de) | тері | [teri] |

222. Acties van de dieren

| vliegen (ww) | ұшу | [ʊʃu] |
| cirkelen (vogel) | айнала қалықтау | [ajnala qaliqtau] |

| wegvliegen (ww) | ұшып кету | [ʊʃip ketu] |
| klapwieken (ww) | қанат қағу | [qanat qaɣu] |

| pikken (vogels) | шоқу | [ʃoqu] |
| broeden (de eend zit te ~) | жұмыртқа басу | [ʒumirtqa basu] |

| uitbroeden (ww) | жарып шығу | [ʒarip ʃiɣu] |
| een nest bouwen | өру | [øru] |

kruipen (ww)	еңбектеу	[eŋbekteu]
steken (bij)	шағу	[ʃaɣu]
bijten (de hond, enz.)	тістеу	[tisteu]

snuffelen (ov. de dieren)	иіскеу	[ıiskeu]
blaffen (ww)	үру	[ʉru]
sissen (slang)	ысылдау	[isildau]

| doen schrikken (ww) | қорқыту | [qorqitu] |
| aanvallen (ww) | шабуыл жасау | [ʃabuil ʒasau] |

knagen (ww)	мүжу	[mʉʒu]
schrammen (ww)	тырнау	[tirnau]
zich verbergen (ww)	жасырыну	[ʒasirinu]

spelen (ww)	ойнау	[ojnau]
jagen (ww)	аң аулау	[aŋ aulau]
winterslapen	ұйқыда болу	[ʊjqida bolu]
uitsterven (dinosauriërs, enz.)	құрып біту	[qʊrip bitu]

223. Dieren. Leefomgevingen

leefgebied (het)	мекендеу ортасы	[mekendeu ortasi]
migratie (de)	миграция	[mıgratsıja]
berg (de)	тау	[tau]
rif (het)	риф	[rıf]
klip (de)	жартас	[ʒartas]
bos (het)	орман	[orman]
jungle (de)	қапырық жерлер	[qapiriq ʒerler]
savanne (de)	саванна	[savana]
toendra (de)	тундра	[tundra]
steppe (de)	дала	[dala]
woestijn (de)	шөл	[ʃøl]
oase (de)	көгал	[køgal]
zee (de)	теңіз	[teŋiz]
meer (het)	көл	[køl]
oceaan (de)	мұхит	[muhıt]
moeras (het)	батпақ	[batpaq]
zoetwater- (abn)	тұщы сулы	[tuɕi suli]
vijver (de)	тоған	[toɣan]
rivier (de)	өзен	[øzen]
berenhol (het)	апан	[apan]
nest (het)	ұя	[uja]
boom holte (de)	қуыс	[quis]
hol (het)	ін	[in]
mierenhoop (de)	құмырсқа илеуі	[qumirsqa ilewi]

224. Dierverzorging

dierentuin (de)	зоопарк	[zoopark]
natuurreservaat (het)	қорық	[qoriq]
fokkerij (de)	көшеттік	[køʃættik]
openluchtkooi (de)	вольер	[vol'er]
kooi (de)	тор	[tor]
hondenhok (het)	итжатақ	[itʒataq]
duiventil (de)	кептерхана	[kepterhana]
aquarium (het)	аквариум	[akvarıum]
dolfinarium (het)	дельфинарий	[del'finarij]
fokken (bijv. honden ~)	өсіру	[øsiru]
nakomelingen (mv.)	ұрпақ	[urpaq]
temmen (tam maken)	қолға үйрету	[qolɣa ujretu]
dresseren (ww)	жаттықтыру	[ʒattiqtiru]
voeding (de)	жем	[ʒem]
voederen (ww)	асырау	[asirau]

dierenwinkel (de)	зоодүкен	[zoodʉken]
muilkorf (de)	тұмылдырық	[tʊmildiriq]
halsband (de)	мойнақ	[mojnaq]
naam (ov. een dier)	лақап ат	[laqap at]
stamboom (honden met ~)	шежіре	[ʃæʒire]

225. Dieren. Diversen

meute (wolven)	топ	[top]
zwerm (vogels)	топ	[top]
school (vissen)	топ	[top]
kudde (wilde paarden)	табын	[tabin]

| mannetje (het) | еркек | [erkek] |
| vrouwtje (het) | ұрғашы | [ʊrɣaʃi] |

hongerig (bn)	аш	[aʃ]
wild (bn)	жабайы	[ʒabaji]
gevaarlijk (bn)	қауіпті	[qawipti]

226. Paarden

| paard (het) | жылқы, ат | [ʒilqi], [at] |
| ras (het) | тұқым | [tʊqim] |

| veulen (het) | жабағы | [ʒabaɣi] |
| merrie (de) | бие | [bie] |

mustang (de)	мустанг	[mustang]
pony (de)	пони	[poni]
koudbloed (de)	ауыр жүк таситын	[awir ʒʉk tasitin]

| manen (mv.) | жал | [ʒal] |
| staart (de) | құйрық | [qujriq] |

hoef (de)	тұяқ	[tʊjaq]
hoefijzer (het)	Таға	[taɣa]
beslaan (ww)	тағалау	[taɣalau]
paardensmid (de)	ұста	[ʊsta]

zadel (het)	ер-тоқым	[er toqim]
stijgbeugel (de)	үзеңгі	[ʉzeŋgi]
breidel (de)	жүген	[ʒʉgen]
leidsels (mv.)	делбе	[delbe]
zweep (de)	қамшы	[qamʃi]

ruiter (de)	шабандоз	[ʃabandoz]
zadelen (ww)	ерттеу	[ertteu]
een paard bestijgen	қанжығаға отыру	[qanʒiɣaɣa otiru]

| galop (de) | текірек | [tekirek] |
| galopperen (ww) | текіректеу | [tekirekteu] |

| draf (de) | желіс | [ʒelis] |
| in draf (bw) | желіспен | [ʒelispen] |

| renpaard (het) | бәйге аты | [bæjge ati] |
| paardenrace (de) | бәйге | [bæjge] |

paardenstal (de)	ат қора	[at qora]
voederen (ww)	жем беру	[ʒem beru]
hooi (het)	пішен	[piʃæn]
water geven (ww)	суару	[suaru]
wassen (paard ~)	тазалау	[tazalau]

paardenkar (de)	арба	[arba]
grazen (gras eten)	бағылу	[baɣilu]
hinniken (ww)	кісінеу	[kisineu]
een trap geven	тебу	[tebu]

Flora

227. Bomen

boom (de)	ағаш	[aɣaʃ]
loof- (abn)	жапырақты	[ʒapiraqti]
dennen- (abn)	қылқанды	[qilqandi]
groenblijvend (bn)	мәңгі жасыл	[mæŋgi ʒasil]
appelboom (de)	алма ағашы	[alma aɣaʃi]
perenboom (de)	алмұрт	[almurt]
zoete kers (de)	қызыл шие ағашы	[qizil ʃie aɣaʃi]
zure kers (de)	кәдімгі шие ағашы	[kædimgi ʃie aɣaʃi]
pruimelaar (de)	қара өрік	[qara ørik]
berk (de)	қайың	[qajiŋ]
eik (de)	емен	[emen]
linde (de)	жөке	[ʒøke]
esp (de)	көктерек	[køkterek]
esdoorn (de)	үйеңкі	[ujeŋki]
spar (de)	шырша	[ʃirʃa]
den (de)	қарағай	[qaraɣaj]
lariks (de)	бал қарағай	[bal qaraɣaj]
zilverspar (de)	самырсын	[samirsin]
ceder (de)	балқарағай	[balqaraɣaj]
populier (de)	терек	[terek]
lijsterbes (de)	шетен	[ʃæten]
wilg (de)	үйеңкі	[ujeŋki]
els (de)	қандағаш	[qandaɣaʃ]
beuk (de)	шамшат	[ʃamʃat]
iep (de)	шегіршін	[ʃægirʃin]
es (de)	шетен	[ʃæten]
kastanje (de)	талшын	[talʃin]
magnolia (de)	магнолия	[magnolija]
palm (de)	пальма	[palʲma]
cipres (de)	сауырағаш	[sawiraɣaʃ]
mangrove (de)	мангр ағашы	[mangr aɣaʃi]
baobab (apenbroodboom)	баобаб	[baobab]
eucalyptus (de)	эвкалипт	[ɛvkalipt]
mammoetboom (de)	секвойя	[sekvoja]

228. Heesters

| struik (de) | бұта | [buta] |
| heester (de) | бұта | [buta] |

| wijnstok (de) | жүзім | [ʒʉzim] |
| wijngaard (de) | жүзім егісі | [ʒʉzim egisi] |

frambozenstruik (de)	таңқурай	[taŋquraj]
rode bessenstruik (de)	қызыл қарақат	[qizil qaraqat]
kruisbessenstruik (de)	тұшала	[tuʃala]

acacia (de)	қараған	[qaraɣan]
zuurbes (de)	зерек	[zerek]
jasmijn (de)	ақгүл	[aqgʉl]

jeneverbes (de)	арша	[arʃa]
rozenstruik (de)	қызғылт бұта	[qizɣilt buta]
hondsroos (de)	итмұрын	[ıtmʊrin]

229. Champignons

paddenstoel (de)	саңырауқұлақ	[saŋirauqulaq]
eetbare paddenstoel (de)	жеуге жарайтын саңырауқұлақ	[ʒeuge ʒarajtin saŋirauqulaq]
giftige paddenstoel (de)	зәрлі саңырауқұлақ	[zærli saŋirauqulaq]
hoed (de)	қалпақ	[qalpaq]
steel (de)	аяқ	[ajaq]

eekhoorntjesbrood (het)	ақ саңырауқұлақ	[aq saŋirauqulaq]
rosse populierboleet (de)	саңырауқұлақ	[saŋirauqulaq]
berkenboleet (de)	қоңыр саңырауқұлақ	[qoŋir saŋirauqulaq]
cantharel (de)	түлкішек	[tʉlkiʃæk]
russula (de)	сыроежка	[sıroeʒka]

morielje (de)	тыржыңқұлақ	[tirʒiŋqulaq]
vliegenzwam (de)	шыбынжұт	[ʃibinʒʊt]
groene knolamaniet (de)	улы саңырау құлақ	[uli saŋirau qulaq]

230. Vruchten. Bessen

vrucht (de)	жеміс	[ʒemis]
vruchten (mv.)	жемістер	[ʒemister]
appel (de)	алма	[alma]
peer (de)	алмұрт	[almʊrt]
pruim (de)	қара өрік	[qara ørik]

aardbei (de)	бүлдірген	[bʉldirgen]
zure kers (de)	кәдімгі шие	[kædımgı ʃie]
zoete kers (de)	қызыл шие	[qizil ʃie]
druif (de)	жүзім	[ʒʉzim]

framboos (de)	таңқурай	[taŋquraj]
zwarte bes (de)	қарақат	[qaraqat]
rode bes (de)	қызыл қарақат	[qizil qaraqat]
kruisbes (de)	тұшала	[tuʃala]
veenbes (de)	мүк жидегі	[mʉk ʒidegi]

sinaasappel (de)	апельсин	[apelˈsın]
mandarijn (de)	мандарин	[mandarın]
ananas (de)	ананас	[ananas]
banaan (de)	банан	[banan]
dadel (de)	құрма	[qurma]

citroen (de)	лимон	[lımon]
abrikoos (de)	өрік	[ørik]
perzik (de)	шабдалы	[ʃabdalı]
kiwi (de)	киви	[kıvı]
grapefruit (de)	грейпфрут	[grejpfrut]

bes (de)	жидек	[ʒıdek]
bessen (mv.)	жидектер	[ʒıdekter]
vossenbes (de)	итбүлдірген	[ıtbʉldirgen]
bosaardbei (de)	қой бүлдірген	[qoj bʉldirgen]
blauwe bosbes (de)	қара жидек	[qara ʒıdek]

231. Bloemen. Planten

bloem (de)	гүл	[gʉl]
boeket (het)	гүл шоғы	[gʉl ʃoɣi]

roos (de)	раушан	[rauʃan]
tulp (de)	қызғалдақ	[qizɣaldaq]
anjer (de)	қалампыр	[qalampir]
gladiool (de)	гладиолус	[gladıolus]

korenbloem (de)	гүлкекіре	[gʉlkekire]
klokje (het)	қоңырау	[qoŋirau]
paardenbloem (de)	бақбақ	[baqbaq]
kamille (de)	түймета̄ғы	[tʉjmetaɣi]

aloë (de)	алоэ	[aloɛ]
cactus (de)	кактус	[kaktus]
ficus (de)	фикус	[fıkus]

lelie (de)	лалагүл	[lalagʉl]
geranium (de)	герань	[geranʲ]
hyacint (de)	сүмбілгүл	[sʉmbilgʉl]

mimosa (de)	мимоза	[mımoza]
narcis (de)	нарцисс	[nartsıss]
Oost-Indische kers (de)	настурция	[nasturtsıja]

orchidee (de)	орхидея	[orhıdeja]
pioenroos (de)	пион	[pıon]
viooltje (het)	шегіргүл	[ʃægirgʉl]

driekleurig viooltje (het)	сарғалдақтар	[sarɣaldaqtar]
vergeet-mij-nietje (het)	ботакөз	[botakøz]
madeliefje (het)	әсел	[æsel]
papaver (de)	көкнәр	[køknær]
hennep (de)	сора	[sora]

munt (de)	жалбыз	[ʒalbiz]
lelietje-van-dalen (het)	меруертгүл	[meruertgʉl]
sneeuwklokje (het)	бәйшешек	[bæjʃeʃek]

brandnetel (de)	қалақай	[qalaqaj]
veldzuring (de)	қымыздық	[qimizdiq]
waterlelie (de)	құмыра гүл	[qumira gʉl]
varen (de)	қырықҚұлақ	[qiriqqulaq]
korstmos (het)	қына	[qina]

oranjerie (de)	жылыжай	[ʒiliʒaj]
gazon (het)	көгал	[køgal]
bloemperk (het)	гүлбағы	[gʉlbaɣi]

plant (de)	өсімдік	[øsimdik]
gras (het)	шөп	[ʃøp]
grasspriet (de)	бір тал шөп	[bir tal ʃøp]

blad (het)	жапырақ	[ʒapiraq]
bloemblad (het)	күлте	[kʉlte]
stengel (de)	сабақ	[sabaq]
knol (de)	түйнек	[tujnek]

| scheut (de) | өскін | [øskin] |
| doorn (de) | тікенек | [tikenek] |

bloeien (ww)	гүлдеу	[gʉldeu]
verwelken (ww)	сарғаю	[sarɣaju]
geur (de)	иіс	[iis]
snijden (bijv. bloemen ~)	кесу	[kesu]
plukken (bloemen ~)	үзу	[ʉzu]

232. Granen, graankorrels

graan (het)	дән	[dæn]
graangewassen (mv.)	астық дақыл өсімдіктері	[astiq daqil øsimdikteri]
aar (de)	масақ	[masaq]

tarwe (de)	бидай	[bidaj]
rogge (de)	қара бидай	[qara bidaj]
haver (de)	сұлы	[suli]

| gierst (de) | тары | [tari] |
| gerst (de) | арпа | [arpa] |

maïs (de)	жүгері	[ʒʉgeri]
rijst (de)	күріш	[kʉriʃ]
boekweit (de)	қарақұмық	[qaraqumiq]

erwt (de)	бұршақ	[burʃaq]
nierboon (de)	бұршақ	[burʃaq]
soja (de)	соя	[soja]
linze (de)	жасымық	[ʒasimiq]
bonen (mv.)	ірі бұршақтар	[iri burʃaqtar]

233. Groenten. Groene groenten

| groenten (mv.) | көкөністер | [køkønister] |
| verse kruiden (mv.) | көкөніс | [køkønis] |

tomaat (de)	қызанақ	[qizanaq]
augurk (de)	қияр	[qıjar]
wortel (de)	сәбіз	[sæbiz]
aardappel (de)	картоп	[kartop]
ui (de)	пияз	[pıjaz]
knoflook (de)	сарымсақ	[sarimsaq]

kool (de)	капуста	[kapusta]
bloemkool (de)	түрлі түсті орамжапырақ	[turli tusti oramʒapiraq]
spruitkool (de)	брюсель орамжапырағы	[brjuselʲ oramʒapirayi]

rode biet (de)	қызылша	[qizilʃa]
aubergine (de)	кәді	[kædi]
courgette (de)	кәді	[kædi]
pompoen (de)	асқабақ	[asqabaq]
knolraap (de)	шомыр	[ʃomir]

peterselie (de)	ақжелкен	[aqʒelken]
dille (de)	аскөк	[askøk]
sla (de)	салат	[salat]
selderij (de)	сельдерей	[selʲderej]
asperge (de)	қояншөп	[qojanʃøp]
spinazie (de)	саумалдық	[saumaldiq]

erwt (de)	бұршақ	[burʃaq]
bonen (mv.)	ірі бұршақтар	[iri burʃaqtar]
maïs (de)	жүгері	[ʒugeri]
nierboon (de)	бұршақ	[burʃaq]

peper (de)	бұрыш	[buriʃ]
radijs (de)	шалғам	[ʃalɣam]
artisjok (de)	бөрікгүл	[børikgul]

REGIONALE AARDRIJKSKUNDE

Landen. Nationaliteiten

234. West-Europa

Europa (het)	Еуропа	[europa]
Europese Unie (de)	Еуропалық одақ	[europaliq odaq]
Europeaan (de)	еуропалық	[europaliq]
Europees (bn)	еуропалық	[europaliq]
Oostenrijk (het)	Австрия	[avstrija]
Oostenrijker (de)	австриялық	[avstrijaliq]
Oostenrijkse (de)	австриялық әйел	[avstrijaliq æjel]
Oostenrijks (bn)	австриялық	[avstrijaliq]
Groot-Brittannië (het)	Ұлыбритания	[ulibritanija]
Engeland (het)	Англия	[anglija]
Engelsman (de)	ағылшын	[aɣilʃin]
Engelse (de)	ағылшын әйел	[aɣilʃin æjel]
Engels (bn)	ағылшын	[aɣilʃin]
België (het)	Бельгия	[belʲgija]
Belg (de)	бельгиялық	[belʲgijaliq]
Belgische (de)	бельгиялық әйел	[belʲgijaliq æjel]
Belgisch (bn)	бельгиялық	[belʲgijaliq]
Duitsland (het)	Германия	[germanija]
Duitser (de)	неміс	[nemis]
Duitse (de)	неміс әйел	[nemis æjel]
Duits (bn)	неміс	[nemis]
Nederland (het)	Нидерланд	[niderland]
Holland (het)	Голландия	[gollandija]
Nederlander (de)	голландық	[gollandiq]
Nederlandse (de)	голландық әйел	[gollandiq æjel]
Nederlands (bn)	голландық	[gollandiq]
Griekenland (het)	Грекия	[grekija]
Griek (de)	грек	[grek]
Griekse (de)	грек әйел	[grek æjel]
Grieks (bn)	грек	[grek]
Denemarken (het)	Дания	[danija]
Deen (de)	даниялық	[danijaliq]
Deense (de)	даниялық әйел	[danijaliq æjel]
Deens (bn)	даниялық	[danijaliq]
Ierland (het)	Ирландия	[irlandija]
Ier (de)	ирландық	[irlandiq]

Ierse (de)	ирландық әйел	[ırlandiq æjel]
Iers (bn)	ирландық	[ırlandiq]
IJsland (het)	Исландия	[ıslandıja]
IJslander (de)	исландиялық	[ıslandıjaliq]
IJslandse (de)	исландиялық әйел	[ıslandıjaliq æjel]
IJslands (bn)	исландиялық	[ıslandıjaliq]
Spanje (het)	Испания	[ıspanıja]
Spanjaard (de)	испандық	[ıspandiq]
Spaanse (de)	испандық әйел	[ıspandiq æjel]
Spaans (bn)	испандық	[ıspandiq]
Italië (het)	Италия	[ıtalıja]
Italiaan (de)	италиялық	[ıtalıjaliq]
Italiaanse (de)	италиялық әйел	[ıtalıjaliq æjel]
Italiaans (bn)	италиялық	[ıtalıjaliq]
Cyprus (het)	Кипр	[kıpr]
Cyprioot (de)	киприк	[kıprlik]
Cypriotische (de)	киприк әйел	[kıprlik æjel]
Cypriotisch (bn)	киприк	[kıprlik]
Malta (het)	Мальта	[malʲta]
Maltees (de)	мальталық	[malʲtaliq]
Maltese (de)	мальталық әйел	[malʲtaliq æjel]
Maltees (bn)	мальталық	[malʲtaliq]
Noorwegen (het)	Норвегия	[norvegıja]
Noor (de)	норвегиялық	[norvegıjaliq]
Noorse (de)	норвегиялық әйел	[norvegıjaliq æjel]
Noors (bn)	норвегиялық	[norvegıjaliq]
Portugal (het)	Португалия	[portugalıja]
Portugees (de)	португалдық	[portugaldiq]
Portugese (de)	португалдық әйел	[portugaldiq æjel]
Portugees (bn)	португалдық	[portugaldiq]
Finland (het)	Финляндия	[fınljandıja]
Fin (de)	финн	[fın]
Finse (de)	финн әйел	[fın æjel]
Fins (bn)	фин	[fın]
Frankrijk (het)	Франция	[frantsıja]
Fransman (de)	француз	[frantsuz]
Française (de)	француз	[frantsuz]
Frans (bn)	француз	[frantsuz]
Zweden (het)	Швеция	[ʃvetsıja]
Zweed (de)	швед	[ʃved]
Zweedse (de)	швед әйел	[ʃved æjel]
Zweeds (bn)	швед	[ʃved]
Zwitserland (het)	Швейцария	[ʃvejtsarıja]
Zwitser (de)	швейцариялық	[ʃvejtsarıjaliq]
Zwitserse (de)	швейцариялық әйел	[ʃvejtsarıjaliq æjel]

Zwitsers (bn)	швейцариялық	[ʃvejtsarɪjaliq]
Schotland (het)	Шотландия	[ʃotlandɪja]
Schot (de)	шотландық	[ʃotlandiq]
Schotse (de)	шотландық әйел	[ʃotlandiq æjel]
Schots (bn)	шотландық	[ʃotlandiq]

Vaticaanstad (de)	Ватикан	[vatɪkan]
Liechtenstein (het)	Лихтенштейн	[lɪhtenʃtejn]
Luxemburg (het)	Люксембург	[ljuksemburg]
Monaco (het)	Монако	[monako]

235. Centraal- en Oost-Europa

Albanië (het)	Албания	[albanɪja]
Albanees (de)	албандық	[albandiq]
Albanese (de)	албандық әйел	[albandiq æjel]
Albanees (bn)	албандық	[albandiq]

Bulgarije (het)	Болгария	[bolgarɪja]
Bulgaar (de)	болгар	[bolgar]
Bulgaarse (de)	болгар әйел	[bolgar æjel]
Bulgaars (bn)	болгар	[bolgar]

Hongarije (het)	Мажарстан	[maʒarstan]
Hongaar (de)	венгр	[vengr]
Hongaarse (de)	венгр әйел	[vengr æjel]
Hongaars (bn)	венгр	[vengr]

Letland (het)	Латвия	[latvɪja]
Let (de)	латыш	[latiʃ]
Letse (de)	латыш әйел	[latiʃ æjel]
Lets (bn)	латыш	[latiʃ]

Litouwen (het)	Литва	[lɪtva]
Litouwer (de)	литвалық	[lɪtvaliq]
Litouwse (de)	литвалық әйел	[lɪtvaliq æjel]
Litouws (bn)	литвалық	[lɪtvaliq]

Polen (het)	Польша	[polʲʃa]
Pool (de)	поляк	[poljak]
Poolse (de)	поляк	[poljak]
Pools (bn)	поляк	[poljak]

Roemenië (het)	Румыния	[rumɪnɪja]
Roemeen (de)	румын	[rumin]
Roemeense (de)	румын әйел	[rumin æjel]
Roemeens (bn)	румын	[rumin]

Servië (het)	Сербия	[serbɪja]
Serviër (de)	серб	[serb]
Servische (de)	серб	[serb]
Servisch (bn)	серб	[serb]
Slowakije (het)	Словакия	[slovakɪja]
Slowaak (de)	словак	[slovak]

Slowaakse (de)	словак әйел	[slovak æjel]
Slowaakse (bn)	словак	[slovak]
Kroatië (het)	Хорватия	[horvatıja]
Kroaat (de)	хорват	[horvat]
Kroatische (de)	хорват әйел	[horvat æjel]
Kroatisch (bn)	хорват	[horvat]
Tsjechië (het)	Чехия	[ʧehıja]
Tsjech (de)	чех	[ʧeh]
Tsjechische (de)	чех әйел	[ʧeh æjel]
Tsjechisch (bn)	чех	[ʧeh]
Estland (het)	Эстония	[ɛstonıja]
Est (de)	эстондық	[ɛstondıq]
Estse (de)	эстондық әйел	[ɛstondıq æjel]
Ests (bn)	эстондық	[ɛstondıq]
Bosnië en Herzegovina (het)	Босния мен Герцеговина	[bosnıja men gertsegovına]
Macedonië (het)	Македония	[makedonıja]
Slovenië (het)	Словения	[slovenıja]
Montenegro (het)	Черногория	[ʧernogorıja]

236. Voormalige USSR landen

Azerbeidzjan (het)	Әзірбайжан	[æzirbajʒan]
Azerbeidzjaan (de)	әзірбайжан	[æzirbajʒan]
Azerbeidjaanse (de)	әзірбайжан әйел	[æzirbajʒandik æjel]
Azerbeidjaans (bn)	әзірбайжан	[æzirbajʒan]
Armenië (het)	Әрменстан	[ærmenstan]
Armeen (de)	армянин	[armʲanın]
Armeense (de)	армян әйел	[armʲan æjel]
Armeens (bn)	армян	[armʲan]
Wit-Rusland (het)	Беларусь	[belarusʲ]
Wit-Rus (de)	белорус	[belorus]
Wit-Russische (de)	белорус әйел	[belorus æjel]
Wit-Russisch (bn)	белорус	[belorus]
Georgië (het)	Гүржістан	[gurʒistan]
Georgiër (de)	грузин	[gruzın]
Georgische (de)	грузин әйел	[gruzın æjel]
Georgisch (bn)	грузин	[gruzın]
Kazakstan (het)	Қазақстан	[qazaqhstan]
Kazak (de)	қазақ	[qazaqh]
Kazakse (de)	казақ	[qazaq]
Kazakse (bn)	казақ	[qazaq]
Kirgizië (het)	Қырғызстан	[qirɣizstan]
Kirgiziër (de)	қырғыз	[qirɣiz]
Kirgizische (de)	қырғыз әйел	[qirɣiz æjel]
Kirgizische (bn)	қырғыз	[qirɣiz]

Moldavië (het)	Молдова	[moldova]
Moldaviër (de)	молдаван	[moldavan]
Moldavische (de)	молдаван әйел	[moldavan æjel]
Moldavisch (bn)	молдаван	[moldavan]
Rusland (het)	Ресей	[resej]
Rus (de)	орыс	[oris]
Russin (de)	орыс әйел	[oris æjel]
Russisch (bn)	орыс	[oris]
Tadzjikistan (het)	Тәжікстан	[tæʒikistan]
Tadzjiek (de)	тәжік	[tæʒik]
Tadzjiekse (de)	тәжік әйел	[taʒik æjel]
Tadzjieks (bn)	тәжік	[tæʒik]
Turkmenistan (het)	Түрікменстан	[turikmenstan]
Turkmeen (de)	түрікмен	[turikmen]
Turkmeense (de)	түрікмен әйел	[turikmen æjel]
Turkmeens (bn)	түрікмен	[turikmen]
Oezbekistan (het)	Өзбекистан	[øzbekıstan]
Oezbeek (de)	өзбек	[øzbek]
Oezbeekse (de)	өзбек әйел	[øzbek æjel]
Oezbeeks (bn)	өзбек	[øzbek]
Oekraïne (het)	Украина	[ukraına]
Oekraïner (de)	украин	[ukraın]
Oekraïense (de)	украин әйел	[ukraın æjel]
Oekraïens (bn)	украин	[ukraın]

237. Azië

Azië (het)	Азия	[azıja]
Aziatisch (bn)	азиялық	[azıjalıq]
Vietnam (het)	Вьетнам	[vietnam]
Vietnamees (de)	вьетнамдық	[vietnamdiq]
Vietnamese (de)	вьетнамдық	[vietnamdiq]
Vietnamees (bn)	вьетнамдық	[vietnamdiq]
India (het)	Үндістан	[undistan]
Indiër (de)	үндіс	[undis]
Indische (de)	үндіс әйел	[undis æjel]
Indisch (bn)	үндіс	[undis]
Israël (het)	Израиль	[ızrailʲ]
Israëliër (de)	израильдік	[ızrailʲdik]
Israëlische (de)	израильдік әйел	[ızrailʲdik æjel]
Israëlisch (bn)	израильдік	[ızrailʲdik]
Jood (etniciteit)	еврей	[evrej]
Jodin (de)	еврей әйел	[evrej æjel]
Joods (bn)	еврей	[evrej]
China (het)	Қытай	[qitaj]

Chinees (de)	қытай	[qitaj]
Chinese (de)	қытай әйел	[qitaj æjel]
Chinees (bn)	қытай	[qitaj]
Koreaan (de)	корей	[korej]
Koreaanse (de)	корей әйел	[korej æjel]
Koreaans (bn)	корей	[korej]
Libanon (het)	Ливан	[lıvan]
Libanees (de)	ливан	[lıvan]
Libanese (de)	ливан әйел	[lıvan æjel]
Libanees (bn)	ливандық	[lıvandıq]
Mongolië (het)	Монғолия	[monɣolıja]
Mongool (de)	монғол	[monɣol]
Mongoolse (de)	монғол әйел	[monɣol æjel]
Mongools (bn)	монғол	[monɣol]
Maleisië (het)	Малайзия	[malajzıja]
Maleisiër (de)	малайлық	[malajlıq]
Maleisische (de)	малайлық әйел	[malajlıq æjel]
Maleisisch (bn)	малайлық	[malajlıq]
Pakistan (het)	Пәкістан	[pækistan]
Pakistaan (de)	пәкістандық	[pækistandıq]
Pakistaanse (de)	пәкістандық әйел	[pakistandıq æjel]
Pakistaans (bn)	пәкістандық	[pækistandıq]
Saoedi-Arabië (het)	Сауди Арабстан	[saudı arabstan]
Arabier (de)	араб	[arab]
Arabische (de)	араб әйел	[arab æjel]
Arabisch (bn)	араб	[arab]
Thailand (het)	Таиланд	[taıland]
Thai (de)	тайлық	[tajlıq]
Thaise (de)	тайлық әйел	[tajlıq æjel]
Thai (bn)	тайлық	[tajlıq]
Taiwan (het)	Тайвань	[tajvanʲ]
Taiwanees (de)	тайваньдық	[tajvanʲdıq]
Taiwanese (de)	тайваньдық	[tajvanʲdıq]
Taiwanees (bn)	тайваньдық	[tajvanʲdıq]
Turkije (het)	Түркия	[tʉrkıja]
Turk (de)	түрік	[tʉrik]
Turkse (de)	түрік әйел	[tʉrik æjel]
Turks (bn)	түрік	[tʉrik]
Japan (het)	Жапония	[ʒaponıja]
Japanner (de)	жапон	[ʒapon]
Japanse (de)	жапон әйел	[ʒapon æjel]
Japans (bn)	жапон	[ʒapon]
Afghanistan (het)	Ауғаныстан	[auɣanistan]
Bangladesh (het)	Бангладеш	[bangladeʃ]
Indonesië (het)	Индонезия	[ındonezıja]

Jordanië (het)	Иордания	[ɪordanıja]
Irak (het)	Ирак	[ɪrak]
Iran (het)	Иран	[ɪran]
Cambodja (het)	Камбоджа	[kambodʒa]
Koeweit (het)	Кувейт	[kuvejt]

Laos (het)	Лаос	[laos]
Myanmar (het)	Мьянма	[m'anma]
Nepal (het)	Непал	[nepal]
Verenigde Arabische	Біріккен Араб	[biriken arab
Emiraten	Эмираттары	ɛmɪratari]

Syrië (het)	Сирия	[sɪrɪja]
Palestijnse autonomie (de)	Палестина	[palestɪna]
Zuid-Korea (het)	Оңтүстік Корея	[oŋtʉstik koreja]
Noord-Korea (het)	Солтүстік Корея	[soltʉstik koreja]

238. Noord-Amerika

Verenigde Staten van Amerika	Америка құрама штаттары	[amerıka qʊrama ʃtattari]
Amerikaan (de)	америкалық	[amerıkaliq]
Amerikaanse (de)	америкалық әйел	[amerıkaliq æjel]
Amerikaans (bn)	америкалық	[amerıkaliq]

Canada (het)	Канада	[kanada]
Canadees (de)	канадалық	[kanadaliq]
Canadese (de)	канадалық әйел	[kanadaliq æjel]
Canadees (bn)	канадалық	[kanadaliq]

Mexico (het)	Мексика	[meksıka]
Mexicaan (de)	мексикандық	[meksıkandıq]
Mexicaanse (de)	мексикандық әйел	[meksıkandıq æjel]
Mexicaans (bn)	мексикандық	[meksıkandıq]

239. Midden- en Zuid-Amerika

Argentinië (het)	Аргентина	[argentına]
Argentijn (de)	аргентин	[argentın]
Argentijnse (de)	аргентин әйел	[argentın æjel]
Argentijns (bn)	аргентин	[argentın]

Brazilië (het)	Бразилия	[brazılıja]
Braziliaan (de)	бразилиялық	[brazılıjaliq]
Braziliaanse (de)	бразилиялық	[brazılıjaliq]
Braziliaans (bn)	бразилия	[brazılıja]

Colombia (het)	Колумбия	[kolumbıja]
Colombiaan (de)	колумбиялық	[kolumbıjaliq]
Colombiaanse (de)	колумбиялық әйел	[kolumbıjaliq æjel]
Colombiaans (bn)	колумбиялық	[kolumbıjaliq]
Cuba (het)	Куба	[kuba]

Cubaan (de)	кубалық	[kubaliq]
Cubaanse (de)	кубалық әйел	[kubaliq æjel]
Cubaans (bn)	куба	[kuba]

Chili (het)	Чили	[ʧɪlɪ]
Chileen (de)	чилилік	[ʧɪlɪlik]
Chileense (de)	чилилік әйел	[ʧɪlɪlik æjel]
Chileens (bn)	чилилік	[ʧɪlɪlik]

Bolivia (het)	Боливия	[bolɪvɪja]
Venezuela (het)	Венесуэла	[venesuɛla]
Paraguay (het)	Парагвай	[paragvaj]
Peru (het)	Перу	[peru]
Suriname (het)	Суринам	[surɪnam]
Uruguay (het)	Уругвай	[urugvaj]
Ecuador (het)	Эквадор	[ɛkvador]

Bahama's (mv.)	Багам аралдары	[bagam araldari]
Haïti (het)	Гаити	[gaɪtɪ]
Dominicaanse Republiek (de)	Доминикан республикасы	[domɪnɪkan respublɪkasi]
Panama (het)	Панама	[panama]
Jamaica (het)	Ямайка	[jamajka]

240. Afrika

Egypte (het)	Мысыр	[misir]
Egyptenaar (de)	мысырлық	[misirliq]
Egyptische (de)	мысырлық әйел	[misirliq æjel]
Egyptisch (bn)	мысырлық	[misirliq]

Marokko (het)	Марокко	[marokko]
Marokkaan (de)	мароккалық	[marokkaliq]
Marokkaanse (de)	мароккалық әйел	[marokkaliq æjel]
Marokkaans (bn)	марокко	[marokko]

Tunesië (het)	Тунис	[tunɪs]
Tunesiër (de)	тунистік	[tunɪstik]
Tunesische (de)	тунистік әйел	[tunɪstik æjel]
Tunesisch (bn)	тунистік	[tunɪstik]

Ghana (het)	Гана	[gana]
Zanzibar (het)	Занзибар	[zanzɪbar]
Kenia (het)	Кения	[kenɪja]
Libië (het)	Ливия	[lɪvɪja]
Madagaskar (het)	Мадагаскар	[madagaskar]

Namibië (het)	Намибия	[namɪbɪja]
Senegal (het)	Сенегал	[senegal]
Tanzania (het)	Танзания	[tanzanɪja]
Zuid-Afrika (het)	ОАР	[oar]

Afrikaan (de)	африкан	[afrɪkan]
Afrikaanse (de)	африкан әйел	[afrɪkan æjel]
Afrikaans (bn)	африкалық	[afrɪkaliq]

241. Australië. Oceanië

Australië (het)	Австралия	[avstralɪja]
Australiër (de)	австралиялық	[avstralɪjalɪq]
Australische (de)	австралиялық әйел	[avstralɪjalɪq æjel]
Australisch (bn)	австралиялық	[avstralɪjalɪq]

Nieuw-Zeeland (het)	Жаңа Зеландия	[ʒaŋa zelandɪja]
Nieuw-Zeelander (de)	жаңа зеландиялық	[ʒaŋa zelandɪjalɪq]
Nieuw-Zeelandse (de)	жаңа зеландиялық	[ʒaŋa zelandɪjalɪq]
Nieuw-Zeelands (bn)	жаңа зеландиялық	[ʒaŋa zelandɪjalɪq]

| Tasmanië (het) | Тасмания | [tasmanɪja] |
| Frans-Polynesië | Франция Полинезиясы | [franʦɪja polɪnezɪjasi] |

242. Steden

Amsterdam	Амстердам	[amsterdam]
Ankara	Анкара	[ankara]
Athene	Афины	[afɪnɪ]
Bagdad	Бағдад	[baɣdad]
Bangkok	Бангкок	[bangkok]

Barcelona	Барселона	[barselona]
Beiroet	Бейрут	[bejrut]
Berlijn	Берлин	[berlɪn]
Boedapest	Будапешт	[budapeʃt]
Boekarest	Бухарест	[buharest]

Bombay, Mumbai	Бомбей	[bombej]
Bonn	Бонн	[bon]
Bordeaux	Бордо	[bordo]
Bratislava	Братислава	[bratɪslava]
Brussel	Брюссель	[brjusselʲ]

Caïro	Каир	[kaɪr]
Calcutta	Калькутта	[kalʲkutta]
Chicago	Чикаго	[ʧɪkago]
Dar Es Salaam	Дар-эс-Салам	[dar ɛs salam]
Delhi	Дели	[delɪ]

Den Haag	Гаага	[gaaga]
Dubai	Дубай	[dubaj]
Dublin	Дублин	[dublɪn]
Düsseldorf	Дюссельдорф	[djusselʲdorf]
Florence	Флоренция	[florenʦɪja]

Frankfort	Франкфурт	[frankfurt]
Genève	Женева	[ʒeneva]
Hamburg	Гамбург	[gamburg]
Hanoi	Ханой	[hanoj]
Havana	Гавана	[gavana]
Helsinki	Хельсинки	[helʲsɪnkɪ]

Hiroshima	Хиросима	[hırosıma]
Hongkong	Гонконг	[gongkong]
Istanbul	Стамбұл	[stambʊl]
Jeruzalem	Иерусалим	[ıerusalım]
Kiev	Киев	[kıev]

Kopenhagen	Копенгаген	[kopengagen]
Kuala Lumpur	Куала-Лумпур	[kuala lumpur]
Lissabon	Лиссабон	[lıssabon]
Londen	Лондон	[london]
Los Angeles	Лос-Анджелес	[los andʒeles]

Lyon	Лион	[lıon]
Madrid	Мадрид	[madrıd]
Marseille	Марсель	[marselʲ]
Mexico-Stad	Мехико	[mehıko]
Miami	Майями	[majamı]

Montreal	Монреаль	[monrealʲ]
Moskou	Москеу	[mæskeu]
München	Мюнхен	[mjunhen]
Nairobi	Найроби	[najrobı]
Napels	Неаполь	[neapolʲ]

New York	Нью-Йорк	[nʲu jork]
Nice	Ницца	[nıtsa]
Oslo	Осло	[oslo]
Ottawa	Оттава	[ottava]
Parijs	Париж	[parıʒ]

Peking	Бейжің	[bejʒiŋ]
Praag	Прага	[praga]
Rio de Janeiro	Рио-де-Жанейро	[rıo de ʒanejro]
Rome	Рим	[rım]
Seoel	Сеул	[seul]
Singapore	Сингапур	[sıngapur]

Sint-Petersburg	Санкт-Петербург	[sankt peterburg]
Sjanghai	Шанхай	[ʃanhaj]
Stockholm	Стокгольм	[stokgolʲm]
Sydney	Сидней	[sıdnej]
Taipei	Тайпей	[tajpej]
Tokio	Токио	[tokıo]

Toronto	Торонто	[toronto]
Venetië	Венеция	[venetsıja]
Warschau	Варшава	[varʃava]
Washington	Вашингтон	[vaʃington]
Wenen	Вена	[vena]

243. Politiek. Overheid. Deel 1

| politiek (de) | саясат | [sajasat] |
| politiek (bn) | саяси | [sajasɪ] |

politicus (de)	саясаткер	[sajasatker]
staat (land)	мемлекет	[memleket]
burger (de)	азамат	[azamat]
staatsburgerschap (het)	азаматтық	[azamatiq]

nationaal wapen (het)	ұлттық елтаңба	[ultiq eltaŋba]
volkslied (het)	мемлекеттік ән-ұран	[memleketik æn uran]

regering (de)	үкімет	[ükimet]
staatshoofd (het)	ел басқарушысы	[el basqaruʃisi]
parlement (het)	парламент	[parlament]
partij (de)	партия	[partija]

kapitalisme (het)	капитализм	[kapitalizm]
kapitalistisch (bn)	капиталистік	[kapitalistik]

socialisme (het)	социализм	[sotsializm]
socialistisch (bn)	социалистік	[sotsialistik]

communisme (het)	коммунизм	[kommunizm]
communistisch (bn)	коммунистік	[kommunistik]
communist (de)	коммунист	[kommunist]

democratie (de)	демократия	[demokratija]
democraat (de)	демократ	[demokrat]
democratisch (bn)	демократиялық	[demokratijaliq]
democratische partij (de)	демократиялық партия	[demokratijaliq partija]

liberaal (de)	либерал	[liberal]
liberaal (bn)	либералдық	[liberaldiq]

conservator (de)	консерватор	[konservator]
conservatief (bn)	консерваторлық	[konservatorliq]

republiek (de)	республика	[respublika]
republikein (de)	республикашыл	[respublikaʃil]
Republikeinse Partij (de)	республикалық партия	[respubliqaliq partija]

verkiezing (de)	сайлаулар	[sajlaular]
kiezen (ww)	сайлау	[sajlau]
kiezer (de)	сайлаушы	[sajlauʃi]
verkiezingscampagne (de)	сайлау науқаны	[sajlau nauqani]

stemming (de)	дауыс беру	[dawis beru]
stemmen (ww)	дауыс беру	[dawis beru]
stemrecht (het)	дауыс беру құқығы	[dauis beru quqiɣi]

kandidaat (de)	кандидат	[kandidat]
zich kandideren	дауысқа түсу	[dawisqa tusu]
campagne (de)	науқан	[nauqan]

oppositie- (abn)	оппозициялық	[oppozitsijaliq]
oppositie (de)	оппозиция	[oppozitsija]

bezoek (het)	сапар	[sapar]
officieel bezoek (het)	ресми сапар	[resmi sapar]

internationaal (bn)	халықаралық	[haliqaraliq]
onderhandelingen (mv.)	келіссөз	[kelisøz]
onderhandelen (ww)	келіссөздер жүргізу	[kelisøzder ʒʉrgizu]

244. Politiek. Overheid. Deel 2

maatschappij (de)	қоғам	[qoɣam]
grondwet (de)	конституция	[konstitutsıja]
macht (politieke ~)	билік	[bılik]
corruptie (de)	жемқорлық	[ʒemqorliq]

| wet (de) | заң | [zaŋ] |
| wettelijk (bn) | заңды | [zaŋdi] |

| rechtvaardigheid (de) | әділдік | [ædildik] |
| rechtvaardig (bn) | әділ | [ædil] |

comité (het)	комитет	[komıtet]
wetsvoorstel (het)	заң жобасы	[zaŋ ʒobasi]
begroting (de)	бюджет	[bjudʒet]
beleid (het)	саясат	[sajasat]
hervorming (de)	реформа	[reforma]
radicaal (bn)	радикалдық	[radıqaldiq]

macht (vermogen)	күш	[kʉʃ]
machtig (bn)	қуатты	[quati]
aanhanger (de)	жақтағыш	[ʒaqtaɣiʃ]
invloed (de)	ықпал	[iqpal]

regime (het)	режим	[reʒim]
conflict (het)	шиеленіс	[ʃielenis]
samenzwering (de)	қастандық	[qastandiq]
provocatie (de)	азғыру	[azɣiru]

omverwerpen (ww)	түсіру	[tʉsiru]
omverwerping (de)	құлату	[qulatu]
revolutie (de)	революция	[revoljutsıja]

| staatsgreep (de) | төңкеріс | [tøŋkeris] |
| militaire coup (de) | әскери төңкеріс | [æskerı tøŋkeris] |

crisis (de)	дағдарыс	[daɣdaris]
economische recessie (de)	экономикалық құлдырау	[ɛkonomıkaliq quldirau]
betoger (de)	демонстрант	[demonstrant]
betoging (de)	білдіру	[bilˈdiru]
krijgswet (de)	әскери жағдай	[æskerı ʒaɣdaj]
militaire basis (de)	база	[baza]

| stabiliteit (de) | тұрақтылық | [turaqtiliq] |
| stabiel (bn) | тұрақты | [turaqti] |

uitbuiting (de)	пайдалану	[pajdalanu]
uitbuiten (ww)	пайдалану	[pajdalanu]
racisme (het)	нәсілшілдік	[næsilʃildik]

racist (de)	нәсілшіл	[næsilʃil]
fascisme (het)	фашизм	[faʃɪzm]
fascist (de)	фашист	[faʃɪst]

245. Landen. Diversen

vreemdeling (de)	шетелдік	[ʃæteldik]
buitenlands (bn)	шетелдік	[ʃæteldik]
in het buitenland (bw)	шетелде	[ʃætelde]

emigrant (de)	эмигрант	[ɛmɪgrant]
emigratie (de)	эмиграция	[ɛmɪgratsɪja]
emigreren (ww)	эмиграцияға кету	[ɛmɪgratsɪjaɣa ketu]

Westen (het)	батыс	[batis]
Oosten (het)	шығыс	[ʃɪɣis]
Verre Oosten (het)	қиыр шығыс	[qɪɪr ʃɪɣis]
beschaving (de)	өркениет	[ørkenɪet]
mensheid (de)	адамзат	[adamzat]
wereld (de)	әлем	[ælem]
vrede (de)	бейбітшілік	[bejbitʃilik]
wereld- (abn)	әлемдік	[ælemdik]

vaderland (het)	отан	[otan]
volk (het)	халық	[haliq]
bevolking (de)	халық	[haliq]
mensen (mv.)	адамдар	[adamdar]
natie (de)	ұлт	[ult]
generatie (de)	ұрпақ	[urpaq]
gebied (bijv. bezette ~en)	территория	[terrɪtorɪja]
regio, streek (de)	аймақ	[ajmaq]
deelstaat (de)	штат	[ʃtat]

traditie (de)	әдет-ғұрпы	[ædet ɣurpi]
gewoonte (de)	әдет	[ædet]
ecologie (de)	экология	[ɛkologɪja]

Indiaan (de)	үндіс	[undis]
zigeuner (de)	сыған	[siɣan]
zigeunerin (de)	сыған әйел	[siɣan æjel]
zigeuner- (abn)	сыған	[siɣan]

rijk (het)	империя	[ɪmperɪja]
kolonie (de)	отар	[otar]
slavernij (de)	құлдық	[quldiq]
invasie (de)	жорық	[ʒoriq]
hongersnood (de)	аштық	[aʃtiq]

246. Grote religieuze groepen. Bekentenissen

| religie (de) | дін | [din] |
| religieus (hn) | діндар | [dindar] |

geloof (het)	дiншiлдiк	[dinʃildik]
geloven (ww)	сену	[senu]
gelovige (de)	дiндар	[dindar]

| atheïsme (het) | атеизм | [ateızm] |
| atheïst (de) | атеист | [ateıst] |

christendom (het)	христиан дiнi	[hrıstıan dɛnı]
christen (de)	христиан	[hrıstıan]
christelijk (bn)	христиандық	[hrıstıandıq]

katholicisme (het)	Католицизм	[katolıʦızm]
katholiek (de)	католик	[katolık]
katholiek (bn)	католик	[katolık]

protestantisme (het)	Протестанттық	[protestanttiq]
Protestante Kerk (de)	Протестант шiркеуi	[protestant ʃirkewi]
protestant (de)	протестант	[protestant]

orthodoxie (de)	Православие	[pravoslavıe]
Orthodoxe Kerk (de)	православиелiк шiркеу	[pravoslavıelik ʃirkeu]
orthodox	православ	[pravoslav]

presbyterianisme (het)	Пресвитериандық	[presvıterıandıq]
Presbyteriaanse Kerk (de)	Пресвитериан шiркеуi	[presvıterıan ʃirkewi]
presbyteriaan (de)	пресвитерианин	[presvıterıanın]

lutheranisme (het)	Лютерандық шiркеу	[ljuterandıq ʃirqeu]
lutheraan (de)	лютеранин	[ljuteranın]
baptisme (het)	Баптизм	[baptızm]
baptist (de)	баптист	[baptıst]

| Anglicaanse Kerk (de) | Ағылшын шiркеуi | [aɣılʃin ʃirkewi] |
| anglicaan (de) | англиканин | [anglıkanın] |

| mormonisme (het) | Мормондық | [mormondiq] |
| mormoon (de) | мормон | [mormon] |

| Jodendom (het) | Иудаизм дiнi | [ıudaızm dını] |
| jood (aanhanger van het Jodendom) | иудей | [ıudej] |

| boeddhisme (het) | Буддизм | [buddızm] |
| boeddhist (de) | буддист | [buddıst] |

| hindoeïsme (het) | Индуизм | [ınduızm] |
| hindoe (de) | индуист | [ınduıst] |

islam (de)	Ислам	[ıslam]
islamiet (de)	мұсылман	[mʊsɪlman]
islamitisch (bn)	мұсылман	[mʊsɪlman]

sjiisme (het)	Шиизм	[ʃı:zm]
sjiiet (de)	шиит	[ʃı:t]
soennisme (het)	Суннизм	[sunızm]
soenniet (de)	суннит	[sunıt]

247. Religies. Priesters

| priester (de) | дін қызметшісі | [din qizmetʃisi] |
| paus (de) | Рим Папасы | [rım papasi] |

monnik (de)	монах	[monah]
non (de)	монах әйел	[monah æjel]
pastoor (de)	пастор	[pastor]

abt (de)	аббат	[abbat]
vicaris (de)	викарий	[vıkarıj]
bisschop (de)	епископ	[epıskop]
kardinaal (de)	кардинал	[kardınal]

predikant (de)	дінге үгіттеуші	[dinge ugitteuʃi]
preek (de)	аręya	[aɣua]
kerkgangers (mv.)	приходтықтар	[prıhodtiqtar]

| gelovige (de) | діншіл | [dinʃil] |
| atheïst (de) | атеист | [ateıst] |

248. Geloof. Christendom. Islam

| Adam | Адам | [adam] |
| Eva | Ева | [eva] |

God (de)	Құдай	[qudaj]
Heer (de)	Құдай	[qudaj]
Almachtige (de)	Құдіретті	[qudiretti]

zonde (de)	күнә	[kunæ]
zondigen (ww)	күнәға бату	[kunæɣa batu]
zondaar (de)	күнәhар	[kunæhar]
zondares (de)	күнаhар әйел	[kunahar æjel]

| hel (de) | тозақ | [tozaq] |
| paradijs (het) | жұмақ | [ʒumaq] |

Jezus	Иса	[ısa]
Heilige Geest (de)	ақ аруақ	[aq aruaq]
Verlosser (de)	Құтқарушы	[qutqaruʃi]
Maagd Maria (de)	құдай ана	[qudaj ana]

duivel (de)	шайтан	[ʃajtan]
duivels (bn)	шайтан	[ʃajtan]
Satan	әбілет	[æbilet]
satanisch (bn)	шайтандық	[ʃajtandiq]

engel (de)	періште	[periʃte]
beschermengel (de)	періште-сақтаушы	[periʃte saqtauʃi]
engelachtig (bn)	періштедей	[periʃtedej]
apostel (de)	апостол	[apostol]
aartsengel (de)	періште	[periʃte]

222

antichrist (de)	антихрист	[antıhrıst]
Kerk (de)	шіркеу	[ʃirkeu]
bijbel (de)	інжіл	[inʒil]
bijbels (bn)	інжіл	[inʒil]

Oude Testament (het)	Көне өсиет	[køne øsıet]
Nieuwe Testament (het)	Жаңа өсиет	[ʒaŋa øsıet]
evangelie (het)	Інжіл	[inʒil]
Heilige Schrift (de)	Қасиетті жазу	[qasıetti ʒazu]
Hemel, Hemelrijk (de)	Аспан, Аспан патшалығы	[aspan], [aspan patʃaliɣi]

gebod (het)	парыз	[pariz]
profeet (de)	пайғамбар	[pajɣambar]
profetie (de)	пайғамбарлық	[pajɣambarliq]

Allah	Алла	[alla]
Mohammed	Мұхаммед	[mʊhammed]
Koran (de)	Құран	[qʊran]

moskee (de)	мешіт	[meʃit]
moellah (de)	молда	[molda]
gebed (het)	дұға	[dʊɣa]
bidden (ww)	дұға оқу	[dʊɣa oqu]

pelgrimstocht (de)	қажылық	[qaʒiliq]
pelgrim (de)	қажы	[qaʒi]
Mekka	Мекке	[mekke]

kerk (de)	шіркеу	[ʃirkeu]
tempel (de)	ғибадатхана	[ɣibadathana]
kathedraal (de)	собор	[sobor]
gotisch (bn)	готикалық	[gotıkaliq]
synagoge (de)	синагога	[sınagoga]
moskee (de)	мешіт	[meʃit]

kapel (de)	кішкентай шіркеу	[kiʃkentaj ʃirkeu]
abdij (de)	аббат тағы	[abbat taɣi]
nonnenklooster (het)	монастырь	[monastirʲ]
mannenklooster (het)	монастырь	[monastirʲ]

klok (de)	қоңырау	[qoŋirau]
klokkentoren (de)	қоңыраухана	[qoŋirauhana]
luiden (klokken)	соғу	[soɣu]

kruis (het)	крест	[krest]
koepel (de)	күмбез	[kʉmbez]
icoon (de)	икон	[ıkon]

ziel (de)	жан	[ʒan]
lot, noodlot (het)	тағдыр	[taɣdir]
kwaad (het)	жамандық	[ʒamandiq]
goed (het)	жақсылық	[ʒaqsiliq]

vampier (de)	қанішер	[qaniʃer]
heks (de)	мыстан	[mistan]
demoon (de)	әзәзіл	[æzæzil]

geest (de)	рух	[ruh]
verzoeningsleer (de)	өтеу	[øteu]
vrijkopen (ww)	өтеу	[øteu]

mis (de)	намаз оқу	[namaz oqu]
de mis opdragen	намаз оқу	[namaz oqu]
biecht (de)	тәубе	[tæube]
biechten (ww)	тәубе жасау	[tæube ʒasau]

heilige (de)	әулие	[æulıe]
heilig (bn)	әулие	[æulıe]
wijwater (het)	қасиетті су	[qasıetti su]

ritueel (het)	салт	[salt]
ritueel (bn)	салтты	[saltti]
offerande (de)	құрбандық шалу	[qurbandıq ʃalu]

bijgeloof (het)	ырым	[irim]
bijgelovig (bn)	ырымшыл	[irimʃil]
hiernamaals (het)	о дүниелік өмір	[o dunıelik ømir]
eeuwige leven (het)	мәңгілік өмір	[mæŋgilik ømir]

DIVERSEN

249. Diverse nuttige woorden

achtergrond (de)	фон	[fon]
balans (de)	баланс	[balans]
basis (de)	негіз	[negiz]
begin (het)	бастама	[bastama]
beurt (wie is aan de ~?)	кезек	[kezek]
categorie (de)	дәреже	[dæreʒe]
comfortabel (~ bed, enz.)	ыңғайлы	[iŋɣajli]
compensatie (de)	қарымақы	[qarimaqi]
deel (gedeelte)	бөлшек	[bølʃæk]
deeltje (het)	бөлшек	[bølʃæk]
ding (object, voorwerp)	зат	[zat]
dringend (bn, urgent)	жедел	[ʒedel]
dringend (bw, met spoed)	дереу	[dereu]
effect (het)	әсер	[æser]
eigenschap (kwaliteit)	қасиет	[qasiet]
einde (het)	соңы	[soŋi]
element (het)	элемент	[ɛlement]
feit (het)	дерек	[derek]
fout (de)	қате	[qate]
geheim (het)	жасырын сыр, құпия	[ʒasirin sir], [qʊpija]
graad (mate)	дәреже	[dæreʒe]
groei (ontwikkeling)	даму	[damu]
hindernis (de)	тосқауыл	[tosqawil]
hinderpaal (de)	бөгет	[bøget]
hulp (de)	көмек	[kømek]
ideaal (het)	мұрат	[mʊrat]
inspanning (de)	күш салу	[kuʃ salu]
keuze (een grote ~)	таңдау	[taŋdau]
labyrint (het)	лабиринт	[labirint]
manier (de)	амал	[amal]
moment (het)	сәт	[sæt]
nut (bruikbaarheid)	пайда	[pajda]
onderscheid (het)	айырмашылық	[ajirmaʃiliq]
ontwikkeling (de)	даму	[damu]
oplossing (de)	шешуі	[ʃæʃui]
origineel (het)	төлнұсқа	[tølnʊsqa]
pauze (de)	үзіліс	[uzilis]
positie (de)	позиция	[pozitsija]
principe (het)	принцип	[prinʦip]

probleem (het)	мәселе	[mæsele]
proces (het)	үдеріс	[ʉderis]
reactie (de)	реакция	[reaktsɪja]

reden (om ~ van)	себеп	[sebep]
risico (het)	тәуекел	[tæwekel]
samenvallen (het)	түйісу	[tʉjisu]
serie (de)	серия	[serɪja]

situatie (de)	жағдай	[ʒaɣdaj]
soort (bijv. ~ sport)	түр	[tʉr]
standaard (bn)	стандартты	[standartti]
standaard (de)	стандарт	[standart]
stijl (de)	стиль	[stɪlʲ]

stop (korte onderbreking)	тоқталу	[toqtalu]
systeem (het)	жүйе	[ʒʉje]
tabel (bijv. ~ van Mendelejev)	кесте	[keste]
tempo (langzaam ~)	қарқын	[qarqin]
term (medische ~en)	термин	[termɪn]

type (soort)	түр	[tʉr]
variant (de)	вариант	[varɪant]
veelvuldig (bn)	жиі	[ʒɪi]
vergelijking (de)	салыстыру	[salistiru]
voorbeeld (het goede ~)	мысал	[misal]

voortgang (de)	жақсарыс	[ʒaqsaris]
voorwerp (ding)	объект	[obʼekt]
vorm (uiterlijke ~)	пішін	[piʃin]
waarheid (de)	ақиқат	[aqɪqat]
zone (de)	аймақ	[ajmaq]

250. Beperkende bijwoorden. Bijvoeglijke naamwoorden. Deel 1

accuraat (uurwerk, enz.)	жинақы	[ʒinaqi]
achter- (abn)	артқы	[artqi]
additioneel (bn)	қосымша	[qosimʃa]

arm (bijv. ~e landen)	кедей	[kedej]
begrijpelijk (bn)	айқын	[ajqin]
belangrijk (bn)	маңызды	[maŋizdi]
belangrijkst (bn)	ең маңызды	[eŋ maŋizdi]

beleefd (bn)	сыпайы	[sipaji]
beperkt (bn)	шектелген	[ʃæktelgen]
betekenisvol (bn)	маңызды	[maŋizdi]
bijziend (bn)	алыстан көрмейтін	[alistan kørmejtin]
binnen- (abn)	ішкі	[iʃki]

bitter (bn)	ащы	[aɕi]
blind (bn)	соқыр	[soqir]
breed (een ~e straat)	кең	[keŋ]
breekbaar (porselein, glas)	сынғыш	[sinɣiʃ]

buiten- (abn)	сыртқы	[sɪrtqɪ]
buitenlands (bn)	шетелдік	[ʃæteldik]
burgerlijk (bn)	азаматтық	[azamatiq]
centraal (bn)	орталық	[ortaliq]
dankbaar (bn)	игілікті	[ɪgilikti]
dicht (~e mist)	қалың	[qaliŋ]
dicht (bijv. ~e mist)	қою	[qoju]
dicht (in de ruimte)	жақын	[ʒaqɪn]
dicht (bn)	жақын	[ʒaqɪn]
dichtstbijzijnd (bn)	ең жақын	[eŋ ʒaqɪn]
diepvries (~product)	мұздалған	[muzdalɣan]
dik (bijv. muur)	қалың	[qaliŋ]
dof (~ licht)	күңгірт	[kuŋgirt]
dom (dwaas)	ақылсыз	[aqɪlsiz]
donker (bijv. ~e kamer)	қараңғы	[qaraŋɣɪ]
dood (bn)	өлі	[øli]
doorzichtig (bn)	мөлдір	[møldir]
droevig (~ blik)	қайғылы	[qajɣɪlɪ]
droog (bn)	құрғақ	[qurɣaq]
dun (persoon)	арық	[ariq]
duur (bn)	қымбат	[qimbat]
eender (bn)	біркелкі	[birkelki]
eenvoudig (bn)	жеңіл	[ʒeŋil]
eenvoudig (bn)	жай	[ʒaj]
eeuwenoude (~ beschaving)	ежелгі	[eʒelgi]
enorm (bn)	зор	[zor]
geboorte- (stad, land)	туған	[tuɣan]
gebruind (bn)	күнге күйген	[kunge kujgen]
gelijkend (bn)	ұқсас	[uqsas]
gelukkig (bn)	бақытты	[baqitti]
gesloten (bn)	жабық	[ʒabiq]
getaand (bn)	қараторы	[qaratori]
gevaarlijk (bn)	қауіпті	[qawipti]
gewoon (bn)	кәдімгі	[kædimgi]
gezamenlijk (~ besluit)	бірлескен	[birlesken]
glad (~ oppervlak)	жалама	[ʒalama]
glad (~ oppervlak)	тегіс	[tegis]
goed (bn)	жақсы	[ʒaqsi]
goedkoop (bn)	арзан	[arzan]
gratis (bn)	ақысыз	[aqisiz]
groot (bn)	үлкен	[ulken]
hard (niet zacht)	қатты	[qatti]
heel (volledig)	бүтін	[butin]
heet (bn)	ыстық	[istiq]
hongerig (bn)	аш	[aʃ]
hoofd- (abn)	басты	[basti]
hoogste (bn)	жоғарғы	[ʒoɣarɣɪ]

| huidig (courant) | осы | [osi] |
| jong (bn) | жас | [ʒas] |

juist, correct (bn)	дұрыс	[dʊris]
kalm (bn)	байсалды	[bajsaldi]
kinder- (abn)	балаға арналған	[balalarʁa arnlaʁan]
klein (bn)	кішкентай	[kiʃkentaj]
koel (~ weer)	салқын	[salqin]

kort (kortstondig)	қысқа мерзімді	[qisqa merzimdi]
kort (niet lang)	қысқа	[qisqa]
koud (~ water, weer)	суық	[suiq]
kunstmatig (bn)	жасанды	[ʒasandi]

laatst (bn)	ақырғы	[aqirʁi]
lang (een ~ verhaal)	ұзын	[ʊzin]
langdurig (bn)	ұзақ	[ʊzaq]
lastig (~ probleem)	қиын	[qiin]

leeg (glas, kamer)	бос	[bos]
lekker (bn)	дәмді	[dæmdi]
licht (kleur)	жарық	[ʒariq]
licht (niet veel weegt)	жеңіл	[ʒeŋil]

linker (bn)	сол	[sol]
luid (bijv. ~e stem)	қатты	[qatti]
mager (bn)	арық	[ariq]
mat (bijv. ~ verf)	күңгірт	[kuŋgirt]
moe (bn)	шаршаған	[ʃarʃaʁan]

moeilijk (~ besluit)	қиын	[qiin]
mogelijk (bn)	мүмкін	[mumkin]
mooi (bn)	әдемі	[ædemi]
mysterieus (bn)	жұмбақ	[ʒʊmbaq]

naburig (bn)	көрші	[kørʃi]
nalatig (bn)	салақ	[salaq]
nat (~te kleding)	дымқыл	[dimqil]
nerveus (bn)	күйгелек	[kujgelek]
niet groot (bn)	кішкене	[kiʃkene]

niet moeilijk (bn)	қиын емес	[qiin emes]
nieuw (bn)	жаңа	[ʒaŋa]
nodig (bn)	қажетті	[qaʒetti]
normaal (bn)	қалыпты	[qalipti]

251. Beperkende bijwoorden. Bijvoeglijke naamwoorden. Deel 2

onbegrijpelijk (bn)	түсініксіз	[tusiniksiz]
onbelangrijk (bn)	болар-болмас	[bolar bolmas]
onbeweeglijk (bn)	қозғалмайтын	[qozʁalmajtin]
onbewolkt (bn)	бұлтсыз	[bultsiz]
ondergronds (geheim)	астыртын	[astirtin]
ondiep (bn)	таяз	[tajaz]

onduidelijk (bn)	айқынсыз	[ajqinsiz]
onervaren (bn)	тәжірибесіз	[tæʒiribesiz]
onmogelijk (bn)	мүмкін емес	[mumkin emes]
onontbeerlijk (bn)	керекті	[kerekti]

onophoudelijk (bn)	үздіксіз	[uzdiksiz]
ontkennend (bn)	теріс	[teris]
open (bn)	ашық	[aʃiq]
openbaar (bn)	қоғамдық	[qoɣamdiq]
origineel (ongewoon)	өзіндік	[øzindik]

oud (~ huis)	ескі	[eski]
overdreven (bn)	асқан	[asqan]
passend (bn)	жарамды	[ʒaramdi]
permanent (bn)	тұрақты	[turaqti]
persoonlijk (bn)	арнайы	[arnaji]

plat (bijv. ~ scherm)	жазық	[ʒaziq]
prachtig (~ paleis, enz.)	әсем	[æsem]
precies (bn)	дәл	[dæl]
prettig (bn)	жағымды	[ʒaɣimdi]
privé (bn)	жеке	[ʒeke]

punctueel (bn)	пунктуалды	[punktualdi]
rauw (niet gekookt)	шикі	[ʃiki]
recht (weg, straat)	тік	[tik]
rechter (bn)	оң	[oŋ]
rijp (fruit)	піскен	[pisken]

riskant (bn)	тәуекелді	[tæwekeldi]
ruim (een ~ huis)	кең	[keŋ]
rustig (bn)	тыныш	[tiniʃ]
scherp (bijv. ~ mes)	өткір	[øtkir]
schoon (niet vies)	таза	[taza]

slecht (bn)	жаман	[ʒaman]
slim (verstandig)	ақылды	[aqildi]
smal (~le weg)	тар	[tar]
snel (vlug)	шапшаң	[ʃapʃaŋ]
somber (bn)	зұлмат	[zulmat]
speciaal (bn)	арнайы	[arnaji]

sterk (bn)	күшті	[kuʃti]
stevig (bn)	берік	[berik]
straatarm (bn)	қайыршы	[qajirʃi]
teder (liefderijk)	нәзік	[næzik]

tegenovergesteld (bn)	қарама-қарсы	[qarama qarsi]
tevreden (bn)	риза	[riza]
tevreden (klant, enz.)	қанағаттанған	[qanaɣattanɣan]
treurig (bn)	көңілсіз	[køŋilsiz]
tweedehands (bn)	қолдануда болған	[qoldanuda bolɣan]

uitstekend (bn)	үздік	[uzdik]
uitstekend (bn)	асқан	[asqan]
uniek (bn)	бірегей	[biregej]

veilig (niet gevaarlijk)	қатерсіз	[qatersiz]
ver (in de ruimte)	қашық	[qaʃiq]
verenigbaar (bn)	бірлескен	[birlesken]
vermoeiend (bn)	шаршататын	[ʃarʃatatin]
verplicht (bn)	міндетті	[mindetti]
vers (~ brood)	жаңа	[ʒaŋa]
verst (meest afgelegen)	алыс	[alis]
vettig (voedsel)	майлы	[majli]
vijandig (bn)	дұшпандық	[duʃpandiq]
vloeibaar (bn)	сұйық	[sujiq]
vochtig (bn)	дымқыл	[dimqil]
vol (helemaal gevuld)	толық	[toliq]
volgend (~ jaar)	келесі	[kelesi]
vorig (bn)	өткен	[øtken]
voornaamste (bn)	негізгі	[negizgi]
vorig (~ jaar)	өткен	[øtken]
vriendelijk (aardig)	аяулы	[ajauli]
vriendelijk (goedhartig)	игі	[ɪgi]
vrij (bn)	бос	[bos]
vrolijk (bn)	көңілді	[køŋildi]
vruchtbaar (~ land)	құнарлы	[qunarli]
vuil (niet schoon)	кір	[kir]
waarschijnlijk (bn)	мүмкін	[mumkin]
warm (bn)	жылы	[ʒili]
wettelijk (bn)	заңды	[zaŋdi]
zacht (bijv. ~ kussen)	жұмсақ	[ʒumsaq]
zacht (bn)	тыныш	[tiniʃ]
zeldzaam (bn)	сирек	[sirek]
ziek (bn)	науқас	[nauqas]
zoet (~ water)	тұщы	[tuɕi]
zoet (bn)	тәтті	[tætti]
zonnig (~e dag)	жарық	[ʒariq]
zorgzaam (bn)	қамқоршыл	[qamqorʃil]
zout (de soep is ~)	тұзды	[tuzdi]
zuur (smaak)	қышқыл	[qiʃqil]
zwaar (~ voorwerp)	ауыр	[awir]

DE 500 BELANGRIJKSTE WERKWOORDEN

252. Werkwoorden A-C

aaien (bijv. een konijn ~)	сипау	[sıpau]
aanbevelen (ww)	кеңес беру	[keŋes beru]
aandringen (ww)	дегеніне көндіру	[degenine køndiru]
aankomen (ov. de treinen)	келу	[kelu]
aanleggen (bijv. bij de pier)	айлақтау	[ajlaqtau]
aanraken (met de hand)	тию	[tıju]
aansteken (kampvuur, enz.)	жағу	[ʒaɣu]
aanstellen (in functie plaatsen)	тағайындау	[taɣajindau]
aanvallen (mil.)	шабуыл жасау	[ʃabuil ʒasau]
aanvoelen (gevaar ~)	сезіну	[sezinu]
aanvoeren (leiden)	басшылық ету	[basʃiliq etu]
aanwijzen (de weg ~)	көрсету	[kørsetu]
aanzetten (computer, enz.)	қосу	[qosu]
ademen (ww)	дем алу	[dem alu]
adverteren (ww)	жарнама жасау	[ʒarnama ʒasau]
adviseren (ww)	кеңес беру	[keŋes beru]
afdalen (on.ww.)	түсу	[tʉsu]
afgunstig zijn (ww)	көре алмау	[køre almau]
afhakken (ww)	шауып тастау	[ʃawip tastau]
afhangen van ...	тәуелді болу	[tæweldi bolu]
afluisteren (ww)	жасырын тыңдау	[ʒasirin tiŋdau]
afnemen (verwijderen)	шешу	[ʃæʃu]
afrukken (ww)	жырту	[ʒirtu]
afslaan (naar rechts ~)	бұру	[buru]
afsnijden (ww)	кесіп алу	[kesip alu]
afzeggen (ww)	болдырмау	[boldirmau]
amputeren (ww)	ампутациялау	[amputatsıjalau]
amuseren (ww)	алдарқату	[aldarqatu]
antwoorden (ww)	жауап беру	[ʒawap beru]
applaudisseren (ww)	қол шапалақтау	[qol ʃapalaqtau]
aspireren (iets willen worden)	ұмтылу	[ʊmtilu]
assisteren (ww)	көмектесу	[kømektesu]
bang zijn (ww)	қорқу	[qorqu]
barsten (plafond, enz.)	жарылу	[ʒarilu]
bedienen (in restaurant)	қызмет көрсету	[qizmet kørsetu]
bedreigen (bijv. met een pistool)	қорқыту	[qorqitu]

bedriegen (ww)	алдау	[aldau]
beduiden (betekenen)	білдіру	[bildiru]
bedwingen (ww)	ұстап қалу	[ustap qalu]
beëindigen (ww)	бітіру	[bitiru]
begeleiden (vergezellen)	қосталу	[qostalu]
begieten (water geven)	суару	[suaru]
beginnen (ww)	бастау	[bastau]
begrijpen (ww)	түсіну	[tusinu]
behandelen (patiënt, ziekte)	емдеу	[emdeu]
beheren (managen)	басшылық ету	[basʃiliq etu]
beïnvloeden (ww)	ықпал ету	[iqpal etu]
bekennen (misdadiger)	мойындау	[mojindau]
beledigen (met scheldwoorden)	қорлау	[qorlau]
beledigen (ww)	ренжіту	[renʒitu]
beloven (ww)	сөз беру	[søz beru]
beperken (de uitgaven ~)	шек қою	[ʃæk qoju]
bereiken (doel ~, enz.)	жету	[ʒetu]
bereiken (plaats van bestemming ~)	жету	[ʒetu]
beschermen (bijv. de natuur ~)	күзету	[kuzetu]
beschuldigen (ww)	кінәлау	[kinælau]
beslissen (~ iets te doen)	шешу	[ʃæʃu]
besmet worden (met …)	жұқтыру	[ʒuqtiru]
besmetten (ziekte overbrengen)	жұқтыру	[ʒuqtiru]
bespreken (spreken over)	талқылау	[talqilau]
bestaan (een ~ voeren)	өмір сүру	[ømir suru]
bestellen (eten ~)	тапсырыс беру	[tapsiris beru]
bestraffen (een stout kind ~)	жазалау	[ʒazalau]
betalen (ww)	төлеу	[tøleu]
betekenen (beduiden)	мәні болу	[mæni bolu]
betreuren (ww)	аяу	[ajau]
bevallen (prettig vinden)	ұнау	[unau]
bevelen (mil.)	бұйыру	[bujiru]
bevredigen (ww)	қанағаттандыру	[qanaɣatandiru]
bevrijden (stad, enz.)	босату	[bosatu]
bewaren (oude brieven, enz.)	сақтау	[saqtau]
bewaren (vrede, leven)	сақтау	[saqtau]
bewijzen (ww)	дәлелдеу	[dæleldeu]
bewonderen (ww)	сүйсіну	[sujsinu]
bezitten (ww)	иелену	[ielenu]
bezorgd zijn (ww)	алаң болу	[alaŋ bolu]
bezorgd zijn (ww)	абыржу	[abirʒu]
bidden (praten met God)	табыну	[tabinu]
bijvoegen (ww)	қосу	[qosu]

binden (ww)	байлау	[bajlau]
binnengaan (een kamer ~)	кіру	[kiru]
blazen (ww)	үрлеу	[ʉrleu]
blozen (zich schamen)	қызару	[qizaru]
blussen (brand ~)	сөндіру	[søndiru]
boos maken (ww)	ашуландыру	[aʃulandiru]
boos zijn (ww)	ашуланып отыру ...	[aʃulanip otiru]
breken	жыртылу	[ʒirtilu]
(on.ww., van een touw)		
breken (speelgoed, enz.)	сындыру	[sindiru]
brengen (iets ergens ~)	әкелу	[ækelu]
charmeren (ww)	елтіту	[eltitu]
citeren (ww)	дәйексөз алу	[dæjeksøz alu]
compenseren (ww)	орнын толтыру	[ornin toltiru]
compliceren (ww)	қиындату	[qiindatu]
componeren (muziek ~)	шығару	[ʃiɣaru]
compromitteren (ww)	бедел түсіру	[bedel tʉsiru]
concurreren (ww)	бәсекелесу	[bæsekelesu]
controleren (ww)	бақылау	[baqilau]
coöpereren (samenwerken)	ынтымақтасу	[intimaqtasu]
coördineren (ww)	үйлестіру	[ʉjlestiru]
corrigeren (fouten ~)	дұрыстау	[duristau]
creëren (ww)	жасау	[ʒasau]

253. Werkwoorden D-K

danken (ww)	алғыс айту	[alɣis ajtu]
de was doen	жуу	[ʒuu]
de weg wijzen	бағыттау	[baɣitau]
deelnemen (ww)	қатысу	[qatisu]
delen (wisk.)	бөлу	[bølu]
denken (ww)	ойлау	[ojlau]
doden (ww)	өлтіру	[øltiru]
doen (ww)	істеу	[isteu]
dresseren (ww)	жаттықтыру	[ʒattiqtiru]
drinken (ww)	ішу	[iʃu]
drogen (klederen, haar)	кептіру	[keptiru]
dromen (in de slaap)	түстерді көру	[tʉsterdi køru]
dromen (over vakantie ~)	армандау	[armandau]
duiken (ww)	сүңгу	[sʉŋgu]
durven (ww)	батылдану	[batildanu]
duwen (ww)	итеру	[iteru]
een auto besturen	машинаны жүргізу	[maʃinani ʒʉrgizu]
een bad geven	шомылдыру	[ʃomildiru]
een bad nemen	жуыну	[ʒuinu]
een conclusie trekken	қорытынды жасау	[qoritindi ʒasau]

foto's maken	суретке түсіру	[suretke tusiru]
eisen (met klem vragen)	талап ету	[talap etu]
erkennen (schuld)	мойындау	[mojindau]
erven (ww)	мұра ету	[mura etu]
eten (ww)	тамақ ішу	[tamaq iʃu]
excuseren (vergeven)	кешіру	[keʃiru]
existeren (bestaan)	бар болу	[bar bolu]
feliciteren (ww)	құттықтау	[quttiqtau]
gaan (te voet)	бару	[baru]
gaan slapen	ұйықтауға жату	[ujiqtauɣa ʒatu]
gaan zitten (ww)	отыру	[otiru]
gaan zwemmen	суға түсу	[suɣa tusu]
garanderen (garantie geven)	кепілдік беру	[kepildik beru]
gebruiken (bijv. een potlood ~)	пайдалану	[pajdalanu]
gebruiken (woord, uitdrukking)	қолдану	[qoldanu]
geconserveerd zijn (ww)	сақталыну	[saqtalinu]
gedateerd zijn (ww)	даталану	[datalanu]
gehoorzamen (ww)	бағыну	[baɣɨnu]
gelijken (op elkaar lijken)	ұқсау	[uqsau]
geloven (vinden)	сену	[senu]
genoeg zijn (ww)	жету	[ʒetu]
gieten (in een beker ~)	құю	[quju]
glimlachen (ww)	күлімдеу	[kulimdeu]
glimmen (glanzen)	жылтырау	[ʒiltirau]
gluren (ww)	сығалау	[siɣalau]
goed raden (ww)	шешу	[ʃeʃu]
gooien (een steen, enz.)	тастау	[tastau]
grappen maken (ww)	қалжыңдау	[qalʒindau]
graven (tunnel, enz.)	қазу	[qazu]
haasten (iemand ~)	асықтыру	[asiqtiru]
hebben (ww)	бар болу	[bar bolu]
helpen (hulp geven)	көмектесу	[kømektesu]
herhalen (opnieuw zeggen)	қайталау	[qajtalau]
herinneren (ww)	еске сақтау	[eske saqtau]
herinneren aan … (afspraak, opdracht)	еске салу	[eske salu]
herkennen (identificeren)	тану	[tanu]
herstellen (repareren)	жөндеу	[ʒøndeu]
het haar kammen	тарану	[taranu]
hopen (ww)	үміттену	[umitenu]
horen (waarnemen met het oor)	есту	[estu]
houden van (muziek, enz.)	жақсы көру	[ʒaqsi køru]
huilen (wenen)	жылау	[ʒilau]
huiveren (ww)	селк ете түсу	[selk ete tusu]
huren (een boot ~)	жалдап алу	[ʒaldap alu]

huren (huis, kamer)	жалға алу	[ʒalɣa alu]
huren (personeel)	жалдап алу	[ʒaldap alu]
imiteren (ww)	ұқсату	[uqsatu]
importeren (ww)	импорттау	[ımporttau]
inenten (vaccineren)	егу	[egu]
informeren (informatie geven)	мәлімдеу	[mælimdeu]
informeren naar ... (navraag doen)	тану	[tanu]
inlassen (invoegen)	салу	[salu]
inpakken (in papier)	орау	[orau]
inspireren (ww)	жігерлендіру	[ʒigerlendiru]
instemmen (akkoord gaan)	мақұлдау	[maquldau]
interesseren (ww)	қызықтыру	[qiziqtiru]
irriteren (ww)	түршіктіру	[turʃiktiru]
isoleren (ww)	оқшаулау	[oqʃaulau]
jagen (ww)	аң аулау	[aŋ aulau]
kalmeren (kalm maken)	тыныштандыру	[tiniʃtandiru]
kennen (kennis hebben van iemand)	білу	[bilu]
kennismaken (met ...)	танысу	[tanisu]
kiezen (ww)	таңдау	[taŋdau]
kijken (ww)	қарау	[qarau]
klaarmaken (een plan ~)	дайындау	[dajindau]
klaarmaken (het eten ~)	әзірлеу	[æzirleu]
klagen (ww)	наразылық білдіру	[naraziliq bildiru]
kloppen (aan een deur)	қағу	[qaɣu]
kopen (ww)	сатып алу	[satip alu]
kopieën maken	көбейту	[købejtu]
kosten (ww)	тұру	[turu]
kunnen (ww)	істей алу	[istej alu]
kweken (planten ~)	өсіру	[øsiru]

254. Werkwoorden L-R

lachen (ww)	күлу	[kulu]
laden (geweer, kanon)	оқтау	[oqtau]
laden (vrachtwagen)	жүктеу	[ʒukteu]
laten vallen (ww)	түсіріп алу	[tusirip alu]
lenen (geld ~)	қарыз алу	[qariz alu]
leren (lesgeven)	оқыту	[oqitu]
leven (bijv. in Frankrijk ~)	өмір сүру	[ømir suru]
lezen (een boek ~)	оқу	[oqu]
lid worden (ww)	қосылу	[qosilu]
liefhebben (ww)	жақсы көру	[ʒaqsi køru]
liegen (ww)	жалған айту	[ʒalɣan ajtu]
liggen (op de tafel ~)	жату	[ʒatu]

235

liggen (persoon)	жату	[ʒatu]
lijden (pijn voelen)	азап шегу	[azap ʃægu]
losbinden (ww)	ағыту	[aɣitu]
luisteren (ww)	тыңдау	[tiŋdau]

lunchen (ww)	түскі тамақ ішу	[tuski tamaq iʃu]
markeren (op de kaart, enz.)	атап өту	[atap øtu]
melden (nieuws ~)	хабарлау	[habarlau]
memoriseren (ww)	еске сақтау	[eske saqtau]

mengen (ww)	араластыру	[aralastiru]
mikken op (ww)	дәлдеу	[dældeu]
minachten (ww)	сескенбеу	[seskenbeu]
moeten (ww)	қарыздар болу	[qarizdar bolu]

morsen (koffie, enz.)	төгу	[tøgu]
naderen (dichterbij komen)	жақындау	[ʒaqindau]
neerlaten (ww)	түсіру	[tusiru]
nemen (ww)	алу	[alu]

nodig zijn (ww)	керек болу	[kerek bolu]
noemen (ww)	атау	[atau]
noteren (opschrijven)	белгілеу	[belgileu]
omhelzen (ww)	құшақтау	[quʃaqtau]

omkeren (steen, voorwerp)	төңкеру	[tøŋkeru]
onderhandelen (ww)	келіссөздер жүргізу	[kelisøzder ʒurgizu]
ondernemen (ww)	қолдану	[qoldanu]
onderschatten (ww)	жете бағаламау	[ʒete baɣalamau]

onderscheiden (een ereteken geven)	марапаттау	[marapattau]
onderstrepen (ww)	астын сызу	[astin sizu]
ondertekenen (ww)	қол қою	[qol qoju]
onderwijzen (ww)	нұсқау беру	[nusqau beru]

onderzoeken (alle feiten, enz.)	қарап шығу	[qarap ʃiɣu]
bezorgd maken	мазалау	[mazalau]
onmisbaar zijn (ww)	керек болу	[kerek bolu]
ontbijten (ww)	таңертеңдік ас ішу	[taŋerteŋdik as iʃu]

ontdekken (bijv. nieuw land)	ашу	[aʃu]
ontkennen (ww)	мойындамау	[mojindamau]
ontlopen (gevaar, taak)	аулақ жүру	[aulaq ʒuru]
ontnemen (ww)	айыру	[ajiru]

ontwerpen (machine, enz.)	жобалау	[ʒobalau]
oorlog voeren (ww)	соғысу	[soɣisu]
op orde brengen	ретке келтіру	[retke keltiru]
opbergen (in de kast, enz.)	жинау	[ʒinau]
opduiken (ov. een duikboot)	қалқу	[qalqu]

openen (ww)	ашу	[aʃu]
ophangen (bijv. gordijnen ~)	ілу	[ilu]
ophouden (ww)	тоқтату	[toqtatu]

| oplossen (een probleem ~) | шешу | [ʃæʃu] |
| opmerken (zien) | көріп қалу | [kørip qalu] |

opmerken (zien)	көру	[køru]
opscheppen (ww)	мақтану	[maqtanu]
opschrijven (op een lijst)	тізімге кіргізу	[tizimge kirgizu]
opschrijven (ww)	жазу	[ʒazu]

opstaan (uit je bed)	тұру	[tʊru]
opstarten (project, enz.)	іске қосу	[iske qosu]
opstijgen (vliegtuig)	ұшу	[ʊʃu]
optreden (resoluut ~)	жұмыс істеу	[ʒumis isteu]

organiseren (concert, feest)	ұйымдастыру	[ʊjimdastiru]
overdoen (ww)	қайта істеу	[qajta isteu]
overheersen (dominant zijn)	басым болу	[basim bolu]
overschatten (ww)	қайта бағалау	[qajta baɣalau]

overtuigd worden (ww)	көзі жету	[køzi ʒetu]
overtuigen (ww)	нандыру	[nandiru]
passen (jurk, broek)	жарасу	[ʒarasu]
passeren (~ mooie dorpjes, enz.)	өту	[øtu]

peinzen (lang nadenken)	ойлану	[ojlanu]
penetreren (ww)	кіру	[kiru]
plaatsen (ww)	салу	[salu]
plaatsen (zetten)	орналастыру	[ornalastiru]

plannen (ww)	жоспарлау	[ʒosparlau]
plezier hebben (ww)	көңіл көтеру	[køŋil køteru]
plukken (bloemen ~)	үзу	[ʉzu]
prefereren (verkiezen)	қалау	[qalau]

proberen (trachten)	тырысу	[tirisu]
proberen (trachten)	талаптану	[talaptanu]
protesteren (ww)	наразылық білдіру	[naraziliq bildiru]
provoceren (uitdagen)	азғыру	[azɣiru]

raadplegen (dokter, enz.)	кеңес алу	[keŋes alu]
rapporteren (ww)	баяндау	[bajandau]
redden (ww)	құтқару	[qʊtqaru]
regelen (conflict)	бітісу	[bitisu]

reinigen (schoonmaken)	тазарту	[tazartu]
rekenen op ...	үміт арту	[ʉmit artu]
rennen (ww)	жүгіру	[ʒʉgiru]
reserveren (een hotelkamer ~)	бронмен қаптау	[bronmen qaptau]
rijden (per auto, enz.)	бару	[baru]
rillen (ov. de kou)	дірілдеу	[dirildeu]
riskeren (ww)	тәуекел ету	[tæwekel etu]
roepen (met je stem)	шақыру	[ʃaqiru]
roepen (om hulp)	шақыру	[ʃaqiru]
ruiken (bepaalde geur verspreiden)	иістену	[ıistenu]

ruiken (rozen)   иіскеу   [ıiskeu]
rusten (verpozen)   дем алу   [dem alu]

255. Verbs S-V

samenstellen,   жасау   [ʒasau]
maken (een lijst ~)
schieten (ww)   ату   [atu]
schoonmaken   тазалау   [tazalau]
(bijv. schoenen ~)
schoonmaken (ww)   жинау   [ʒınau]

schrammen (ww)   тырнау   [tirnau]
schreeuwen (ww)   бақыру   [baqiru]
schrijven (ww)   жазу   [ʒazu]
schudden (ww)   жұлқылау   [ʒulqilau]

selecteren (ww)   іріктеп алу   [iriktep alu]
simplificeren (ww)   ықшамдау   [iqʃamdau]
slaan (een hond ~)   ұру   [uru]
sluiten (ww)   жабу   [ʒabu]

smeken (bijv. om hulp ~) өтіну   [øtinu]
souperen (ww)   кешкі ас ішу   [keʃki as iʃu]
spelen (bijv. filmacteur) ойнау   [ojnau]
spelen (kinderen, enz.) ойнау   [ojnau]

spreken met …   сөйлесу   [søjlesu]
spuwen (ww)   түкіру   [tʉkru]
stelen (ww)   ұрлау   [urlau]
stemmen (verkiezing)   дауыс беру   [dawis beru]
steunen   қолдау   [qoldau]
(een goed doel, enz.)

stoppen (pauzeren)   тоқтау   [toqtau]
storen (lastigvallen)   мазалау   [mazalau]
strijden (tegen een vijand) күресу   [kʉresu]
strijden (ww)   шайқасу   [ʃajqasu]

strijken (met een strijkbout) үтіктеу   [ʉtikteu]
studeren (bijv. wiskunde ~) зерттеу   [zertteu]
sturen (zenden)   жіберу   [ʒiberu]
tellen (bijv. geld ~)   есептеу   [esepteu]

terugkeren (ww)   қайту   [qajtu]
terugsturen (ww)   кері жіберу   [keri ʒiberu]
toebehoren aan …   меншігі болу   [menʃigi bolu]
toegeven (zwichten)   жол беру   [ʒol beru]

toenemen (on. ww)   ұлкею   [ʉlkeju]
toespreken   біреуге арнап сөз сөйлеу [bireuge arnap søz søjleu]
(zich tot iemand richten)
toestaan (goedkeuren)   қонжиту   [qonʒıtu]
toestaan (ww)   рұқсат беру   [ruqsat beru]

toewijden (boek, enz.)	арнау	[arnau]
tonen (uitstallen, laten zien)	көрсету	[kørsetu]
trainen (ww)	жаттықтыру	[ʒattıqtıru]
transformeren (ww)	басқа түрге өзгерту	[basqa turge øzgertu]

trekken (touw)	тарту	[tartu]
trouwen (ww)	үйлену	[ujlenu]
tussenbeide komen (ww)	араласу	[aralasu]
twijfelen (onzeker zijn)	күдіктену	[kudiktenu]

uitdelen (pamfletten ~)	тарату	[taratu]
uitdoen (licht)	сөндіру	[søndiru]
uitdrukken (opinie, gevoel)	білдіру	[bil'diru]
uitgaan (om te dineren, enz.)	шығу	[ʃiɣu]
uitlachen (bespotten)	күлкі қылу	[kulki qilu]

uitnodigen (ww)	шақыру	[ʃaqiru]
uitrusten (ww)	жабдықтау	[ʒabdiqtau]
uitsluiten (wegsturen)	шығару	[ʃiɣaru]
uitspreken (ww)	айту	[ajtu]

uittorenen (boven ...)	биіктеу	[bıikteu]
uitvaren tegen (ww)	ұрсу	[ursu]
uitvinden (machine, enz.)	ойлап шығару	[ojlap ʃiɣaru]
uitwissen (ww)	сүртіп тастау	[surtip tastau]

vangen (ww)	ұстау	[ustau]
vastbinden aan ...	байлау	[bajlau]
vechten (ww)	төбелесу	[tøbelesu]
veranderen (bijv. mening ~)	өзгерту	[øzgertu]

verbaasd zijn (ww)	таң қалу	[taŋ qalu]
verbazen (verwonderen)	таң қалдыру	[taŋ qaldiru]
verbergen (ww)	тығу	[tiɣu]
verbieden (ww)	тыйым салу	[tijim salu]

verblinden (andere chauffeurs)	көз қаратпау	[køz qaratpau]
verbouwereerd zijn (ww)	түсінбеу	[tusinbeu]
verbranden (bijv. papieren ~)	жағу	[ʒaɣu]
verdedigen (je land ~)	қорғау	[qorɣau]

verdenken (ww)	сезіктену	[seziktenu]
verdienen (een complimentje, enz.)	лайық болу	[lajiq bolu]
verdragen (tandpijn, enz.)	шыдау	[ʃidau]
verdrinken (in het water omkomen)	бату	[batu]

verdubbelen (ww)	екі есе өсіру	[eki ese øsiru]
verdwijnen (ww)	жоғалып кету	[ʒoɣalip ketu]
verenigen (ww)	біріктіру	[birlestiru]
vergelijken (ww)	салыстыру	[salistiru]
vergeten (achterlaten)	тастап кету	[tastap ketu]
vergeten (ww)	ұмыту	[umitu]
vergeven (ww)	кешіру	[keʃiru]

| vergroten (groter maken) | үлкейту | [ʉlkejtu] |
| verklaren (uitleggen) | түсіндіру | [tʉsindiru] |

verklaren (volhouden)	дегеніне көндіру	[degenine køndiru]
verklikken (ww)	арыз түсіру	[ariz tʉsiru]
verkopen (per stuk ~)	сату	[satu]
verlaten (echtgenoot, enz.)	тастау	[tastau]
verlichten (gebouw, straat)	жарықтандыру	[ʒariqtandiru]

verlichten	жеңілдету	[ʒeŋildetu]
(gemakkelijker maken)		
verliefd worden (ww)	ғашық болу	[ɣaʃiq bolu]
verliezen (bagage, enz.)	жоғалту	[ʒoɣaltu]
vermelden (praten over)	еске алу	[eske alu]

vermenigvuldigen (wisk.)	көбейту	[købejtu]
verminderen (ww)	азайту	[azajtu]
vermoeid raken (ww)	шаршау	[ʃarʃau]
vermoeien (ww)	шаршату	[ʃarʃatu]

256. Verbs V-Z

vernietigen	құрту	[qʊrtu]
(documenten, enz.)		
veronderstellen (ww)	жобалау	[ʒobalau]
verontwaardigd zijn (ww)	ашыну	[aʃinu]
veroordelen	үкім шығару	[ʉkim ʃiɣaru]
(in een rechtszaak)		

veroorzaken …	себеп болу	[sebep bolu]
(oorzaak zijn van …)		
verplaatsen (ww)	жылжыту	[ʒiɫʒitu]
verpletteren	жаншып тастау	[ʒanʃip tastau]
(een insect, enz.)		
verplichten (ww)	мәжбүр ету	[mæʒbur etu]
verschijnen (bijv. boek)	шығу	[ʃiɣu]

verschijnen (in zicht komen)	көріну	[kørinu]
verschillen	ерекшелену	[erekʃælenu]
(~ van iets anders)		
versieren (decoreren)	безендіру	[bezendiru]
verspreiden	тарату	[taratu]
(pamfletten, enz.)		

verspreiden (reuk, enz.)	тарату	[taratu]
versterken (positie ~)	бекіту	[bekitu]
verstommen (ww)	үндемей қалу	[ʉndemej qalu]
vertalen (ww)	аудару	[audaru]

vertellen (verhaal ~)	баяндау	[bajandau]
vertrekken	кетіп қалу	[ketip qalu]
(bijv. naar Mexico ~)		
vertrouwen (ww)	сену	[senu]
vervolgen (ww)	жалғастыру	[ʒalɣastiru]

verwachten (ww)	күту	[kʉtu]
verwarmen (ww)	қыздыру	[qizdiru]
verwarren (met elkaar ~)	шатыстыру	[ʃatistiru]
verwelkomen (ww)	сәлем беру	[sælem beru]
verwezenlijken (ww)	жүзеге асыру	[ʒʉzege asiru]

verwijderen (een obstakel)	жою	[ʒoju]
verwijderen (een vlek ~)	кетіру	[ketiru]
verwijten (ww)	кінәлау	[kinælau]
verwisselen (ww)	өзгерту	[øzgertu]
verzoeken (ww)	сұрау	[sʉrau]

verzuimen (school, enz.)	келмей қалу	[kelmej qalu]
vies worden (ww)	лайлану	[lajlanu]
vinden (denken)	ойлану	[ojlanu]
vinden (ww)	табу	[tabu]

vissen (ww)	балық аулау	[baliq aulau]
vleien (ww)	қошеметтесу	[qoʃæmetesu]
vliegen (vogel, vliegtuig)	ұшу	[ʉʃu]
voederen	асырау	[asirau]
(een dier voer geven)		

volgen (ww)	шығу (артында ...)	[ʃiɣu artinda]
voorstellen (introduceren)	таныстыру	[tanistiru]
voorstellen (Mag ik jullie ~)	таныстыру	[tanistiru]
voorstellen (ww)	ұсыну	[ʉsinu]

voorzien (verwachten)	болжау	[bolʒau]
vorderen (vooruitgaan)	өну	[ønu]
vormen (samenstellen)	жасау	[ʒasau]
vullen (glas, fles)	толтыру	[toltiru]

waarnemen (ww)	бақылау	[baqilau]
waarschuwen (ww)	ескерту	[eskertu]
wachten (ww)	күту	[kʉtu]
wassen (ww)	жуу	[ʒuu]

weerspreken (ww)	қарсы болу	[qarsi bolu]
wegdraaien (ww)	жүзін аудару	[ʒʉzin audaru]
wegdragen (ww)	әкету	[æketu]
wegen (gewicht hebben)	тарту	[tartu]

wegjagen (ww)	қуып жіберу	[quip ʒiberu]
weglaten (woord, zin)	тастап кету	[tastap ketu]
wegvaren	қозғалып кету	[qozɣalip ketu]
(uit de haven vertrekken)		
weigeren (iemand ~)	қабыл алмау	[qabil almau]

wekken (ww)	ояту	[ojatu]
wensen (ww)	тілеу	[tileu]
werken (ww)	жұмыс істеу	[ʒumis isteu]
weten (ww)	білу	[bilu]
willen (verlangen)	келу	[kelu]
wisselen (omruilen, iets ~)	алмасу	[almasu]
worden (bijv. oud ~)	болып қалыптасу	[bolip qaliptasu]

| worstelen (sport) | күресу | [kuresu] |
| wreken (ww) | кек алу | [kek alu] |

zaaien (zaad strooien)	себу	[sebu]
zeggen (ww)	айту	[ajtu]
zich baseerd op	негіздеlу	[negizdelu]
zich bevrijden van ... (afhelpen)	құтылу	[qutilu]

zich concentreren (ww)	жиналу	[ʒınalu]
zich ergeren (ww)	қозу	[qozu]
zich gedragen (ww)	өзін ұстау	[øzin ustau]
zich haasten (ww)	асығу	[asiɣu]
zich herinneren (ww)	еске түсіру	[eske tusiru]

zich herstellen (ww)	айығу	[ajiɣu]
zich indenken (ww)	елестету	[elestetu]
zich interesseren voor ...	қызығу	[qiziɣu]
zich scheren (ww)	қырыну	[qirinu]

zich trainen (ww)	жаттығу	[ʒattiɣu]
zich verdedigen (ww)	қорғану	[qorɣanu]
zich vergissen (ww)	қателесу	[qatelesu]
zich verontschuldigen	кешірім сұрау	[keʃirim surau]

| zich vervelen (ww) | сағыну | [saɣinu] |
| zijn (ww) | болу | [bolu] |

zinspelen (ww)	тұспалдау	[tuspaldau]
zitten (ww)	отыру	[otiru]
zoeken (ww)	іздеу	[izdeu]
zondigen (ww)	күнөға бату	[kunæɣa batu]

zuchten (ww)	күрсіну	[kursinu]
zwaaien (met de hand)	бұлғау	[bulɣau]
zwemmen (ww)	жүзу	[ʒuzu]
zwijgen (ww)	үндемеу	[undemeu]

www.ingramcontent.com/pod-product-compliance
Lightning Source LLC
Chambersburg PA
CBHW071323090426

42738CB00012B/2780